清代东北打牲史料编年

胡迪◎编著

长春出版社
国家一级出版社
全国百佳图书出版单位

图书在版编目(CIP)数据

清代东北打牲史料编年 / 胡迪编著. -- 长春 : 长春出版社, 2021.8

ISBN978-7-5445-6436-6

Ⅰ. ①清… Ⅱ. ①胡… Ⅲ. ①地方政府—行政管理—政治制度史—史料—东北地区—清代 Ⅳ. ①D691.22

中国版本图书馆CIP数据核字(2021)第153012号

清代东北打牲史料编年

编　　著　胡　迪
责任编辑　孙振波
封面设计　宁荣刚

出版发行　長春出版社
总编室电话0431-88563443
发行部电话0431-88561180
地　址　吉林省长春市长春大街309号
邮　编　130061
网　址　www.cccbs.net
制　版　长春出版社美术设计制作中心
印　刷　三河市华东印刷有限公司

开　本　787毫米×1092毫米　1/16
字　数　278千字
印　张　20
版　次　2021年8月第1版
印　次　2021年8月第1次印刷
定　价　88.00元

前　言

欲知大道，必先为史。习近平总书记指出："数千年来，中华民族走着一条不同于其他国家和民族的文明发展道路。我们开辟了中国特色社会主义道路不是偶然的，是我国历史传承和文化传统决定的。"在开放、多元、平等的历史观影响下，我们应该更加重视少数民族自身的历史维护。我国清代东北少数民族的打牲文化，以其独特的民族基因，为我国东北边疆地区留下了许多深刻的历史烙印。

"打牲乌拉"，在文献中亦写作"打牲乌喇"，满语为布特哈乌拉（buthaula），布特哈是"畜禽"之意，乌拉是"江河"之意，翻译后意为"江河渔猎之地"。编者认为关于清代"打牲"概念的理解，还可以进一步深化。从《清实录》等官修史书及地方志典来看，在清军入关以前，东北少数民族就保有"狩猎、渔猎"的生活方式，这些先民们运用"狩猎、捕捞、采摘、刨挖等手段，获取所需之山野菜果、中药补品、江河水产、天地禽兽"的生活方式，不仅是在自然环境中生存的必要手段，更是东北少数民族特有的"战斗力"的来源，同时，"打牲"也是人们追求和崇尚"天人合一"自然精神的体现。在清代中国东北的内蒙古、黑龙江、吉林等广大地区，普遍存在着"打牲"活动，这种"打牲"活动涉及清代社会的经济、军事、文化、民生等诸多方面，而清代东北地区的打牲部族以及打牲衙门机构的演变与兴衰，也与清代东北地区的军政结构、清代东北边疆的稳定有着密切的关系。

20世纪80年代，吉林省图书馆金恩晖先生发现了光绪十年由清代第三十三任打牲乌拉衙门总管赵云生修、英喜纂的《打牲乌拉志典全书》。该书收录了清朝二百多年间打牲乌拉总管衙门的相关档案，其中包括“清朝历代皇帝对打牲乌拉的谕旨、敕诏、朱批、言论”，还包括“清内务府等官署发给打牲乌拉衙门的有关指示、命令、决议，该衙门的呈报、汇总档案资料、文书”等。《打牲乌拉志典全书》涉及“吉林打牲乌拉的地理、历史、沿革、经济、政治、典章、物产、官员设置、牲丁数目、添裁俸饷、每岁呈进贡鲜、各项差徭章程”等主题，已经成为我们今天研究清代打牲乌拉的重要典籍。

但是，目前学界尚未有针对清代东北地区所有打牲活动、打牲部族、打牲衙门等主题做总体考察的资料整理与汇编。为了将来我们能够从文化、制度等更深入的层面对清代东北地区的“打牲”进行研究，本书辑录了清代东北的吉林打牲乌拉衙门、布特哈打牲副都统衙门和三姓副都统衙门三个机构及所在区域与“打牲”相关的重要史籍，以编年的形式将重要史料进行梳理，希望能够助力学者专家、有识之士进一步发掘、研究清代打牲制度与文化，能为清代东北地方社会研究、清代东北少数民族研究提供历史参考。

本书选取顺治十一年（1654年）至宣统二年（1910年），二百五十六年间各类史籍中关于“打牲”的记载，以正史为主，辅以纪事、别史、杂史、政书、方志、档案等，内容涉及打牲职官的起源、发展、职能范围、贡品特产等多个方面。史料总体上以编年形式进行整理，但是受原始文献内容和体例特点的影响，个别史料则按年份和主题形式编排，如《打牲乌拉志典全书》。编者本着“六经皆史”的观点，将前人著作中有关打牲乌拉的史事内容一一辑录，大大扩展了打牲乌拉史料的研究范围。本编征引群籍，取材至繁，将征引书录，附于编末。遗憾的是，受作者满语水平和篇幅的限制，本编未能将清代满文档案、文书中有关东北“打牲”相关资料收录其中，待日后完善。

我们以史源学理论为指导，编写《清代东北打牲史料编年》，经过反复研讨，制定编写细则如下：

1. 编年以帝号纪年为主，将公元纪年以括号形式附于其后，以公元纪年系统地展示清代东北打牲的发展进程，时间标示既便于查阅检索，又可与国际学界接轨。

2. 本书引录资料原文，但引文之内往往原作者亦有引文，为避免引号的使用层层套叠，故省略整段资料之总的引号，但仍保证文字忠于原作。

3. 打牲乌拉最早见于清顺治时期，故本书的时间上限为清顺治（1654年），下限为宣统皇帝下诏退位前（1910年）。

4. 附录所收无法编年的史料，则分项别类，以史文编辑时间先后为次序收录。

5. 某些人名、地名在各朝代写法略有不同或含有异体字，本书保持史籍原貌而不做修改。

6. 正文中的史料，均使用简体字，并根据现代标点规则进行点校，原文中不清者，以□代之。

7. 本书在编年时所采用的史料，均以参考文献中所列出的版本为准。

由于编者水平所限，书中难免存在缺点与不足，敬希专家学者和广大读者批评指正。

编者

2021年6月

目　录

第一章　清世祖顺治时期

顺治十一年（1654 年）

《内阁大库档案》，顺治十一年八月三日：

刑部署尚书事宗人府启心郎题覆：太监沈茂德管的打牲人，徐九纬之子徐三，将父刀戳，罪在应死，但据九纬供称，伊子原有疯疾，徐三既因疯疾戳父相应免罪。

《内阁大库档案》，顺治十一年九月八日：

刑部尚书题覆：已革都司王进忠，原管烧煤炭灰打牲军丁，因遇着墨勒根王人，夺去物件触犯王威，革职应否还职听兵部议覆，并擅渎御前援赦免罪。

顺治十四年（1657 年）

《打牲乌拉志典全书》卷一，三品总管：

原设管理乌拉地面，系嘎善达迈图。于顺治十四年，将迈图放为六品总管，伊子希特库放为六品翼领。至十八年，经都虞司具题，复将希特库改为四品总管。希特库遗缺，将伊弟满达尔汉放为总管。满达尔汉遗缺，由伊侄穆克登放为总管。于康熙三十七年，奉旨改为三品总管，养廉银二百两，由都京广储司关领，奉银一百三十两。

第二章　清圣祖康熙时期

康熙三年（1664年）

《打牲乌拉志典全书》卷一，打牲丁：

查于康熙三年以前，原设打牲丁四百余名，陆续添拨，无凭考查。嗣于乾隆三十二年二月二十一日，准都虞司咨文内开，据打牲乌拉总管雍和咨称奏，将月食饷银五钱之打牲丁二千五百五十一名，一律请添饷银五钱。

康熙五年（1666年）

《打牲乌拉志典全书》卷二，采捕鳇鱼：

康熙五年三月十五日，准兵部咨开，为奏打牲乌拉恭进上用鳇鱼，由驲恭送之处等因。奉旨依议。钦此。着内务府查办举行，并饬知乌拉、宁古塔将军知照可也。

《打牲乌拉志典全书》卷一，珠轩达：

康熙五年，准工部咨文内开，捕鱼加添珠轩达十六名。

康熙八年（1669年）

《打牲乌拉志典全书》卷二，采捕鳇鱼：

康熙八年正月初四日，准工部咨开：准打牲乌拉文称，夏季捕鱼网一百块，现已破烂，请照冬季捕鱼网之例，由部请银织造等因。奉旨：是年暂行给银，下年永远停止。钦此。查织新网一百块，必需麻四千三百斤，每斤合银五分，共合银二百十五两，着尔该总管等差便领取可也，等因。来文一件。

《打牲乌拉志典全书》卷一，领催：

查原设八旗领催八名。于康熙八年，因捕打鳇鱼，无有领略等情，咨行工部，添放领催八名。

康熙二十一年（1682年）

《清实录·圣祖仁皇帝实录》卷之一百二，康熙二十一年五月十九日：

丙寅，上诣太皇太后、皇太后宫问安。

谕宁古塔将军巴海、副都统萨布素、瓦礼祜等：朕幸吉林地方，访询民隐，见兵丁役重差繁，劳苦至极。此等情由，回銮之日，将军以下至于兵丁教谕，大意已有特旨。朕自至京师，复为思绎，不将各种无益差徭显与革除，兵丁人等终无裨补，且不得沾实惠矣。一、鹰鹞窝雏，于三月寻觅，四月内捕取，最妨农事，兼属无益。况所得鹰鹞，不谙呼饲，难至京师，徒劳人力，应行停止。一、自八月放鹰，原欲令之熟习，以便赍送。数年以来，并无名鹰贡至京师。在乌喇地方，兵丁于冬寒之时，寻觅山鸡，人马劳顿，应行停止。一、围猎以讲武事，必不可废，亦不可无时。冬月行大围，腊底行年围，春夏则看马之肥瘠，酌量行围。令贫人采取禽兽皮肉，须预先传明日期，以便遵行。所获禽兽，均行分给。围猎不整肃者，照例惩治，不可时加责罚，苛求琐屑。遇有猛兽，须小心防御，以人为重，勿致误有所伤。一、打鲟、鳇等鱼，既有专管西特库等乌喇兵丁，应停差役。其搬移新满洲，采取造房并船只、桅木等项，及侦探、巡罗等差，俱系军务，乃驻防官兵专责，不可宽假，应照常行。此外，偶尔差遣大臣、侍卫督看，采取东珠，砍伐木植，寻觅鹰鹞，不涉每岁定例，所行之事，似无过劳。此后将军以下，拨什库以上，应念兵丁远居边境，无市贸易，身冒严寒，往采山木，妻子汲水操作，备极艰辛，时加怜悯。吉林乌喇田地米粮甚为紧要，农事有误，关系非细，宜劝勉之，使勤耕种。朕轸念满洲人民生理，欲遣人专往，以驿递疲弊，故因笔帖式来奏。特谕。

康熙二十二年（1683年）

《清实录·圣祖仁皇帝实录》卷之一百九，康熙二十二年四月八日：

庚辰，上诣太皇太后宫问安。

先是，令乌喇、宁古塔兵往黑龙江、呼马尔尚未启行，寻尚书伊桑阿以造船赴宁古塔，上命传谕巴海等兵抵黑龙江应驻何地，其详议以闻。至是，巴海等奏言：黑龙江、呼马尔距雅克萨城辽远，若驻兵两处，则势分道阻，难于防御。且过雅克萨有尼布潮等城，罗刹倘水陆运粮，增兵救援，更难为计。宜乘其积储未备，速行征剿，俟造船毕，度七月初旬能抵雅克萨，即亲统大兵直薄城下，宣谕招抚。否则驻扎墨克顶诸地，即遣官兵与奉命赴罗刹甲士宜番驰至雅克萨宣谕，兼观其形势若何，再议进止机宜，令宜番一并奏闻。乌喇官兵乘往马匹，恐长途疲羸，不任驰驱，索伦近墨克顶，宜令选肥马五百匹送呼马尔河口，酌量给用。议政王大臣等议如巴海等所请。上谕：所议进征罗刹军务，殊为疏略，乌喇、宁古塔兵未历征战，不谙行阵纪律，将军巴海及副都统官兵又彼此不合，巴海着留守乌喇，萨布素、瓦礼祜俱以副都统领兵前往，不必授为将军。至所议七月兵到，即行攻战，亦属未可。俟抵彼相度形势，奏请可进之时，京城每旗精简五十人，参以军前获罪人员，委授夸兰大参领，别遣将军由陆路直趋，五旬可达。我兵至冬时攻战，乃能有济。若今冬不便克取，来夏，令乌喇、宁古塔兵仍驻彼地，或撤还，至期酌行。又郎谈言，取马蒙古不能即得，可选兵部上驷院肥马二千匹，于本年七月内预发索伦地方牧放，俟禁旅到后，留其羸马，更以所备肥马乘往。其传集郎谈、彭春再行确议。于是议政王大臣等奏：上谕深中事宜，固应祗遵，但前奉暂停攻取，相机举行之旨，尤为切当。乌喇、宁古塔兵不须往墨克顶。勘得黑龙江、呼马尔之间，额苏里地方可以藏船，且有田陇旧迹，即令大兵建立木城，于此驻扎，宜番回自罗刹。再议派京师兵，或撤乌喇、宁古塔兵至巴海，留守乌喇，萨布素、瓦礼祜统兵以行，及预备马匹于索伦，悉应遵旨。额苏里、索伦村庄之间，应设四驿，令赴索伦，理藩院大臣董其事。从之。

康熙二十四年（1685年）

《打牲乌拉志典全书》卷二，采捕松子：

康熙二十四年二月奏定：乌拉地方相距采蜜山场切近，着交总管由此新发抄没户内有子弟者，或奴仆者，添派五十名，归并帮丁一百名内，共作一百五十名，采捕蜂蜜。其五十户大约于年内能到齐，仍由各打牲丁名下起支谷粮，限于明年八月三日停支等因。

康熙二十四年十一月十四日，准都虞司咨开，总管内务府奏：查打牲乌拉总管希特库文称，据抄没、发往采蜜之五十户丁李嘉荫等，于二十四年十月奏陆续抵乌。尚未搭盖房屋，亦未备垦地器具等情，恳将蜜差暂停一年，俟将农业稍安，即行采蜜等情，恳呈转咨前来。

《打牲乌拉志典全书》卷一，领催：

康熙二十四年，经总管内务府工部议奏，放采蜜领催三名。

康熙二十九年（1690年）

《清实录·圣祖仁皇帝实录》卷之一百四十六，康熙二十九年六月二十四日：

癸未，升湖广布政使于养志为偏远巡抚，浙江布政使卞永誉为福建巡抚。

乌朱穆秦额尔德尼贝勒博木布疏报：六月十四日，厄鲁特至乌尔会河东乌阑之地，臣属人民多被劫掠，臣遣护卫额克济尔往视，见噶尔丹之弟憨都台吉，送之至噶尔丹所，谓曰：我攻我仇喀尔喀耳，不敢犯中华界。闻尚书阿喇尼率兵而北，何故？泽卜尊丹巴、土谢图汗、车臣汗皆在何地？额克济尔以不知对。奏入，上谕曰：噶尔丹已至乌尔会河，军宜速出，其军中无火器者，与禁军前所发兵及盛京兵俱应增发，令议政王大臣速行详议。寻议应于马场催取马匹，公苏努之兵仍于初一日起行，前所发之前锋护军携见马于初二日发，后派之前锋护军骁骑于初三日俱发，令各都统一员、护军统领一员、副都统一员率之，至边外水草宽衍之地驻候。诸王军于初四日起行，直隶巡抚、天津镇、三屯营协标下火器兵再发一千，并发宣化府镇标兵一千、藤牌兵一千，俱令宣府总兵官许盛率之，与诸王同发。京城兵每佐领应增派护军二名，每旗护军参领一员，每参领护军校署护军参领一员，每翼副都统一员，八旗火器营兵增发一千，所增发护军及火器营官兵俱护驾而行。至盛京兵增发二千，令将军及副都统统之，吉林乌喇兵二千，将军亲率之，俱令赴科尔沁达尔汉亲王军前，与前所发盛京兵会，遣兵部官乘驿往。再取巡捕三营马八百给与军士，京城大兵陆续遣发，皇上亲统大军相继而行。理藩院檄谕四十九旗，令各备兵分汛哨探，并檄阿喇尼、额赫纳、阿南达等军知之。奏入，上谕曰：后所发护军各二名，令都统阿席坦、副都统那秦希禅率之，俟朕启行后续发。至副都统噶尔玛等所领兵并炮，令内大臣阿密达往统之，不时侦探奏报，以候朕至。总兵官许盛既带操练藤牌军一千名，其标兵可选六百，出张家口，令前锋参领索柱巴图鲁引之，由岱阴达巴汉之路，往赴阿密达军前。其直隶巡抚天津镇标兵一千，令三屯营副将师帝宾率之，随诸王而行，俱携两月粮。巡捕营马八百匹给火器营兵，比闻驿站废弛，令直隶巡抚于成龙整理。其绿旗候选军官、武进士、举人及林兴珠等革职官员有愿效力者，令与火器营兵同行，如有劳绩，酌量擢用。其晓谕之都统彭春、护军统领杨岱、副都统塞赫于初二日起行，都统喇克达、护军统领苗齐纳、副都统海澜于初三日起行。未几，许盛已行，复令回宣府听调。

《清实录·圣祖仁皇帝实录》卷之一百四十八，康熙二十九年九月二十日：

丁未，上奉皇太后自畅春园回宫。

谕都统郎谈、侍卫赫济尔亨、常关保、护军参领般第等曰：古北口外盗贼藏匿庄村，民人常被扰害，尔等将石匣、古北口缉捕墙子路官兵及金钩屯打牲人等，酌量带往古北口缉捕。寻郎谈等奏：臣等屣访贼踪，至喜峰口外龙须门地方，贼首杨花脸率七十余贼据岭抗拒，臣等率领官兵上岭围之，尽歼贼众。报闻。

《打牲乌拉志典全书》卷二，采捕松子：

康熙二十九年十二月初九日，准都虞司咨开：内务府奏，据乌拉总管咨称，本年松子未产，陈松子亦无存，可否权宜将松子一斗折银若干，着交广储司够备呈进等因。

康熙三十年（1691年）

《打牲乌拉志典全书》卷一，珠轩达

康熙三十年，因牲丁滋盛，经内务府大臣等议奏，加添珠轩达一名。

康熙三十四年（1695年）

《打牲乌拉志典全书》卷一，领催：

康熙三十四年，因人丁蕃盛，经内务府议奏，上三旗著放领催三名。

《打牲乌拉志典全书》卷一，珠轩达：

康熙三十四年，因上三旗牲丁蕃盛，经内务府大臣等议奏，加添珠轩达七名。

康熙三十七年（1698年）

《打牲乌拉志典全书》卷一，领催：

康熙三十七年，经工部奏，下五旗添放领催五名。

康熙三十九年（1700年）

《打牲乌拉志典全书》卷二，采捕东珠：

康熙三十九年二月二十八日，准将军来咨，内开：嗣后捕打东珠数过千颗，总管赏给加级。此次捕获东珠二千一百八十颗，着将总管穆克登加一级，并赏给三品顶戴；翼领罗禅，赏给五品顶戴，嗣后不准为例等因，奏准。来文一件。

《打牲乌拉志典全书》卷一，骁骑校：

康熙三十九年，准工部咨文，据乌拉总管咨称：本处近来人丁蕃盛，并发遣人犯，加八旗牲丁二千余名，为数甚巨。虽有领催二十七名，并无官职，难期管束等因。请由二十七名催内放催总七名，均为七品等因。具奏。

康熙四十一年（1702年）

《清实录·圣祖仁皇帝实录》卷之二百十，康熙四十一年十月八日：

乙酉，京师地微震。

升内阁学士傅绅为盛京兵部侍郎。

九卿等遵旨议覆：嗣后乡、会试作五经文字者，应于额外取中三名，若佳卷果多，另行题明酌夺。五经文字草稿不全，免其贴出。二场于论、表、判外，添诏诰各一道。头场备多页长卷，有愿作五经者，许本生禀明给发。从之。

刑部遵旨议覆：黑龙江、宁古塔等处发遣人犯逃者甚众，皆由该管之人不行查察，应令各该将军、打牲总管等将发遣人数每月查明咨部，至年终该管将军开明总数具奏。臣部勘对，如有发遣人犯逃走一名者，伊主官则罚俸三月，平民鞭责；至二三名者，计人数加罪。其该管将军、副都统、协领、佐领、骁骑校等亦分别降罚，小拨什库鞭责，打牲总管照协领治罪，副总管照佐领治罪。其发遣人犯逃走，若缉拿时有拒捕者，即行正法。又或拐卖人口，或为窃盗等事发觉，臣部审明，发与该将军等即行正法。其发遣之犯，应沿途官员亲身押解，或不加防守，以致罪人脱逃者，官员降二级调用，兵丁枷号一个月，请着为令。从之。

《打牲乌拉志典全书》卷二，采捕蜂蜜：

康熙四十一年正月十八日，准都虞司清文内开：查康熙二十四年三月，内准都虞司议覆内开，乌拉各旗采蜜牲丁等，如果额外交蜜，十坛以上，九坛以下，拟赏给采蜜之领催□缎一方。如一连多交三年，即赏肩袍料一方。如得赏三年，格外添赏貉皮搭护一身，如亏九坛以下免责；亏十坛以上，每坛折二鞭。如领责三年，将管领催鞭责一百，降归打牲丁内，一律捕差。其遗领催之缺，拣选该旗得赏多次之珠轩达放为领催等因。具奏。奉旨依议。钦此，来文一件。

康熙四十三年（1704年）

《打牲乌拉志典全书》卷二，城桓衙署：

康熙四十三年，因江水频泛，浸涝房间。经乌拉总管穆克登报请迁移城垣，修理衙署，以免浸淹塌陷。所用工料、银两拟由八旗官丁奉饷捐办等因。

康熙四十四年（1705年）

《打牲乌拉志典全书》卷二，城桓衙署：

康熙四十四年正月初十日，准内务府具奏，臣等据打牲乌拉总管穆克登呈报，据所属官丁等报称，适遭大水，将乡村房产、地亩，均各冲为沟壑等因。

康熙四十五年（1706年）

《打牲乌拉志典全书》卷二，仓厂：

康熙四十五年八月二十三日，准盛京户部咨文，内开：据乌拉总管穆克登报称，现奉旨边外等仓，应用斗支，务须一律，照新定斗样颁领，以免两歧等因。

《打牲乌拉志典全书》卷二，城垣衙署：

康熙四十五年，打牲乡村迁移在旧城迤东高埠向阳之地，修造城垣一座。土筑城墙，周围八里，每面二里许，安立城门四座，城中过街牌楼二座。内设衙署、银库，原照依副都统衙门式样修造。采珠、捕鱼八旗各按角色分设，旗仆占居城里，不准容留浮民，商贾占居西门外，原以为免旗民混杂而重风化。乌拉所管地面，周界约五百余里，生齿日繁，现在户丁五万余口。

《打牲乌拉志典全书》卷一，庄头　壮丁

查原设五官屯，于康熙四十五年，经内务府大臣等议奏，总管穆克登报呈，请由蒙古索借拔协济牛三百五十条，交该总管经理，以拔来帮捕蜂蜜之五十户内，拣其材干者五名放为庄头。

康熙四十六年（1707年）

《清实录·圣祖仁皇帝实录》卷之二百三十，康熙四十六年八月二十五日：

甲辰，上驻跸洮尔毕喇地方。

赐索伦总管赛音察克，杜拉图打牲壮丁人等布帛银两有差。

康熙四十八年（1709年）

《清实录·圣祖仁皇帝实录》卷之二百三十七，康熙四十八年四月二十日：

辛酉，和硕显亲王衍潢等遵旨会议：喇嘛巴汉格隆等咒魇皇太子情实，应将巴汉格隆、明佳噶卜楚、马星噶卜楚、鄂克绰特巴俱凌迟处死。查巴汉格隆已充发奉天，其明佳噶卜楚等亦发往杭州看守，应行文该地方将军、巡抚委员监视，即行正法。至皇长子护卫啬楞雅突明知大逆之事，乃敢同行，又雅突将皇长子复行咒魇，俱属大逆，亦应凌迟处死。再此案内有察苏齐引诱宗累格隆陶州胡土克图行咒魇之事，因布彦图知情，欲行出首，即将布彦图杀害身死。察苏齐虽经身故，系大逆首恶，应将察苏齐之亲兄弟已孙并啬楞雅突之亲兄弟子孙俱即处斩，伊等妻女媳妇俱发往打牲乌喇处贫人为奴。其族人内有职者革职，枷号三月，鞭一百，并妻子充发黑龙江当苦差。查雅突系诺木插什佐领下人，诺木插什不能觉察，亦属不合，应将诺木插什革职，枷号三月，鞭一百，并妻子充发黑龙江当苦差。伊等内有世职者俱不准承袭。咒魇诸物，例有明禁，太监杨得志违例应付，亦应枷号三月，鞭一百，充发黑龙江当苦差。其脱逃之喇嘛扎什盆苏克、罗布藏扎什等俟缉获另结。得旨：此本交内阁收贮。

康熙五十年（1711 年）

《清实录·圣祖仁皇帝实录》卷之二百四十六，康熙五十年五月五日：

谕大学士等曰：天上度数，俱与地之宽大吻合，以周时之尺算之，天上一度，即有地下二百五十里，以今时之尺算之，天上一度，即有地下二百里。自古以来，绘舆图者，俱不依照天上之度数，以推算地理之远近，故差误者多。朕前特差能算善画之人，将东北一带山川地里，俱照天上度数推算，详加绘图视之。混同江自长白山后流出，由船厂打牲乌喇向东北流，会于黑龙江入海，此皆系中国地方。鸭绿江自长白山东南流出，向西南而往，由凤凰城、朝鲜国义州两间，流入于海。鸭绿江之西北，系中国地方，江之东南，系朝鲜地方，以江为界。土门江自长白山东边流出，向东南流入于海。土门江西南，系朝鲜地方，江之东北，系中国地方，亦以江为界。此处俱已明白，但鸭绿江、土门江二江之间地方，知之不明。前遣部员二人，往凤凰城会审朝鲜人李玩枝事，又派出打牲乌喇总管穆克登同往，伊等请训旨时，朕曾密谕云：尔等此去，并可查看地方，同朝鲜官沿江而上，如中国所属地方可行，即同朝鲜官在中国所属地方行，或中国所属地方，有阻隔不通处，尔等俱在朝鲜所属地方行，乘此便至极尽处，详加阅视，务将边界查明来奏。想伊等已由彼起程前往矣。此番地方情形，庶得明白。

谕大学士等曰：朕已发谕旨至京师，令自本月初六日起，三日不宰牲，虔诚祈雨。此处俱系一体，即自初六日至初八日不宰牲，相应严禁。扈从人员及村落居民，并着于各庙诵经合意，虔诚祈祷。朕三日茹素，传谕膳房知之。打鹿放鹰，俱行禁止。

《清实录·圣祖仁皇帝实录》卷之二百四十七，康熙五十年八月四日：

上谕大学士等曰：前差打牲乌喇总管穆克敦等查看凤凰城至长白山边界，伊等业将所查地方绘图呈览，因路远水大，故未能至所指之地，着于来春冰解之时，自义州乘小舟溯流而上，至不可行之处，令其由陆路向土门江查去，但道里辽远，万一中途有阻，令朝鲜人供应，将此情由令该部晓谕来朝正之朝鲜国官员，书旨给与，带付伊王。

康熙五十四年（1715年）

《清实录·圣祖仁皇帝实录》卷之二百六十三，康熙五十四年四月二十二日：

丁亥，谕议政大臣等：着派黑龙江兵五百名，并打牲索伦、打虎儿兵五百名，三处喀喇沁兵一千名，每人各带长枪、鸟枪。其黑龙江及打牲索伦、打虎儿兵着从口外往归化城去，喀喇沁兵着乘自有马匹从本处起程，其口粮到湖滩河朔再支领仓米。倘粮不足，着支领唐三营仓米，于八旗出厂马匹内给喀喇沁兵，每人马二匹。如同归化城、察哈尔并右卫预备之兵发往推河地方驻扎，则不拘何处俱可去得，着议奏。议政大臣等随遵旨议覆：右卫、察哈尔、归化城之兵已经预备，应令将军费扬固于咨文到日率领起程。现在所调黑龙江、索伦、打虎儿、喀喇沁兵令其陆续往推河地方，其厄鲁特额驸阿宝及鄂尔多斯兵亦令至推河，俱听将军费扬固调遣。得旨：喀喇沁兵着格勒尔带往，侍卫色楞授为副都统前去；黑龙江兵着副都统白济带往；索伦、打虎儿兵着总管布珠并哈忒虎之子衣里布带往。

又谕：喀喇沁兵行期甚速，路复遥远，着侍郎觉和托、一等侍卫色楞携内帑一万两，速往赏赐。

谕吏部：庶吉士杨绳武等教习年余，今加考试，应分别授职。除王敬铭、任兰枝、魏廷珍已授修撰、编修外，其庶吉士乔学尹、蒋洽秀、李元真、许王猷、陈治滋、万承苍、张缙、曹鉴临、王奕仁、刘泌、刘自洁、景考祥、蒋继轼、吴襄、蔡嵩、王希曾、杨绳武、庄楷、何焯、冯暠授为编修，朱曙荪、陈法、陈世侃、姚三辰、巩建丰、梅廷对、向日贞、徐流谦、张元怀、孙嘉淦、张汉、董宏、吴孝登、王国栋、陈春英、何人龙、潘述祖、臧尔心、朱天保、世禄、苏彤绍、贾甡、史在甲、文大漳授为检讨，其唐建中、清汉文俱劣，着革退。

《清实录·圣祖仁皇帝实录》卷之二百六十三，康熙五十四年五月十七日：

壬子，议政大臣等奏：遵旨讯被擒厄鲁特满济，据称我本图尔古特人，我阿玉奇汗之子三济扎布当年与父有隙，率一万人投策妄阿喇布坦，策妄阿喇布坦擒三济扎布送还图尔古特，尽留我等万人分给伊属下寨桑等。其来侵哈密之故，曾闻年老准噶尔人言，去年喀尔喀擒我处阿尔泰打牲一人、杀一人，又我处贸易之人为哈密人阻截，以此欲蹂躏哈密，使之残困。其人众每一部落有千五百户，约共三万人，其征赋俱无定规，凡有所需，一切向属下敛取，人皆疲敝。自和朔特、图尔古特、辉特、杜尔伯特台吉属人外，策妄阿喇布坦十四部落之人无不怨之。去年雪深三尺余，其所居伊里等地方牲畜尽毙，其子往攻安箭地方之布鲁特被杀者五百人，回时又多染疾而死。再我图尔古特一万余人俱愁苦度日，各有恋土之心，常思乘变奔回本地，或来归天朝。其来侵哈密众人皆言策妄可喇布坦不知自量轻犯天朝，若大兵来讨，何以待之？妖孽已现，犹不耕食安生，甚无谓也。奏入，得旨：

策妄阿喇布坦处着遣使分两路赍谕旨前往，将喀尔喀所获之厄鲁特着随哈密路使臣去，哈密所获之厄鲁特着随喀尔喀路使臣去。

喀尔喀和硕亲王多罗额驸车妄扎卜来朝。

吏部题：正黄旗三等公阿尔泰因病解退，销去恩诏所得二拖沙喇哈番，余一等侯应以其弟之子噶尔萨袭替。从之。

《清实录·圣祖仁皇帝实录》卷之二百六十三，康熙五十四年五月二十日：

乙卯，遣原任员外郎保住由喀尔喀路，蓝翎克什图由哈密路，各赍谕旨往策妄阿喇布坦处。谕曰：去年尔众擅掠我喀尔喀之人，故喀尔喀巡哨之兵追逐，杀尔打牲一人，擒一人而归。我哈密之往吐鲁番贸易者，因尔亦不令回，故从吐鲁番处行文与尔，不知曾到与否。今尔无故领兵二千侵我哈密，为我兵二百人所败而遁。今我兵已四路云集，断难中止。从前尔虽狂妄启奏，朕为天下主，无不宽容。况尔曾奏云，令我等喀尔喀、厄鲁特、青海之众皆复旧业，以安人众。尔今可令和朔特、图尔古特、辉特之人俱回原处，与伊兄弟完聚。其在我处之辉特，朕亦令回原处完聚，于阿拉克山居住。拉藏汗之子，尔可速送还拉藏。尔只领准噶尔之众，僻在额尔齐斯居住则已。再前给尔准噶尔之众，本我所应有之人，彼等亦不愿属尔处。尔之人心离异，各为身计，不但众人皆知，即尔亦自知之。尔果欲起兵，此等人朕皆当收养，谁不欲享太平，乃肯为尔冒死耶？况我用兵并无掩袭，尔常自以为强，可亲身前来会盟定议。不然，恐尔又诡称使臣，不能尽达尔言也。前尔屡奏所遣使人中途为人阻隔，朕因遣使约尔来会。尔又恳奏户口无几，原不足数，且僻在一隅，若相近边境有可效力之处，情愿报效，今何无端食言，侵我哈密？若不来会盟，断无了期，兵兴之际，受伤生齿必多。尔若畏惧不来，则尔向称欲安人众之言皆为虚伪，朕必亲征，或令王大臣等领兵直抵尔巢穴，必不容尔信口支吾也。

尔其定意，即于所遣使臣回时具奏。

赐擒送厄鲁特之哈密佐领色珀尔等蟒袍、银缎、衣服等物。

《清实录·圣祖仁皇帝实录》卷之二百六十四，康熙五十四年六月八日：

壬申，谕议政大臣等：今敏珠尔公所住厄德尔齐老图地方去推河不远，应令祁里德等在厄德尔齐老图左近择有水草可以耕种及鱼兽繁多处移兵驻扎，则便于打牲，又可保护敏珠尔公等眷属将米运至驻兵处，不但有益而进兵，亦兵运米事，不可迟缓，着即缮折具奏。寻议政大臣等议覆：应行文将军费扬固、散秩大臣祁里德会同喀尔喀汗王等公议，于敏珠尔公所居厄德尔齐老图左近额克阿拉尔、和布多、乌阑古木等处择有好水草可以耕种要紧适中处，令众兵会集驻扎。现在右卫等处官兵所领之粮虽足一年之用，但给发兵丁之粮不可不预为起运，应将湖滩河朔细米动运二万四千石，先就近令直隶、山西动正项钱粮采买马骡一万五千匹，于七月驱至湖滩河朔运米一万二千石至驻兵处，再于山东、河南亦动正帑购买马骡一万五千匹，明年草青时送至湖滩河朔运米一万二千石至驻兵处，将此运过米石马骡于大兵前进时令驮子母炮位等物再御制。子母炮应运三十位给将军席柱处，五十位给将军费扬固处备用。从之。

康熙五十五年（1716年）

《清实录·圣祖仁皇帝实录》卷之二百六十九，康熙五十五年九月十八日：

甲戌，上驻跸两间房。上问：皇四子和硕雍亲王胤禛八阿哥病，汝曾使人往看否？回奏云：尚未使人往看。上曰：当使人往看。

议政大臣等遵旨察议原任将军席柱系领兵进剿之大臣，而兵丁内八千余人盔甲器械俱不齐备，马匹牲畜至巴尔库尔地方不寻水草佳处牧放，以致倒毙一万四千有余；副都统苏尔德前往种地，所需牲畜田器籽粒，席柱不即行料理备办；管辖官兵之员不行加意，吝选滥将；护军校晋保委为前锋章京，于八月间迷失，延至十二月始行奏闻；尚书富宁安所运之米散给兵丁尚有余剩，而席柱竟以兵粮不能接济，造次具奏；扎布罕驻扎之兵丁俱以打牲为业，节省米粮，而席柱反行禁止打牲；再察席柱于原任都统、西安将军时，补授属下官兵，俱勒索银两是实，应将席柱即行处绞，家产籍没；原任副都统吴坤身系参赞，并不劝阻，应将吴坤革职，家产籍没。疏入，留中。

康熙五十八年（1719年）

《清实录·圣祖仁皇帝实录》卷之二百八十三，康熙五十八年正月二十六日：

己亥，谕议政大臣等：总管穆克登在乌喇地方声名甚优，人亦勇健，着授为副都统。打牲乌喇船厂乌喇之一千兵丁，令其管辖。盛京之一千兵丁，将城守尉勒钦图授为副都统，令其管辖。其黑龙江索伦之一千兵丁，令副都统鄂三管辖。

《打牲乌拉志典全书》卷二，协领衙门　附金川、巴里昆、察哈尔兵：

康熙五十八年，准兵部咨文，内开：遵奉上谕，议政大臣等会议，在阿尔太路途点过盛京、乌拉等处三千兵，将所缺额数，即于各该处穿甲幼丁内挑补。其盛京、乌拉、吉林兵丁等均无跟役，如有愿将该子弟作为跟役带往者，可否准带等因。奉旨依议。钦此。

又据盛京将军棠保柱，乌拉吉林将军宗室巴赛诉称：此次出派二处兵丁，均穿盔甲，或执本处旗纛，或执护军旗纛之处。当经乌拉总管穆克登诉称：本处打牲丁等素使弓箭、腰刀，请由部办领腰刀等因。议政大臣面奏，奉旨：总管穆克登在乌拉声名甚好，尤属干练，着为副都统，管带乌拉、吉林兵一千名前往。

《打牲乌拉志典全书》卷一，三品总管：

康熙五十八年，穆克登着放副都统西路出征，其总管任务着吉林协领张来署理。于雍正三年奉旨，张来着放副都统，仍办总管事务。

第三章　清世宗雍正时期

雍正二年（1724年）

《清实录·世宗宪皇帝实录》卷之十七，雍正二年三月二十日：

甲午，谕刑部：刑狱关系重大，必须虚公详慎，尽得实情，不可疏忽遗漏，以致民有冤抑。夫君臣之义，本同一体，朕视臣下如手足也。尔等遇事有可疑不能决者，不妨面奏，俟朕斟酌至当，然后施行。若既不面奏，又以私心揣度，巧为迎合，及刑罚不中，则退有后言，将所谓股肱大臣之任，而存心卑污如此，岂不可耻？或朕有未当之处，亦不好直陈所见。人非圣人，孰能无过？君子之过，如日月之食，过而能改，善莫大焉。朕之不吝改过，谅尔诸臣素所共知。凡有功者加之以赏，有罪者加之以刑，此乃帝王驭世之大权。朕但知因事顺应，并不先有成见，尔等皆宜体朕钦恤之意，不可自恃己见，亦不可彼此推诿，和衷协恭，平心静气，毋得有意逢迎，务使用法如衡之平，如鉴之明，庶几民不轻犯，国无冤狱，以共成咸中有庆之治。

又谕：下五旗王等属下问罪发遣者，部议俱发往各该打牲处，但发往该王打牲地方，数年之后，该王每有私令回京者，嗣后因公事治罪发遣者，不得发往该王门上打牲，各量其罪之轻重，发往三姓、黑龙江等处地方，着定例具奏。

以原任员外郎觉罗塞德为都察院左副都御史。

以正蓝旗汉军副都统多赛署本旗蒙古都统。

户部议覆署江苏巡抚何天培奏言：江苏等属去岁秋禾水淹，穷黎乏食，业经题请散赈，民困未苏。请于本年正月起至二月止，令各州县添设粥厂，广为煮赈，应如所请。从之。

工部议覆河道总督齐苏勒疏言：宿迁县骆马湖为运道要处，其东岸旧河低洼易泄，旧筑土坝未足捍御，请于湖东陆塘河通宁桥西相度高地，筑拦河滚水坝，再筑拦水堤六百丈，中间口门宽三十丈，以便宣泄，庶于济运有资，应如所请。从之。

免江南镇江府丹徒县滨水坍田银粮有差。

《清实录·世宗宪皇帝实录》卷之十八，雍正二年四月十八日：

刑部遵旨议覆下五旗包衣佐领下人，嗣后因公事犯罪，俱停其发往诸王所属打牲乌喇处，均改发三姓地方当差，若情罪稍轻，酌量发黑龙江等处，请着为令。从之。

《打牲乌拉志典全书》卷一，珠轩达：

雍正二年，乾清门二等侍卫阿富他，因赴乌拉查丁，面奏。奉旨：原贝色、老密舒努等□丁均入上房，应将老密舒努等六十三丁，分为三珠轩等因。遵即加添珠轩达三名。

雍正三年（1725年）

《清实录·世宗宪皇帝实录》卷之三十，雍正三年三月二十八日：

丙寅，谕内阁：盛京乃开基之地，宁古塔、黑龙江、三姓等处俱属接壤，向来发遣人犯安插于此，至今渐多。此辈原系匪类，凶恶习成，岂能悛改？其子孙亦未必能成善类，而本处无知少年或为其引诱，流染匪僻，废坏风俗，所关甚大。且将来发遣之人多于本地兵丁，亦深有未便。嗣后凡发遣人犯，可否分发内地边远之区，今地方官严加管束，人数无多，禁约亦易。至强盗理应正法，其减等发往三姓地方，乃法外之仁，今应作何变通，俾其安辑？再八旗内府佐领、王府佐领下有罪发往打牲乌喇者,人数渐加,亦当酌量。着诸王大臣等会同详议，务期得当，经久可行。

又谕：大臣等之家人，互相党比，结为兄弟，钻营请托之处甚多。大臣等彼此和洽，其请托固不待言。如彼此不睦，家人从中或为调停，或为激怒，千态万状，各欺其主，以图己利。伊主为其所惑，不能辨别是非，反为家人所用，而忘己之利害，获罪败名，不可胜数。此朕数年来所深知，亦众人所共知也。此等事大有关系，不可不严行禁止。着交与步军统领、五城官员，凡大臣等之家人，如有嫁聚筵席、延请亲友等事，令各禀明家主，然后举行。倘有私结党与，约为兄弟，彼此会饮，借以请托事件者，即行严拿治罪。将此通行八旗晓谕。

雍正四年（1726年）

《清实录·世宗宪皇帝实录》卷之四十二，雍正四年三月十日：

壬寅，敬奉圣祖仁皇帝御容于恩佑寺，上亲诣行礼。

谕理藩院：昨为吴梁海人等特降谕旨，发兵驻防。朕复详思，克木可穆齐克地方之吴梁海人等，俱系车零旺布博贝属下，其来归之科罗尔卖等，现交博贝抚绥存恤，居之公所。此等人向在喀尔喀边外树内打牲为生，与准噶尔所属之吴梁海接壤，又与鄂罗斯连界，必当轻徭薄赋，俾伊等生计饶裕，乃为有益。此等人素无知识，万一策妄阿喇布坦设计哄诱，或兴兵抢掠，虽地属弹丸，人极愚贱，而倘被侵犯，即与蒙古王贝勒之部落一体，岂可置之不问？观策妄阿喇布坦奏章，其意于吴梁海每饭不忘，将来未必无乘间侵犯之事。今兹夏月，我师现在特斯等处游牧，朕欲乘此遣大臣一员，携带布帛茶叶等物，同王车零旺布、贝勒博贝，或亲至克木可穆齐克地方，或于附近吴梁海之唐奴特斯等处，齐集伊等为首之人，分别赏赐，明示朕意。曰：皇帝轸念尔等民生，特命前来传旨晓谕。尔吴梁海人世居树内，以打牲为生，遇力强者即为纳赋，由来旧矣。今尔等既纳贡赋于蒙古王贝勒等，即为朕之属国，所居与鄂罗斯、准噶尔边界甚近。据今差往准噶尔使臣回奏，策妄阿喇布坦云：克木可穆齐克地方之吴梁海人等，向俱为伊之属下，甚恨尔等。皇帝恐尔等受伊侵害，故特遣大臣传谕，预为防备，且施恩赏赐尔等，嗣后远设营哨，尽心防御。策妄阿喇布坦所属之吴梁海，与尔等接壤，宜不时探察。再鄂罗斯亦与尔等甚近，倘伊国人等侵尔边界，造屋种地，立即报知汛地，转报将军，即使策妄阿喇布坦侵害尔等，将军早闻，便可发兵救助。倘策妄阿喇布坦兵多，事起仓猝，尔等力不能当，即携带妻孥牲饩，暂移入内边游牧。若贼兵无多，尔等酌量己力，可以殄灭，即殄灭之。与其略不设备，致策妄阿喇布坦忽来见侵，劫掠牲畜，杀伤人民，何如早备之为善也。皇帝又轸念尔等生计，特命尔主王贝勒等减尔贡赋，将所减之数，皇帝动支国帑，赏赉尔主，期与尔等生计有益。尔等诚能感戴国恩，恪遵训旨，固守地方，探察详报，朝廷恩赉，自必有加无已等语。车零旺、布博贝同命往大臣，如此详悉晓谕伊等，再于伊等中拣选老成服众之人，作为首领，令其守望相助。其遇有紧急事务，作何知会传报之处，亦着详细定议，开示伊等。伊等果能深知利害，感佩恩泽，则必输诚效力，从此边圉益固矣。

《内阁大库档案》，雍正四年四月十日：

户部咨覆都察院左副都御史总管威远堡等六边事务永福奏查明盛京旗地事，应如所奏，王以下至闲散宗室以上，查明其在盛京庄头管领数目、打牲人名、居住村庄，应速行造册送奉天将军等，以备会同查丈大臣查丈。

雍正五年（1727年）

《清实录·世宗宪皇帝实录》卷之五十六，雍正五年四月四日：

庚寅，谕内阁：打牲乌喇俱系内务府佐领之人，不可令船厂将军兼辖，每年着干清门侍卫一员、内务府官一员，与该处总管同办事务。其三姓地方甚属紧要，与将军处相距甚远，止有协领一员，若事件有误，并无接办之人，着添设副协领一员，授为从三品，与正协领一同办事。

《打牲乌拉志典全书》卷一，珠轩达：

雍正五年，准都虞司咨文内开，由公满都豁贝勒名下，拨给捕鱼打牲丁十九名，补珠牲丁十名，由功云韬名下拨丁五名，云梯名下拨丁五名，共丁三十九名，归上三旗，采捕东珠，加添珠轩达二名。

雍正六年（1728年）

《打牲乌拉志典全书》卷一，三品总管：

雍正六年，副都统穆克登升授前锋统领赴都召见。面奉谕旨，饬令旋回，仍办总管事务，即令张来暂行回避。与雍正七年，穆克登奏择吉期启程，前往阿尔太军营出师，其总管任务，准都虞司咨称，奉旨着郎中富德署理乌拉总管事务。

雍正七年（1729 年）

《打牲乌拉志典全书》卷二，仓厂：

雍正七年九月二十四日，准都虞司来咨，内开：乌拉所收仓谷，以二万石为定额。其应粜谷石，务须以新入仓，以陈轮粜，而免年久霉烂。

《打牲乌拉志典全书》卷一，三品总管：

又查雍正七年，副都统格莫儿调奏乌拉总管穆克登缺出，或由内府官员拣放，或由穆克登本族之人验放等因，具奏。奉旨仍在穆克登族内选放等因。钦此。遵即查得伊子三等侍卫穆朱祜带领引见。奉旨著放总管，仍戴花翎。

雍正九年（1731 年）

《清实录·世宗宪皇帝实录》卷之一百八，雍正九年七月九日：

庚午，谕大学士等：罗卜臧喇锡统领之扎萨克兵丁及盛京乌拉等处之兵，从前曾令其至顺承郡王军营驻札，此内若有已到军营者，即驻札彼处，其未到者，着在塔米尔地方会同一处驻札。盛京船厂、黑龙江之兵，着额尔勤统辖，乌察拉王常协管。

《清实录·世宗宪皇帝实录》卷之一百十，雍正九年九月二日：

壬戌，谕大学士等：从前三姓地方人等俱归入旗分，编为佐领，七姓地方之人见今仍打牲捕貂，闻伊等汉仗甚好，与三姓地方无异。着行文该将军常德，于七姓人等内如有汉仗好，情愿披甲效力者，查明数目具奏。

《打牲乌拉志典全书》卷一，笔帖式：

雍正九年，准奉内大臣议奏，请将乌拉之笔帖式，仿照奉天之例，每员每月给银一两，仓米一斛，一斛米折仓谷二斛给领等因。依奏。钦此。

雍正十年（1732年）

《清实录·世宗宪皇帝实录》卷之一百十六，雍正十年三月十日：

丁卯，清明节，遣官祭永陵、福陵、昭陵、昭西陵、孝陵、孝东陵、景陵、孝敬皇后。

谕办理军机大臣等：闻打牲乌喇丁壮繁衍至二三千名，伊等俱系打牲为业，能习劳瘁。着船厂将军常德会同该总管等，于打牲乌喇余丁内简拔年力壮健者千人为兵，令该管官亲加训练，即属船厂将军统辖。其作何训练及补放官职等处，着常德妥议办理。

谕内阁：湖南镇筸镇，地接苗疆，原辖四营，额设兵丁三千名，以资弹压。嗣因议分四路塘汛，直抵六里新营。该抚以六里新经招抚，地方紧要，奏请添设兵丁四百名，曾经部议准行。今闻六里开辟之地，所设永绥协营，幅员五百余里。以形势而论，尚在镇筸之外，止安设兵丁一千六百名。至镇筸所管苗疆界址，亦仅五百余里。现有额兵三千名，较之永绥兵制，数已加倍。且永顺、保靖等处，已建设营汛，与镇筸益成犄角。是镇筸额设之兵，尽足以供守卫而资调遣，新增兵丁甚属无益。着该督抚、提镇等，确查地方形势，有要紧营汛应添兵丁之处，即将镇筸新设之四百名，酌量派拨，以资防御。不必固执前见，务于地方营伍实有裨益，以为经制久远之计。

《清实录·世宗宪皇帝实录》卷之一百十七，雍正十年四月三日：

庚寅，谕办理军机大臣等：前锋统领穆克登在军前效力年久，现今打牲乌喇地方添设新兵，着穆克登前往操练。

大学士等遵旨议覆：据内务府总管鄂善奏称：臣遵旨于喜峰口、冷口、古北口沿边内外，所有打牲壮丁并村庄园圃等额丁内，拣选情愿充兵汉仗壮健者，共得一千名。伊等俱系热河附近之人，请于热河地方操演鸟枪、弓箭，拣选弁员教习。至所选丁壮，于五十名内委充领催一名，十名内补放队长一名，督率操演。再于内务府废员内拣选引见，委充首领二名，副首领四名，令其约束，给与拜唐阿粮饷。所需火药、弓箭、旗帜等项，于该部支取。再查此项丁壮，俱无地土，应于丈出羡余地亩内，每名拨给九十亩，养赡家口。并将热河现有空房，每三名共拨房一间居住，每月给饷银二两，米一斛等语。臣等查兵丁一千名，不可无专管大臣，请派汉军副都统一员，令其管理训练，参领二员，令其协同管理。至所选丁壮三名，共给空房一间，甚属窄狭。查伊等有携带妻子者，给与两间，如未曾携带者，给与一间。其京城派往副都统、参领，各给官房一所，首领、教习等，每人各给官房三间。每月行粮，副都统十两，参领八两，首领、副首领各五两，教习等各四两，余俱应如鄂善所请。得旨：此项兵丁，着内务府郎中佛标加副都统职衔，在热河地方管理训练，余依议。

《清实录·世宗宪皇帝实录》卷之一百十九，雍正十年闰五月十四日：

己亥，加正蓝旗护军参领色尔古楞副都统职衔，仍往北路军营看守察罕叟尔仓库，赏银二千两。

办理军机大臣等议覆：宁古塔将军常德遵旨议奏八姓地方人内，请挑兵一千名，编为十佐领，各设佐领一员，骁骑校一员，照三姓例给与俸饷器械。查三姓地方宽阔，应建筑城池，令三姓、八姓官兵等一并驻札。从前八姓人户不习耕种，请俟来年二月给与牛种口粮，令其开垦。再，打牲乌喇人丁现有二三千人，亦请挑兵一千名，分为八旗，编为十佐领，各设佐领一员，骁骑校一员，每旗设防御一员，每翼设协领一员，给与俸饷等项，与船厂兵丁一体差操。均应如所请。从之。

《清实录·世宗宪皇帝实录》卷之一百二十一，雍正十年七月二十五日：

己酉，谕内阁：二等侍卫哈岱，着加护军统领衔，带打牲乌喇兵一千名，前往西路军营。

《清实录·世宗宪皇帝实录》卷之一百二十六，雍正十年十二月十二日：

办理军机大臣等议覆黑龙江将军卓尔海奏言：查打牲人共二千三百四十九名，请挑选一千名，令往齐齐哈尔城北本尔得地方居住，编为八旗，于打牲处现任官员内派副总管四员、佐领八员、骁骑校八员训练操演，归打牲处总管统辖。臣于每岁春秋亲往查阅，其军器俸赏等项照例给与，免其进贡貂皮，应如所请。从之。

《打牲乌拉志典全书》卷二，协领衙门　附金川、巴里昆、察哈尔兵：

雍正十年，特奉上谕：乌拉牲丁甚属蕃盛，已至二三千名，俱系采捕行走，贯习苦练。由此丁内，拣其强壮者，选挑一千名，作为精兵，遇有调遣，以便急用。其乌拉与吉林切近，将此兵应交将军常德与该管总管、值年侍卫等，操练训练熟习，其如何训练，放何品级官员等事，着常德定议具奏。钦此。

《打牲乌拉志典全书》卷一，三品总管：

雍正十年，富德缘事革职，将（乌拉）总管事务着值年侍卫官翼领达扬阿署理。

雍正十二年（1734年）

《清实录·世宗宪皇帝实录》卷之一百五十，雍正十二年十二月三日：

甲辰，办理军机大臣等议覆署黑龙江将军卓尔海奏言：湖兰河地方前经议设卡伦八处，但因秋寒暂撤，所有偷采人参之弊难于查察。请于白都纳打牲瓜尔察挑兵一百八十名，齐齐哈尔城旧兵内挑选三百二十名，驻札其地，编设佐领八个，每佐领设佐领、骁骑校各一员，领催各六名，并补放城守尉一员，副总管二员，令其统理执掌关防，并添设笔帖式二员，应如所请。从之。

雍正十三年（1735年）

《清实录·世宗宪皇帝实录》卷之一百五十三，雍正十三年三月六日：

丙子，谕办理军机大臣等：据遣往准噶尔使臣傅鼐等奏称：噶尔丹策零请将哲尔格西拉胡鲁苏地方为我喀尔喀游牧地界等语。朕意伊既如此恳求，若坚执不允，恐使臣徒劳往返，终无完结之日，但朕无由悬定。此系喀尔喀等游牧处，额驸策凌素所深知，着将傅鼐等奏折并地图密寄额驸策凌，令其细阅噶尔丹策零所请应否准行，如不可行，或于我原定地方之内、伊原定地方之外另有何处可定边界，暨定界之后其中空闲地方应否禁止彼此打牲之处，俱着详悉定议。事关重大，务期永远有益，着于噶尔丹策零使臣垂纳木喀等未到之前具奏。

《清实录·世宗宪皇帝实录》卷之一百五十三，雍正十三年三月二十九日：

己亥，定边左副将军额驸策凌遵旨议奏：噶尔丹策零请以哲尔格西拉胡鲁苏为我喀尔喀游牧地界，查从前喀尔喀游牧尚未至哲尔格西拉胡鲁苏地方，应即照伊所请行。但我卡伦原在阿尔泰迤东额贝和邵和通、鄂博布延、土科布多、托罗和乌阑等处安设，此系哲尔格西拉胡鲁苏界外，应议定将我卡伦照旧安设。至厄鲁特游牧，应以额尔齐斯为止。如伊不遵，或以阿尔泰岭为界，不得越过哈巴博尔济、阿里克泰、清吉尔等处。至中间交壤之处，彼此俱毋得打牲。嗣后阿尔泰迤东令我处巡逻，迤西令彼处巡逻，如此庶争端可以永息。再准噶尔策妄阿喇布坦在时，其游牧原在河泊克萨里察罕胡济尔迤西，数年以来，渐越额尔齐斯。贼夷素性狡诈，反覆无常，使伊游牧相逼太近，则防守实难，断勿令过阿尔泰岭，方为善策。奏入，报闻。

《清实录·世宗宪皇帝实录》卷之一百五十五，雍正十三年闰四月二十九日：

办理军机大臣等遵旨议奏：西路军营兵丁，经臣等议准，将打牲乌喇兵一千名赴北路驻札，绿旗兵丁内挑留一万名在巴尔库尔驻防，再留一千名在哈密添防。所有应派总统、协办之大臣及领兵之提督、总兵等，应请旨遵行。

又议覆定边大将军平郡王福彭遵旨议奏北路军营撤兵驻兵事宜：一、军营应留满洲、蒙古兵二万名，酌派红郭尔鄂隆调来之京城满洲兵二千名，乌里雅苏泰驻札满洲兵一千名，令侯马兰泰、护军统领职衔吉当阿、副都统富达礼管辖。家选兵二千名，令护军统领阿成阿、副都统敦巴管辖。汉军兵一千名，令都统诺尔浑、石礼哈管辖。奉天兵四千名，令护军统领胡琳、噶尔锡，副都统席尔、哲库管辖。船厂兵二千名，令副都统富昌、阿思哈管辖。索伦兵二千名，令副都统职衔巴里孟吉、翟三管辖。打牲乌喇兵一千名，令护军统领职衔哈岱管辖。牧厂察哈尔兵一千名，令副都统绰尔多、学士吴金管辖。四子部落兵一千名，令王阿喇布坦多尔济管辖。鄂尔多斯兵一千名，令贝勒查木阳管辖。内扎萨克兵一千名，令喀喇沁公罗布藏策布登、协理台吉罗卜藏达锡管辖。察哈尔、厄鲁特兵四百名，牧厂兵三百名，喀喇沁兵三百名，令散秩大臣巴匝尔管辖。此次留驻之京城满洲、汉军内扎萨克等兵，俟明年派兵前往更换。奉天船厂呼伦贝尔、牧厂察哈尔等兵，于丁巳年派兵前往更换，俟议定界址后，再将应行减撤之兵具奏。至防守台站之鄂尔多斯兵一千名，应撤去一半，其存留之五百名，令副都统图尔赛、席尔塔照旧管辖。其都统佟时茂、副都统刘英、协理台吉滚济扎布俱行撤回。一、乌里雅苏泰地方紧要，请挑选前锋六百名，并拨满洲、蒙古兵三千名，在乌里雅苏泰附近地方驻札。再拨绿旗兵一千名，看守城池，令前锋统领塔尔马善、哈岱管辖。其车臣汗兵五百名，西三部落兵一千名，令在乌里雅苏泰附近之鄂衣衮特里默尔地方驻札。一、派守卡伦侍卫护军三十五人，驻防年久，请于京城另派更换。一、四省绿旗兵丁，除乌里雅苏泰调拨一千名外，其扎克拜、达里克、推河、塔米尔三处，请各拨绿旗兵五百名，各派副将等一员带领驻札。一、驻札大兵之地，最关紧要，查鄂尔昆地方辽阔，水草俱佳，请于此处酌量建城驻兵，将粮饷官物移运收贮。一、留驻兵丁与撤回兵丁所需粮饷马匹等项，应照例给发。其马兰泰队内余剩应撤兵丁一千名，请令护军统领职衔喀尔吉善带领回京，俟李如柏所领换班绿旗官兵到时，再令军营绿旗官兵起程，各回原处。均应如所请。至大兵在鄂尔昆驻札，或暂令大将军平郡王福彭留驻总统，或另派大臣前往之处，候旨遵行。得旨：大将军平郡王着暂留统辖，参赞领侍卫内大臣萨穆哈等着仍协同大将军平郡王办理事务，前锋统领阿岱着回京，余依议。

《清实录·高宗纯皇帝实录》卷之五，雍正十三年十月二十二日：

总理事务王大臣议覆：平郡王福彭等奏，请自洪郭尔鄂隆彻还京兵及巴里坤彻还打牲乌拉兵各增管辖官员一折。

《清实录·高宗纯皇帝实录》卷之八，雍正十三年十二月一日：

丙寅朔，以都统博第为吉林乌拉将军，护军统领吴礼布为黑龙江将军。

第四章　清高宗乾隆时期

乾隆元年（1736年）

《清实录·高宗纯皇帝实录》卷之十一，乾隆元年正月十六日：

丙辰正月辛亥，总理事务王大臣议奏工科给事中永泰疏言：科道遇有差缺，请将各员一概挨次带领引见，差过者于履历下注明，恭候钦定。应如所请托故规避者，令该堂官参处。又议永泰奏：科道出差盛京、黑龙江、吉林、乌拉、张家口、归化城、南北漕七处，请照巡察台湾、山西之例，量给养廉等语。查各官养廉，就该地方酌定，有无多寡，未能画一。科道奉差，例有廪给口粮并各衙门饭银帮贴，所奏应无庸议。得旨：是。

《清实录·高宗纯皇帝实录》卷之十二，乾隆元年二月十四日：

戊寅，署黑龙江将军那苏图奏：出征打牲兵丁多系单妻幼子，散处山谷，将发遣人犯拨给为奴，恐难管约。墨尔根地方霜降较早，添设官庄，于积贮无益。前副都统多奇那所请均不便。下部议，如那苏图所奏。从之。

《清实录·高宗纯皇帝实录》卷之十六，乾隆元年四月三日：

丁卯，上诣皇太后宫问安。

又谕：黑龙江、宁古塔、吉林、乌喇等处，若概将罪人发遣，则该处聚集匪类多人，恐本地之人渐染恶习，有关风俗。朕意嗣后如满洲有犯法应发遣者，仍发黑龙江等处外，其汉人犯发遣之罪者，应改发于各省烟瘴地方，着总理事务王大臣会同刑部议奏。

《清实录·高宗纯皇帝实录》卷之十九，乾隆元年五月二十一日：

甲寅，总理事务王大臣议。定边大将军庆复等奏：臣等议留索伦、巴尔虎兵二千名，令斋三率领一千驻札额克岭、绰起图等处，托勒德尔率领一千驻札乌里雅苏台，料理运送什物。至绰尔多苏尔泰所领奉天兵一千，傅达礼所领吉林、乌拉兵一千，令随额驸策凌驻札鄂尔坤附近有水草处。李如柏所领绿旗兵一千，内有山西兵五百，即令李如柏率领守鄂尔坤城。直隶兵五百，令遣副将等一人率领防守塔密尔城。其暂留种地兵丁及罪人等，令卓鼐、周瑛管辖。暂留乌里雅苏台及察罕廋尔绿旗兵一千，令高翰管辖，并俟草生时遣归。驻札鄂伊衮特里默喀尔喀兵一千五百，以一千人留驻乌里雅苏台，于喀尔喀参赞、贝勒中用一人更番管辖。余五百人驻鄂尔坤，于喀尔喀副将军中亦用一人更番管辖。其彻回官兵，请如去年发还官兵例，应领马匹各减半办给。满洲家选兵丁，旧例人给马三匹，今减一匹，各给二匹。去年汉军人给车脚银十二两，今军营马多，亦请人给马二匹，到京后赴本旗满洲都统缴还。至绿旗兵人给车价银六两，其各项兵丁运载军器什物，亦给车价银六两，分给口粮，如前计算，扺其原处，远者七十日，其次六十日，近者五十日。种地及罪人携带妻子者，每口给车价银四两，大口日给米八合三勺，小口半之。定于五月初九日以次起行。此次彻还官兵，虽或未经战阵，然在营效力均已数年，中亦有在额尔得、尼昭等处临阵者，请定以三等与前番一体拣选酌用，应如所请。从之。

《内阁大库档案》，乾隆元年六月六日：

允礼：总理刑部事务和硕果亲王题覆，发遣人犯脱逃，该管将军并伊主援赦免议。

《清实录·高宗纯皇帝实录》卷之二十三，乾隆元年七月二十二日：

甲寅，兵部覆：准原任黑龙江将军那苏图奏，齐齐哈尔所属乌阑诺尔驿站起，至呼阑地方止，应设六站，每站派兵十名，给马五匹、牛五只，所有倒毙马牛并草料公费等项，照茂兴驿站例支给。其丁于旧站余丁内挑选，每丁给银七两。又驻兵之呼伦贝尔虽于波尔德兵一千名内派往百名，设十台，但波尔德兵已操练数年，应停其分拨，将伊等之缺于打牲索伦达呼尔内挑取无牲畜之丁六十名，免其交纳貂皮，设六台。再于呼伦贝尔兵丁内挑选四十名，设四台，每丁赏马二匹、乳牛三只，永远坐台当差，每马折给银六两、牛五两，自行购买，每台给车十辆。其往返差送公文之人，每台年给米二仓石。从之。

《清实录·高宗纯皇帝实录》卷之二十五，乾隆元年八月二十一日：

壬午，遣官祭昭忠祠。

总理事务王大臣议覆将军博第奏：先是雍正十年三月，前任将军常德遵旨于打牲乌拉壮丁内挑取一千名为兵，编十佐领，每佐领名下挑取领催六名，镶黄、正黄旗各设二佐领，余旗各一佐领，每佐领下设佐领一员，骁骑校一员，每旗设防御一员，每翼设协领一员，其俸饷照吉林例给与，每佐领下各挑弓匠、铁匠一名，八月内即将此新挑兵一千名调往巴里坤，所设官弁未及带领引见，今已彻回，应照前议，其兵丁交吉林乌拉将军一体训练当差，应放官弁拣选送部引见。从之。

《清实录·高宗纯皇帝实录》卷之三十二，乾隆元年十二月七日：

丙寅，引见打牲处佐领员缺。得旨：锦格诺着补授打牲处佐领。该将军博第保送佐领之防御六格，人甚平常，不胜佐领之任。似此等人，如何保送来京？是以朕将拟陪之锦格诺补用。博第着严敕行。再，各将军保送人员，如防御、骁骑校等缺，无甚办理之事，所管之人亦少。将俸深年老之员保送尚可，若协领、佐领等缺，事繁人众，倘放才不胜任之人，又焉能克称厥职乎？嗣后各省将军等，如协领、佐领缺，必择能办事、能管人之员保送。若似博第所送才具平常，不能称职之人，朕必将该将军、副都统等以保举不实例治罪。将此晓谕各省将军等，一体遵行。

议叙西、北两路彻回之京城满洲、蒙古、汉军，察哈尔、奉天、宁古塔、黑龙江右卫、呼伦贝尔等处未经打仗弁兵，及东三省存留官兵，或从前出征，或在军效力，分别劳绩，将列为一等者，官三百六十一员，兵一千二百一十五名，各依应升之缺补用；列为二等者，官二百四十八员，兵一万二千三百一名，开档兵一百四十八名，照从前议叙三等官兵之例注册；其一等之开档兵三十九名，各加赏银五两。

乾隆二年（1737 年）

《内阁大库档案》，乾隆二年四月五日：

鄂尔泰大学士总理兵部事务题覆：管辖乌喇打牲一千名，兵丁之左右翼协领，应准照船厂之例，铸给关防。

乾隆三年（1738 年）

《清实录·高宗纯皇帝实录》卷之七十七，乾隆三年九月十七日：

丙寅，上御勤政殿听政。

又谕：据将军博第等奏称：从前两次交与齐齐哈尔兵丁及打牲索伦等牧放孳生马匹，并无孳生，而原额转致亏缺。今若将马匹交与呼伦贝尔地方五佐领下巴尔虎兵丁牧放，事属无益，仰请停设牧厂等语。

夫设立牧厂，孳生马匹，乃善政也。从前询问各处将军，皆奏称无应设牧厂之处，惟额尔图奏称呼伦贝尔地方驻札之五佐领下巴尔虎官兵，俱择水草游牧为生，请免伊等别项差役，交给马匹，令其牧放孳生等语。今博第等又奏称不可设立牧厂，彼处如果不可设立牧厂，从前额尔图又何故以可设牧厂具奏？大概将军大臣等之意，惟恐地方多增一事，办理繁难耳。况齐齐哈尔将军大臣官兵，索伦等岂不乘马？伊等马匹皆如何牧养？将此行文询问博第等，着另行详议具奏。如果有不便之处，务须将缘由声明具奏。

乾隆四年（1739年）

《内阁大库档案》，乾隆四年十二月十三日：

鄂尔泰大学士总理兵部事务题覆：宁古塔将军吉党阿、副都统五查拉督率官兵乌拉打牲，镶黄旗协领那什等拿获刨参人犯，应照例分别议叙。

乾隆六年（1741年）

《清实录·高宗纯皇帝实录》卷之一百三十六，乾隆六年二月十二日：

丁未，以举行仲春经筵，遣官告祭奉先殿。

谕：闻得围场右界卡伦之内，往往有人偷入打牲，开垦地亩。着御前侍卫副都统旺扎勒驰驿带领正蓝旗察哈尔总管前往查看。

《清实录·高宗纯皇帝实录》卷之一百四十二，乾隆六年五月八日：

辛未，谕曰：巡捕三营兵丁，向未给有生息银两。查步军统领衙门有入官房租一项，除历年公用外，现存银一万余两，着以九千两赏给巡捕三营生息，以为惠济兵丁之用。其如何派员经管，着步军统领舒赫德酌量办理。寻覆奏：三营额兵五千名，内除养廉公费名粮外，实在当差兵丁四千四百六十余名，若红白事概行赏给，恐不敷用。请自今年四月初一日起，兵丁遇有本身父母妻室白事，查照直隶之例，赏银四两。其红事暂行停赏，俟利银敷用之日，照例赏给二两。从之。

又议覆奉天副都统哲库讷奏称：吉林等处系满洲根本，若聚集流民，于地方实无裨益，应如所请。伯都讷地方除现在民人勿许招募外，将该处荒地与官兵开垦，或作牧场。再出产人参、东珠之吉林江及与长白山、乌苏里等处相通之水旱道路，向来不准行走，应令该将军、府尹等严行查禁。从之。

《清实录·高宗纯皇帝实录》卷之一百四十三，乾隆六年五月二十日：

癸未，大学士遵旨议覆户部左侍郎梁诗正奏：度支经费莫大于兵饷，伏见每岁春秋二拨解部银多则七八百万，少则四五百万，而京中各项支销合计须一千一二百万，入不敷出。盖因八旗兵饷浩繁，所出既多，各省绿旗兵饷日增，所入愈少，请及时变通，八旗闲散人丁宜分置边屯，以广生计，绿旗兵丁宜量停募补，以减冗额等语。查乾隆二年、五年经御史舒赫德、范咸条奏，将在京旗人移驻兴、盛二京等处耕种，经议政王大臣等屡行详议，缘宁古塔、拉林、阿勒楚喀、珲春、博尔哈屯、海阑素系产参之所，移驻满洲，不谙耕种，召民开垦，恐行刨采，而黑龙江风土迥异，京城旗人不能与本地人一体种地打牲，耐受劳苦，一遇歉收，难以接济，奉天亦无旷土可耕，应将八旗闲散人丁分置边屯之处无庸议。至直省绿营兵数，雍正元年以前共额设马步兵五十八万二百余名，后因西陲用兵及苗疆河工等处增设十一万六千余名，嗣经军务告竣，议裁二万余名，尚多浮冗，请将各省标镇协营详查续添兵丁，或可全行裁汰，或可量加裁减，倘有不便裁减者，将马兵改为步战，步战改为守兵，或有地要营单，必须添设，止准于通省酌量抽拨，毋轻议增。至恐裁兵一时去业失伍，养赡无资，应候该兵出缺，量停募补。又户部尚书果毅公讷亲等奏：直省一切正杂钱粮，康熙、雍正年间，岁岁相积，仍有余存。迩年以来，统计直省收支各数，所入仅敷所出，倘有蠲缺停缓，即不足供一岁用度，其支放纷烦，尚须酌为裁减，各省官员毋任其增设，工程宜权其缓急等语。查设官分职，原有定制，从前各省佐杂等官，各督抚有奏请添设改隶，责任转无专属，请嗣后倘各省需用人员，止准于通省内随时改调，不得奏增糜费。再直省一切新建工程，俱经各衙门议准，工部核算工料兴修，现在各省城垣，令督抚确查，分别缓急，豫估报部，将来过水旱不齐之时，以工代赈。其文武衙署偶有坍塌，祇可随时粘补，其必须修理者，该督抚斟酌题报，俟部覆方准兴修。至民堤民埝有应修理之处，即于农隙劝导修整，毋动公帑。除临江滨海边疆重地，营房墩台海塘沟渠堤坝，事关积贮防守捍卫民生等类紧要工程外，其可缓兴修者，应令各地方官申报督抚勘估，酌量次第题报，庶不致繁兴糜费。得旨：八旗人丁分置边屯一事，着大学士查郎阿、侍郎阿里衮前往奉天一带，相度地势，再行定议，余依议。

《清实录·高宗纯皇帝实录》卷之一百五十，乾隆六年九月六日：

戊辰，上诣皇太后行宫问安。

议政大臣裕亲王广禄遵旨议覆宁古塔将军鄂弥达奏称：吉林、伯都讷、宁古塔等处为满洲根本，毋许游民杂处。除将现在居民逐一查明，其已入永吉州籍贯立有产业之人，按亩编为保甲，设甲长、保正，书十家名牌，不时严查外，其余未入籍之单丁等严行禁止，不许于永吉州之山谷陬隅造房居住。仍查明本人原籍年貌，五人书一名牌，互保五人，内如有一人偷挖人参、私买貂皮、擅垦地亩、隐匿熟田及财博滋事者，将犯枷责递解外，仍将连保四人一并递解。地方官知情不行查拿，按溺职例议处。若连保人有愿回籍者，给引回籍，并令地方官按季查明人数，陆续将回籍之人尽行裁汰。倘将牌内无名人容留者，甲长、保正从重治罪，仍将拿获之人枷责递解回籍，于岁底造册送部备查。应如所请。又疏称：原定民人垦荒十年后交租和典种熟地三年后交租，现今交纳钱粮者十无二三，且奸徒将近交租时以垦地典给他人，希图指名展限。请嗣后永禁垦荒，将民人现有地亩尽行清丈，不拘年限，总以丈量之年为始，照数纳粮。如隐匿地亩及民地捏指旗人名姓不交钱粮者，将隐匿人与代隐人一并治罪，地亩入官，本人自首，免其治罪等语，请交该将军办理。至所请由京城各部院衙门派司员六人，会同知州勒限一年办理。查吉林等处丈量地亩，征收钱粮，事涉纷繁，司员又无总理之责，于事无益。请钦派大臣一员，会同该将军办理。又疏称：游民多系山东、山西、直隶、河南等处人，其出山海关时，皆由临榆县领票。自去年侍郎舒赫德等奏请严肃山海关以后，带领妻子出口者渐少，而只身人仍不断前往。请将给发路引之例停止，交守门官兵查验，如有本处文票，方准放过等语，应令严敕地方官遵照舒赫德原议，实力奉行。其临榆县停给路引，俱令于各该州县领票之处，毋庸议。从之。

《清实录·高宗纯皇帝实录》卷之一百五十五，乾隆六年十一月三十日：

川陕总督尹继善奏：遵旨商办郭罗克土司事宜。查郭罗克土番远处边外，苗性凶悍，每于口外旷僻路径，伺候番夷行旅，抢劫牲畜，名为夹坝，然实无犯顺侵扰之事。臣委熟谙夷情之漳腊营游击马良柱、松潘同知章廷瑎先往番巢，传集土官、番目人等，宣布德威，反覆开导，许以自新。番众颇知畏惧，遵将素为夹坝者陆续擒献，出具嗣后不敢为匪甘结，数月来已为帖服，应宽其锄剿。谨与抚臣、提臣商酌善后之计。一、分设各寨土目，以资弹压。上郭罗克土百户甲喀蚌庸懦无能，中郭罗克土千户丹增素行奸狡。上郭罗克向有上寨、下寨之分，下寨设副土目蒙柯一名，中郭罗克所属奎苏之噶多等寨，向设副土目噶杜他索、布六戈二名，酌给外委、土百户委牌，使之各管各寨，易于钳束。并于番民内择诚心向化、擒贼有功者，拔用副土目数人协理。一、颁给打牲号片，以便稽查。番民不务耕作，向出口外打牲，以为生计。查其地原有可耕之土，一面劝谕令其开垦。又案番寨之大小，酌给号片，上书系郭罗克打牲良番字样，用印钤盖，发给土目承领。凡有出外打牲者，查其实非夹坝，则人给一纸。如无号片，立时擒拿。土目徇庇，严行处分。至从前抢劫各案，均应免问罪追赃。每年派拨驻防官兵二百余名，既无弹压之实，徒启玩狎之心，应请彻回，以畜威重。得旨：所办甚妥，仍宜因时制宜为之。

《清实录·高宗纯皇帝实录》卷之一百五十七，乾隆六年十二月二十四日：

乙卯，工部等部议奏：宁古塔将军鄂弥达等奏称，吉林乌喇地方修建官兵房屋并应用烧柴木植，向系该将军给各兵官票，自往松阿里乌喇砍伐。近旗人因砍伐木植渐远，水路渐隔，不能自备盘费，将所领官票转给民人，以致奸民借端多带米粮人夫，偷挖人参。请严旗人领票转给民人之禁，应于吉林乌喇所有五十六个佐领兵丁内，以贫寒无产、平日行走勤敏者，每佐领下拣选八名，每八人给票一张，每名召募一人，照例于本年十二月去，次年四月回。敕令守卡人等严查人夫、牲畜、米粮数目，如有多余，即拿获治罪。每翼派章京各一员，每佐领下拣领催各一名，管束前往。其所用牛只、口粮等项，请于存库谷石变价银内量给，每人十两，俟砍木运回变价之日，如数收还，应如所请。从之。

乾隆七年（1742年）

《清实录·高宗纯皇帝实录》卷之一百七十三，乾隆七年八月三十日：

丙辰，理藩院奏黑龙江将军博第报称俄罗斯人越境斫柴，并无打牲游牧行踪。得旨：与俄罗斯国分定边界关系甚属紧要，博第等应派材能官员慎重其事，着意巡察。看来伊等平时但草率塞责，并未实心任事，若果慎重其事，实力巡察，近日俄罗斯伯尔兑之人何得越界行走？此皆明系伊等怠玩所致。该将军着行文敕行，嗣后务须实力任事，竭力巡察，不得仍前怠玩塞责。

《清实录·高宗纯皇帝实录》卷之一百七十五，乾隆七年九月二十六日：

壬午，上诣畅春园，问皇太后安。

宁古塔将军鄂弥达奏：臣自接任后，闻宁古塔属之绥芬、乌苏里以外，雅兰西楞暨南海岛屿地方，偷挖人参与刺字人犯，十数年间，已聚数千人。从前尚渔猎鹿鱼，摘食榛子，过冬至春夏间，偷挖人参，潜至宁古塔、吉林等处发卖。今则与宁古塔、吉林奸商结伙，每岁由宁古塔、珲春等处运致米粮，协济伊等。伊等亦渐次开垦地亩，将参抵换，各物渐立微产。查南海并雅兰西楞地方，与朝鲜相近，而南北俱系赫哲、费雅喀、鄂伦春等野地，不可不查明驱逐。此项匪众，赖宁古塔、珲春等处协济米谷。今惟出派官兵，于要隘断其济运，不久自然解散。若隐匿既久，立有产业，或该处产参稀少，必至于朝鲜等处滋事，办理益难为力。臣初询及宁古塔等处大员，据称不过一二百人。续询因公来省之珲春协领朱兰太，亦称只百余人。臣即敕令访查。嗣据禀称，访有千余人，因相隔较远，不知确数。此事于地方大有关系，若差人前往，伊等必畏罪抗拒。因于本年四月内，出派旧满洲那尔布、温德尔亨二人，于臣养廉内给与银三百两，置买布烟马牛等货，扮商贩前往，将伊等栖止地方、人数、路径，逐一详查。俟那尔布等禀覆时，再将如何逐散之处，另行奏闻。此案非仅派官兵数人，即可拿获完结。谨将臣现在办理情形，奏请训示。得旨：此奏殊属非是。将军乃通省统率之员，如遇此等事件，必须亲往查办。若以二人为可信，属员反不足信，将何以服众？汝当以防其滋事为念，切勿轻忽。

《清实录·高宗纯皇帝实录》卷之一百七十七，乾隆七年十月十九日：

大学士等遵旨议奏。黑龙江将军博第、呼伦贝尔副都统玛尔拜等奏：请将呼伦贝尔地方之喀尔喀、巴尔虎官兵仍留驻札。查前因军务调拨，东三省兵额缺俱已挑补，由打牲处索伦、达呼尔内挑一千名添驻博尔德，挑三千名添驻呼伦贝尔。至喀尔喀贝子彦楚卜多尔济属下逃往俄罗斯之巴尔虎等，该台吉出银赎回，编为佐领，挑取二千四百名，亦移驻呼伦贝尔。此项兵皆非额设，特为训练，以备军营更调。数年来军务告竣，大兵俱已彻回，若仍留驻札，与旧索伦、达呼尔兵一体当差，碍难裁减钱粮，且巴尔虎等性多狡滑，难保必无猜忌。臣愚以为驻台用官兵六百余名，为数较多，请将防边兵核减足用，除呼伦贝尔、旧索伦、达呼尔一千余名外，仍需新巴尔虎兵若干之处，交博第、玛尔拜等公同核议，酌定额缺。其额外新巴尔虎兵仍给食钱粮，照彻回打牲处之旧索伦、达呼尔例缺出，陆续裁汰。庶额外兵渐次核减，钱粮不致虚縻，巴尔虎等亦无所猜忌。将来设立马厂，需用蒙古，即由此项人等内分别移驻，亦属妥便。从之。

《清实录·高宗纯皇帝实录》卷之一百七十八，乾隆七年十一月六日：

王大臣等议奏：前议拨满洲兵一千名往拉林、阿勒楚喀耕种，所有办理起程、建造房屋仓廪、垦荒积谷、设立虚职骁骑校乡长管辖，已酌定六款，交钦派之侍郎三和、副都统巴灵阿等前往办理。今三和、巴灵阿会同该将军鄂弥达酌议，应办事件二年内可结，所有移驻之满洲等俟九年秋季令其起程，并胪列七条具奏：一、请将此一千满洲分为左右十六村，就各庄分给地亩，每村凿井四眼，再共建官署二十一间，副都统住房三十六间、地十二顷，协领住房十八间、地八顷，满兵住房五千间，即拨白都讷、三姓二处兵三百名营造，派协领一员、章京九员监修，其匠役工食银照伊屯地方兵房之例，每间银三两三钱。一、建造之木料即令派出之白都讷、三姓兵丁等于本年十月间在拉林河源处砍伐，明年河冰融化，即顺流运致，茅草亦于拉林河口附近处割取，至伐木及建造各员弁每人月给盐菜银二两，兵丁等日给盐菜银三分。一、给与满洲地亩前经王大臣议遣吉林闲散余丁与驿站壮丁等开垦，吉林等处余丁多年幼不能耕种，驿站壮丁各有差使，请派吉林乌拉兵八百名、阿勒楚喀兵二百名、驿站夫五百名开垦，日给口粮盐菜银四分，并择熟悉耕作之吉林官五员、领催三十名，官员月给盐菜银二两，领催日给盐菜银三分。一、垦地兵丁、站夫等一千五百名，应采买耕牛一千五百头，额外采买一百头，疲病补给。请自本年十二月初一日买起，至明年正月三十日止，照例每头价银七两，日饲草二捆、料一升，用时加料三升，俱照时价采买。每牛三头为一具，共计五百具。初年可开田一千二百顷，次年仍耕成熟地亩。每具止用牛二头，计剩牛六百头。再派六百人加垦，约得五百顷。俟移驻之满洲到时，每人按所垦地亩匀给，并与耕牛。其余地亩，随力开垦。一、移驻之满洲，既归入阿勒楚喀八旗，每旗补委虚职骁骑校一员，每庄补放七品乡长一员。请给虚职骁骑校地各五顷，乡长地各四顷。过三年后，遇有本旗骁骑校缺出，将虚职骁骑校与本处领催等一体补放。虚职骁骑校缺出，于七品乡长内拣放。乡长缺出，于移驻之满洲内拣放。此一千人内，如有情愿当差者，亦过三年后，俟各佐领下披甲人缺出，与彼处闲散幼丁一体挑取。一、养牛五百具，初年可得谷四五万石，下年耕种熟田，又可得谷八九万石。再六百人加垦，约可得谷二万石。请照吉林乌拉、永宁仓例，建仓一百二十六间。一、移驻之满洲，如遇红白事，未免拮据，请动吉林库银一万两，交殷实才能官员，每月生息一分五厘。俟移驻满洲到时，本利并交副都统生息，照吉林等处例赏给。其赏余银，遇年谷丰登，一时不能粜卖，即照时价籴谷贮仓，以备荒歉。均应如所请。从之。

乾隆八年（1743年）

《清实录·高宗纯皇帝实录》卷之一百八十九，乾隆八年四月二十四日：

丁未，谕：上冬今春，仰蒙上天屡赐瑞雪，二月间又曾得雨。方冀二麦有收，以裕民食，不意一月有余，时雨未降，麦苗微旱，待泽孔殷，若再迟迟不雨，二麦将有损伤，朕心甚为忧虑。已在宫中虔诚默祷，着传谕礼部，即行择日祈雨，遵照典礼，敬谨举行。

大学士等议奏：臣等遵旨询问岳锺璜，据称：郭罗克住居之地，长亘一沟，部番千有余户，其强健上马执鸟枪者约千余人，虽野性难驯，亦因地皆不毛，惟借打牲度日，生计日窘，遇有行旅，屡行抢劫。现在郑文焕带兵出口，相机进剿，虽易于平定，但贼番无以为业，惩创之后，必予以谋生之路，方可永远宁帖。查有郭罗克相近之柏木桥地方，可以屯种，将来事定之后，安插此处，令其务农力作，庶可资生等语。应请交该省督抚、提督等会同妥酌，于平定之日，将如何安插，可否耕种之处，于善后事宜内详议请旨。从之。

《清实录·高宗纯皇帝实录》卷之一百九十一，乾隆八年闰四月二十九日：

壬午，上诣北郊斋宫斋宿。

是月，黑龙江将军博第等奏：本属食俸官员例入军政，其不食俸之打牲索伦、达呼尔等处官员，亦已奏明与食俸者同入军政。惟驻札呼伦贝尔之厄鲁特、巴尔呼等官，乾隆二年军政之期，前任将军未经奏入。请嗣后凡遇军政之年，将此项官员一体入于军政。得旨：好。

《清实录·高宗纯皇帝实录》卷之一百九十四，乾隆八年六月六日：

丁巳，上诣畅春园，问皇太后安。

吏部等部议准巡察宁古塔等处陕西道御史武柱奏称：吉林、乌拉、宁古塔、三姓、伯都讷四处监督，照在京及各省监督之例，铸给关防。其吉林、乌拉水师营四品官二员，亦照各省水师营之例，铸给关防。从之。

《清实录·高宗纯皇帝实录》卷之一百九十七，乾隆八年七月三十日：

庚戌，谕曰：头等台吉璘沁、头等塔布囊敏珠尔、拉布坦俱大家子弟，人亦去得，俱着加恩晋封公爵。

又奏派定防范郭罗克出没隘口官兵，俟夷使有信，即侦探远近，严密巡逻，禁止顽番不许出外打牲缘由。奏入，报闻。

《打牲乌拉志典全书》卷一，三品总管：

乾隆八年，穆朱祜病故，咨报都虞司。于乾隆九年，准都虞司咨称，奉旨将总管之缺，着放头等侍卫绥哈那，食养廉银二百两，采珠厢黄旗包衣八十，佐领下人。

乾隆九年（1744 年）

《内阁大库档案》，乾隆九年一月二十二日：

兵部移会稽察房，大学士伯鄂等议覆副都统巴灵阿审奏黑龙江打牲总管巴里孟库等交部议处一案。

《清实录·高宗纯皇帝实录》卷之二百十七，乾隆九年五月二十九日：

丙午，大学士鄂尔泰等议奏：川陕总督公庆复奏郭罗克善后各事宜：一、各寨有荒地可垦而水草可以孳生羊马，责成土酋分别勤惰，定其赏罚。一、各寨穷番三百一十九户，其中有牛籽无资者，酌量借给。一、打牲立以限期，岁五六月许打牲一次，九月至十二月在本境近地打牲，其打牲之人按寨分班，每起多者不得过十名，于驻汛官处挂号给票，定限回巢。一、大兵虽彻而要口俱应稽查，请岁遣老成千把总带兵二十名轮住郭罗克，并派兵十五名于小阿树、中阿坝、郎惰、鹊个、甲凹五处安设塘递，以通声息，再于阜和营派千把一员带兵二十名于上革写达及霍耳甘孜分防巡驻。一、越境抢夺，已照盗一、赔二立结在案。但黄河沿游牧蒙古亦与毗连，并咨明青海副都统，敕弁至黄河北面，传集阿里克各部头目，令郭罗克土目前往会议定界，立誓不许偷窃。再西宁属之蒙古城、永豹沙及邻境与郭罗克有婚姻往来者，均令于防弁请票稽查；一、番民争竞之事，随时剖晰，而开垦畜牧以及有无远出打牲，责成松潘镇岁加查察，如土目管束有方，加以奖赏；一、上、中、下三郭罗克事务，请将输诚悔过、擒贼自效之土目丹增甲喀蚌革亚主持办理，又邻寨之阿弥坝土千户墨丹住老成向上，亦令互相稽察，均给与土职，部颁号纸，子孙世守。至各寨外委、土目均有管束之责，亦请给与顶带，俾知向化之荣；一、土目宗族子侄若有为匪犯法，而土目知情故纵，一体坐罪，均应如所请。从之。

《清实录·高宗纯皇帝实录》卷之二百二十五，乾隆九年九月二十九日：

癸卯，孝敬宪皇后忌辰，遣官祭泰陵。

是月，拉林阿勒楚喀副都统巴尔品奏：统率屯田旗兵前赴驻防处所，中途盘费不敷，当即会同盛京将军达勒当阿筹办。伏念兵丁到彼时，每名例得安家银五十两，是以一面奏闻，一面由盛京户部每名借给银五两，并行咨吉林乌拉将军，即于安家银内扣还。臣身任统率，乃以兵丁盘费不敷之故，半途延搁，洵属罪无可逭。得旨：途中不能撙节，以致用度不敷，诚汝之罪。若如此办理，殊属可嘉，何罪之有？虽然，至该处若不严禁浮费，众满洲必至失所，则汝罪诚无可逭也。

《打牲乌拉志典全书》卷一，珠轩达：

乾隆九年起至十三、四等年，因呈进之参，不敷额数，准吉林将军衙门咨文内开，由内阁抄出大学士公等议奏，将挖参之三百人裁撤，归并捕珠丁内，一律捕差，如东珠、蜂蜜，采补足数，以赎罪愆。即将此十八珠轩，分为捕珠轩达十二名，采蜂珠轩达六名。

乾隆十一年（1746年）

《清实录·高宗纯皇帝实录》卷之二百六十九，乾隆十一年六月二十三日：

丁亥，遣官祭火神庙。

兵部议覆宁古塔将军巴灵阿等奏称：南海乌苏里德克登伊等处查拿藏匿刨参人等一案，今钦派大臣、侍卫等前往巡查办理，该处幅员辽阔，山林广大，所有原派协领等官十五员、兵五百名，分路跟随，尚不敷用。臣等会商，南海等处令宁古塔、珲春地方添派官三员、兵一百名，乌苏里德克登伊等处令三姓地方添派官三员、兵一百名，跟随钦派大臣等前往严密巡查，于本年四月内起程，即令存留，来年四月青草发生时，派拨官兵更替。现今都统阿兰泰、宁古塔副都统伊伦泰在南海雅兰西楞地方安营，副都统那木扎勒、三姓副都统富僧阿在乌苏里德克登伊地方安营，俱由彼处自派官兵编队前往。其自乌苏里德克登伊直至三姓，沿途皆有卡座，雅兰西楞至宁古塔所属绥芬地方安设之末，卡隔六七百里，令吉林乌拉地方派官二员、兵六十名，自雅兰西楞至绥芬卡座，酌量远近，添设三台，专管递犯送文。所有此次派添跟随大臣等及安设卡座台站官八员、兵二百名，一切马匹、口粮、行李等项，应与从前奏派协领等官兵一体赏给一季俸饷，均应如所请。从之。

《清实录·高宗纯皇帝实录》卷之二百七十二，乾隆十一年八月五日：

戊辰，祭大社、大稷，上亲诣行礼。

谕军机大臣等：据阿兰泰奏称：去年奉天将军达勒当阿前往吉林，会同将军巴灵阿等提集领催佛斯泰等九人审讯后，仍将伊等释回本地等语。此等情节，从前达勒当阿等并未奏闻，将佛斯泰等如何审讯，伊等所供招词如何，其后因何释放，令其各回本地之处，着寄信阿兰泰查明具奏。寻据奏覆：访得领催佛斯泰等九人，缘每年将米面、布靴等物贩运南海，与偷参人交易。去年奉天将军达勒当阿至吉林，与将军巴灵阿审过后，即应严加约束，不令出境，乃仍令回归，致案悬莫结。容臣将佛斯泰等九人再行提讯，并将通易南海及偷参逃避之奸匪查缉审拟具奏。得旨：甚是。今即放尔为吉林乌拉将军，凡事悉心办理。

《清实录·高宗纯皇帝实录》卷之二百七十六，乾隆十一年十月四日：

丙寅，谕：直隶之赞皇、巨鹿、献县、故城四县，今春得雨稍迟，该督那苏图酌借口粮、籽种、米谷以资接济，例应于秋收后照数还仓。今朕经过正定，念此等无力贫民秋成虽属丰稔，恐食用尚难充裕，若所借米谷照例征还，未免拮据，着将赞皇等四县所借米谷一并加恩豁免，该督即遵谕行。

军机大臣等会议宁古塔将军阿兰泰等奏请严禁偷刨人参，酌定稽查事宜：一、请于穆伦河渡口及和征河口，各添派官二员、兵二十名放卡，毋庸冰冻后彻回。珲春之蒙古河陆路地方，应长远设卡，每年拣员率兵三十名放卡，亦毋庸彻回。至珲春地逼海滨，与朝鲜国仅隔图墨一江，且与凤凰城等处水陆相通，偷参者由海运粮接济。原兵百九十名，除应差外，其沿海色隆吉等十四处，并无稽查。请于三姓地方，抽派官兵三百员名，驾船巡哨，佐领一并移驻。又于珲春另户闲散满洲内，添拨披甲十名，足五百名成数。再宁古塔周围地方，安卡十处，距城三十里至百里不等，因附近屯庄，每与居民通同偷放刨参人驼驮，俱请移驻屯庄窎远之地。又发票之年，添设堵截之卡四处，相去四五十里至八九十里不等，难以会哨。请将两处卡座相去稍远之地，派拨官兵巡防，仍委员不时稽察，以原设之卡为界。其越界垦地，安屯长远，禁止此项放卡官兵一月一换等语，俱应如所请。惟所称派拨三姓官兵在珲春海口驾船巡查，其船是否旧设，与朝鲜国有无交涉，并该地色隆吉等十四处岛屿河港相距道里，均未分晰，应令绘图送部另议。一、索伦达呼尔越界至松阿里乌拉打牲滋事，私将米粮装船出黑龙江口贸易，接济偷刨人等，应严行查禁。再鸟枪例不准出边口，带赴参山，亦应禁止。第刨夫入山防范恶兽，未便概禁。请嗣后领票时，按号注票，回山验票，不报，察出治罪。应如所请行。黑龙江、吉林将军将私带米粮出卖之人，照贩私盐律，核计米数、银数定拟。其违例私带鸟枪，照商民私造鸟枪不报官律，杖一百。转售者，照军人私卖军器充军律，减等杖一百，徒三年。官不查出，议处。一、采取官桦皮打牲、乌拉刨参、催交貂皮官兵所带衣粮器用，及赫哲、费雅哈人等至宁古塔进贡貂皮，回时购买物件口粮数目，令报将军衙门注册，沿途验票放行。又三姓、珲春等处商人官兵，领票赴宁古塔船厂地方购买物件，令呈报该管官，给随票一张，仍回本处呈验。倘违禁带米石物件卖与偷刨人等，并易换人参者，请照私贩盐斤律治罪。查带物应视多寡为区别，应将米不及五十石、什物值银不及五十两者，照无引私盐律，杖一百，徒三年。米过五十石、物值过五十两者，照越境贩私盐三千斤以上例，发附近充军。官兵知法故违，加民人一等。旗人有犯，罪如之。徇纵失察者，均分别处治。一、过冬偷刨人犯，若仅刺臂，虽解回原籍，不能免其复逃。请将缉获过冬人等，分别旗民，照例治罪。即刺面递回原籍，应如所奏。嗣后拿获过冬偷刨之民人、家奴、开户人等，无论已未得参，一体刺面。民人递籍，交地方官管束，照窃盗例，不时点查，并将有无脱逃，季报督抚查核。其另户正身，仍照例免刺，交将军转敕管束。再旗下家奴及开户人犯，若刺字后仍交原主，不足示惩，应拨发拉林，给移驻种地之满洲人等为奴。从之。

乾隆十二年（1747 年）

《清实录·高宗纯皇帝实录》卷之二百八十四，乾隆十二年二月二日：

壬戌，上诣皇太后宫问安。

谕：据宁古塔将军阿兰泰奏称：永吉一州，设在吉林乌拉，系宁古塔将军所辖地方。该州向隶奉天府，一应办理旗、民事务，俱申报府尹转咨，不但稽延时日，且于办理事件多至掣肘。请将永吉州改设理事同知，属宁古塔将军管辖等语。着照该将军所请，永吉州改设理事同知，管理该州事务，其作何裁改，一应事宜，交与该部定议具奏。寻议：永吉州知州衙署应改为理事同知衙署，该同知关防应拟宁古塔理事同知字样。查船厂现有理事通判一员，今既将知州改设理事同知，其现设理事通判应否裁汰，该州现设之州同、吏目、学正应作何裁改，刑名、钱谷案件以及文武生员作何改隶之处，俱令该将军会同府尹详议具题，到日再议。从之。

《打牲乌拉志典全书》卷一，仵作：

乾隆十二年，刑部将仵作李世俊随文咨送将军衙门，转送乌拉教习，并令每月给饷银二两，每月给口分仓米八合三勺。

《打牲乌拉志典全书》卷二，仓厂：

乾隆十二年十二月二十三日，准会（纪）〔计〕司咨文，内开：咨查乌拉总管绥哈那奏称，七月二十八日，该处降霜，将五屯所种官地，全行冻毁，该丁等应交谷石，再再恳缓交纳等因，咨报转奏一节。案查本司，向未办过此案，仍咨行该总管自行奏办等因。旋经奏明奉旨：着内务府大臣等议奏。查该总管所奏霜冻情形系属实在，准缓三年交纳。倘逾限不完，仍以该总管是问。

乾隆十三年（1748年）

《清实录·高宗纯皇帝实录》卷之三百十六，乾隆十三年六月十五日：

戊辰，上诣畅春园，问皇太后安。

户部议覆：调任宁古塔将军阿兰泰等奏称，吉林乌拉等处仓监督向来一年一换，交代接收，每至盘查不及，请照仓官例三年一换等语。查京仓监督俱二年一换，应即遵照办理。从之。

《清实录·高宗纯皇帝实录》卷之三百二十，乾隆十三年闰七月二日：

甲寅，上至观德殿孝贤皇后梓宫前奠酒。

户部等部议覆：调任宁古塔将军阿兰泰奏称，吉林乌拉官庄极贫壮丁应交粮石，奉旨宽减一半外，应交粮七千三十二石零，仍不能完，尚欠二千七百八十八石五斗，请交户部展限。应如所请，俟本年秋收后带征完报。从之。

《清实录·高宗纯皇帝实录》卷之三百二十五，乾隆十三年九月十六日：

丁卯，兵部议准：调任宁古塔将军阿兰泰疏覆巡察黑龙江等处郎中善宁奏称黑龙江协领照各省例兼管佐领一折，请将宁古塔、白都讷、打牲乌拉等处俱照盛京、黑龙江二省之例办理。至拉林、阿勒楚喀若令协领兼佐领，实不敷用，应毋庸兼管。从之。

额鲁特扎萨克多罗郡王额驸色布腾旺布故，赐祭如例。

《清实录·高宗纯皇帝实录》卷之三百二十七，乾隆十三年十月二十八日：

己酉，谕：打牲索伦达呼尔总管鄂布什着留京，俟黑龙江后派之一千兵到京，令其带往军营，所有应得行装银两，照侍卫参领之例给与。

《清实录·高宗纯皇帝实录》卷之三百二十八，乾隆十三年十一月十四日：

甲子，上诣皇太后宫问安。

谕军机大臣等：黑龙江副都统黑雅图奏称：打牲索伦等处兵丁，人甚壮健，枪箭敏捷，惯走山林，颇耐劳苦。但一时乏粮，每有窃取牛羊以食用之事。性好饮酒，不知礼节约束，稍觉费心。若能服其心，临战甚属得力。且伊等行路甚属简便，旷野之地，插木为栅，随便即可栖止。黑雅图所奏，深知彼地兵丁情性，可传谕经略大学士知之。

经略大学士傅恒奏：将军博第所奏西安兵二千分二起，于十一月初三、初五日起程。查京兵每起五百名，办理驿马已属拮据，若二千兵为二起，驿马断不能给。即使各骑驻防之马，然途次尖宿，计当与京兵相值，亦多未便。臣已行文该将军、巡抚，令其酌量与京兵或前或后，总期不至壅挤。又奉上谕：西安、成都兵三千名并京兵二千名计算，可冀速奏朕功。据罗卜藏奏称，进兵应稍待黑龙江兵丁为妥。伊系经事之人，此处亦当知之。臣思行兵贵乎神速，若有可进取之机，未便因兵未到齐，坐失机宜。容臣抵军营后，审度情形，乘机办理。总之，不可欲速，亦不可必俟兵齐方进。得旨：甚是，实惬朕意。

《清实录·高宗纯皇帝实录》卷之三百三十一，乾隆十三年十二月十七日：

丁酉，上诣皇太后宫问安。

御干清门听政。

又谕：前据岳锺琪奏报，三等侍卫丹泰进攻塔高山梁等处，奋勇捐躯。朕已降旨，交部定议加恩。今思丹泰因力战身殁，甚属可悯。伊长子现在护军行走，着授为蓝翎侍卫，在打牲处行走。所遗护军之缺，即将伊次子补授。遇便传谕经略大学士傅恒，晓谕军营官兵知之。

乾隆十四年（1749年）

《清实录·高宗纯皇帝实录》卷之三百三十七，乾隆十四年三月二十三日：

辛未，又谕：今日吉林乌拉将军永兴折内，有副都统满普、伊楞泰、福僧阿、满福等请安折，想系满普等豫作请安奏折，送该将军一同奏闻。夫副都统等如有应奏事件，自当另折请安，否则何用此等浮文？如许奏折并无关系，皆需朕亲阅，着传谕吉林副都统等，嗣后伊等无应奏事，其请安着告之永兴，入于请安折内，不必另折。各省将军等奏事之便，亦着传谕知之。

《内阁大库档案》，乾隆十四年四月二十三日：

傅恒大学士管户部奏覆黑龙江将军疏请打牲壮丁仍令耕种公田事。

《清实录·高宗纯皇帝实录》卷之三百五十一，乾隆十四年十月十八日：

癸巳，大学士等议覆宁古塔将军永宁奏称：吉林乌拉、伯都纳等处旗地，现丈出余地三万八千五百八十六亩，并游民私垦地一万三千八百九十八亩，俱应照盛京纳粮之例，编为三等，今年秋收，即令纳粮。其未丈地亩，详细确丈，每年报部纳粮，应如所请。其京城、盛京、黑龙江地方旗地，应令各该旗、该将军查明，到日另办。从之。

乾隆十五年（1750年）

《清实录·高宗纯皇帝实录》卷之三百六十四，乾隆十五年五月十三日：

调吉林将军新柱来京陛见。以归化城都统卓鼐为吉林将军，副都统众佛保为归化城都统。

《内阁大库档案》，乾隆十五年八月：

兵部移会稽察房。黑龙江将军傅尔丹等奏：所属打牲地方厢红旗布库德佐领下分编佐领员缺，请准以骁骑校额布齐尔图拟正，骁骑校多托鼐拟陪。

《内阁大库档案》，乾隆十五年九月：

兵部移会稽察房，为议奏黑龙江将军傅尔丹等请将打牲地方骁骑校额布齐尔图等保举补放佐领一案。应如所请，准其以额布齐尔图拟正多，托鼐拟陪。

《清实录·高宗纯皇帝实录》卷之三百七十五，乾隆十五年十月十七日：

丙戌，谕：据工部议覆盛京工部侍郎卞塔海题请添盖收贮乐器等物房屋一案。

内务府议准：打牲乌拉总管绥哈纳奏请借给打牲人户粮石，并将十三年所借粮石暂缓自十六年起，分两年征收。得旨：本年打牲乌拉被水较重，现在借给粮石不必归纳，即行赏给。其十三年所借粮石内尚有两年未完者，着照所请，自十六年起至十七年征收存仓，余依议。

《清实录·高宗纯皇帝实录》卷之三百七十八，乾隆十五年十二月十四日：

癸未，谕：据打牲乌拉总管绥哈纳奏称：打牲人等因被水灾，呈请来年暂停采珠，令伊等修理被水房地。若照伊等所呈办理，有力之人尚能修理房地，无力之人不但不能修理，反于伊等生计无益，请每翼每月加银伍钱。打牲人等请照包衣佐领闲散拜唐阿之例，每月赏银一两等语。打牲人等系朕世仆，采珠亦系伊等充当最久之差，若谓伊等因被水灾不能度日，奏明缘由，朕必施恩，乃伊依恃采珠，率行要请奏加钱粮，有是理乎？绥哈纳自补放总管以来，办理诸事，一味沽名市誉，并不实心办理，深负朕恩。绥哈纳着革职，拿送来京，交总管内务府大臣治罪。其副总管等官，亦着分别察议。绥哈纳所遗总管员缺，着在内务府官员内拣选贤员，带领引见发往。所有打牲乌拉总管事务，着将军卓鼐暂行兼署。

又谕：今日正蓝旗满洲因补放佐领，将废员陶格之子二岁闲散富明阿拟正奏放。陶格系曾经获罪，朕特降旨，令在黏杆处效力之人。前据该旗以此佐领或仍令陶格管理，或一并革去之处具奏请旨时，朕已令一并革去，降旨甚明。既不许陶格管理，焉有令伊二岁之子承袭之理？若令伊子承袭，又与陶格管理何异？且此佐领并非自陶格之祖以来，惟伊一支承袭之官，别支承袭有分之人甚多，岂俱不可承袭？该旗办理错谬，殊属徇情。该都统、副都统等着交部严加议处。

《清实录·高宗纯皇帝实录》卷之三百七十八，乾隆十五年十二月十五日：

甲申，谕军机大臣等：前因打牲乌拉总管绥哈纳具奏打牲人等因被水灾，房地被冲，无力修理，度日维艰一折，当如何加恩之处，并不奏请。钦定以采珠一事，率行要请加饷，朕已降旨革职，拿解来京，所有总管事务，着将军卓鼐暂行兼署矣。但此事未必系绥哈纳一人主见，必有起意之人，伊等皆系包衣佐领世仆，岂可如此行事？今将绥哈纳治罪，伊等众人未免恐惧，令卓鼐留意抚绥办理。再打牲乌拉人等，年年俱有应交之差，今被水灾，若不酌量办理，伊等虽不敢不行采取，但视为官差，空往无获，或实系极贫，不无内顾之忧，亦未可知。汝等寄信卓鼐，着将此次被灾打牲人等内，其尚能支持度日者几人，实乏生计者几人，逐一查明，当如何办理之处，悉心详议具奏。

乾隆十六年（1751 年）

《清实录·高宗纯皇帝实录》卷之三百八十六，乾隆十六年四月四日：

辛未，上诣皇太后御舟问安。

谕：朕前经降旨，将王进泰补授京口将军，但京口营伍亟须整顿，萨尔哈岱在杭州任内，操练兵弁，尚属可观，着将萨尔哈岱调补京口将军，即由此速赴新任。杭州将军员缺，着卓鼐调补，卓鼐未到任之前，着德新暂行署理。吉林乌拉将军员缺，着永兴补授，王进泰着调补寿春镇总兵，改光宗仍留南阳镇总兵之任，王文敏仍留副将之任，俟有总兵缺出，另行补用。

《清实录·高宗纯皇帝实录》卷之三百八十九，乾隆十六年五月二十九日：

乙丑，夏至，祭地于方泽，上亲诣行礼。

谕：据湖南巡抚杨锡绂折奏审结假官诓骗之寿抡元一案，内称寿抡元向曾往来衡州，因其诓骗多事，经地方官先后拿究，递回原籍。复于上年潜至汉口，捏称河员奉委办木，诓骗客民，干谒官长，应照假冒职官例，发边卫充军等语。寿抡元撞骗滋事，积案累累，乃复不知悛改，仍敢假官局骗，恣意妄行。似此稔恶匪徒，情罪甚重，仅予充军，不足蔽辜，着改发吉林乌拉，以示惩创。

《清实录·高宗纯皇帝实录》卷之三百九十，乾隆十六年闰五月五日：

户部议准，调任船厂将军卓鼐等疏称：太平仓四十间，请移于永宁高燥地方，改建六十间。从之。

《清实录·高宗纯皇帝实录》卷之三百九十，乾隆十六年闰五月八日：

大学士等议覆黑龙江将军傅尔丹奏称：船厂上年被灾粮贵，请将呼兰买伫粮内拨一万石，水运至船厂，按时价稍减粜卖。查前任船厂将军卓鼐奏请发船厂仓粮五千石，照时价酌减，每仓石八钱粜卖。今呼兰拨运一万石，除归还船厂五千石外，该将军等请照黑龙江所定，每仓石四钱粜卖。但所拨粮虽系丰年收买，以四钱出粜，较原价固增，而视船厂时值，每石一两二钱已减三分之二。现在若照八钱，未免少昂，四钱又似太贱。臣等酌议，前项运至粮交八旗协领，佐领等均分卖给旗人，自与市集粜卖者有间，应照时价折中，每仓石以六钱粜卖。至应用运船三十只，令上紧赶办，派员分三次拨运工价，事竣报销。得旨：依议速行。

《清实录·高宗纯皇帝实录》卷之四百二，乾隆十六年十一月二日：

乙丑，是日起，上以冬至祀天于圜丘，斋戒三日。

大学士等议覆：安西提督永常奏，拿获北路喀尔喀打牲蒙古达麻林等四名，应令北路将军查明系何部落之人，交回严办，并转敕该蒙古约束所管人众，勿许越境打牲，倘有违犯被获，从重治罪，并将该管王贝勒等参处。从之。

乾隆十七年（1752年）

《清实录·高宗纯皇帝实录》卷之四百七，乾隆十七年正月二十七日：

己丑，谕曰：齐齐哈尔副都统遐图员缺，着盛京副都统达色调补。达色所遗员缺，着原任将军额尔登补授。

又谕曰：达色现已调补齐齐哈尔副都统，着传谕速赴新任，即密告将军傅尔丹。今准噶尔台吉喇嘛达尔扎以达瓦齐逃走，派兵驻我边外，又本年来使奏请诸事，朕俱未准行，恐不无藉端生事，扰乱喀尔喀游牧。朕特派大臣往北路军营稽查卡伦，此时虽并无形迹，万一有事，朕欲调发黑龙江之兵二三千名，傅尔丹宜密筹豫备，令五日内即可起身方妥。然此特为万一有事，是以先期备办，并非立即用兵也，切不可声张，转致扰惑众心。寻奏：齐齐哈尔、黑龙江、墨尔根、呼伦贝尔等处本有额设兵七千余名，可挑选二千，再打牲索伦、达呼尔等处丁壮七千余名，亦可挑选一千。官兵俱有器械，其无器械之打牲索伦等，查有从前调往金川时所给兵仗，彻兵后俱缴回收贮，可以给发，所需银两口粮，于现贮仓库内支给，临期可以速发无误。奏入，报闻。

《内阁大库档案》，乾隆十七年二月六日：

兵部移会稽察房，所有乾隆十六年二月十五日奉宸苑咨参南苑窃打牲兽一案，本部已于二月初三日交本房缮本，俟具题奉旨之日，再行知照贵处。

《清实录·高宗纯皇帝实录》卷之四百二十二，乾隆十七年九月七日：

甲子，上诣皇太后行幄问安。

又谕曰：阿兰泰、吴达善等参奏盛京副管领墨尔金、笔帖式珠兰泰私行出口，在吉林、宁古塔等处被获，请从重治罪等语。墨尔金、珠兰泰俱系现任职官，无故私往吉林、宁古塔等处，必为偷挖人参，着传谕阿兰泰将墨尔金等详细鞫讯，从重定拟。

乾隆十八年（1753 年）

《清实录·高宗纯皇帝实录》卷之四百五十三，乾隆十八年十二月二十日：

庚子，上诣皇太后宫问安。

谕军机大臣等：雅尔哈善奏，杭州驻防兵丁七达儿等与民人翁岐周等互殴一案。各省驻防旗、民皆同城居住，从未有争忿互殴之事。惟杭州近年屡经犯案，此风断不可长。旗、民同为国家臣庶，各应安分守法，何致动辄相争？乃斗很成风，呼朋引类，隐分党羽，袒护助殴，此所关于风俗人心者甚大，非重加惩儆，无由力挽颓风。七达儿等一案，该抚仅拟照常办理，不足示惩。着将在场争殴人犯，不论旗、民，按名拘提，研讯确实，俱行发往吉林乌拉当苦差。嗣后该处旗、民互殴之案，无分曲直，俱着照此办理。并将此明切传谕，务令人人共晓，庶伊等知所畏惧，永息争端，各安本业，亦挽回风俗之一道也。

乾隆十九年（1754 年）

《清实录·高宗纯皇帝实录》卷之四百六十八，乾隆十九年七月七日：

甲申，上诣皇太后行幄问安。

军机大臣等查奏：坐台废员内，原任奉天府府尹霍备，到台六年有余，原任浙江嘉兴府知府杨景震，到台期满，因台费未完，估变家产，留台着追。原任湖北应城县知县骆玉图，到台三年有余，未完台费甚多，现在无从着追。余俱年限未满。得旨：霍备在台已久，年亦衰老，着加恩准其回籍。杨景震未完台费，既有家产可抵，免其留台，着追亦令回籍。骆玉图着改发吉林乌拉。

《清实录·高宗纯皇帝实录》卷之四百七十一，乾隆十九年八月十六日：

甲子，军机大臣等议覆前往黑龙江将军清保等奏派往西、北两路官兵军行各事宜：一、现派出兵一万名，以五百为一营，以总管、协领、副总管为营长，每五十名为一甲喇，每甲喇应给纛一画角。一、齐齐哈尔等处兵令各带现存单甲一副，巴尔虎官员各带现存棉甲一副，打牲乌拉、索伦、达呼尔官兵向来未办军器，除各带本身弓箭外，每人应给棉甲一副、腰刀一把、梅针箭五十只，请交部备办等语。查打牲乌拉、索伦、达呼尔官兵皆自有弓箭，今若交部另制梅针，不惟一时赶造不及，恐弓力亦多不合，应交新任将军达勒当阿，令该处派出官兵将本身弓箭足数带往，所需腰刀于齐齐哈尔等城楼存贮腰刀内拨给，纛旗画角亦将本处现存者支给。至棉甲一项，原为鼓励出力兵丁之用，并无派兵一名即给棉甲一副之例，应请交内务府、工部将现存棉甲解赴军营备赏，毋庸另造，余应如所请。一、火药、铅丸、绳索由京前往兵需用者，应由部拨给，由边外前往兵需用者，由本处存贮项下支给等语。查火药、铅丸、绳索，俱系明年进兵时始用之项，应俟伊等抵军营后，由将军酌量拨给。一、员弁例给跟役，除赏皮衣银二两外，应给盐菜口粮。再每兵四名，合用账房一架，罗锅一口，应折银支给等语。应如所请，并行知两路将军等，兵丁到营后，毋庸再行支给。一、由克噜伦赴北路兵五千名，各给马二匹，每一匹折银八两，官员按品支给。跟役二名，合给驮马一匹，亦折银支给。由京赴两路兵五千名，抵京时，副都统给马八匹，总管、协领、副总管、委营长六匹，佐领、防尉四匹，骁骑校三匹，兵丁各一匹，两兵合给牛车一辆，俱折银支给等语。查由边外赴北路兵五千名，各给马二匹，折给马价，应如所请。至由京赴两路兵五千名，到京后，于张家口、直隶、河南、陕西等处安设马台，转行解往，非同由该处直抵军营可比。应行令新任将军达勒当阿，酌量支给车辆，车如不敷，再补给马。一、各项军需，约计用银六十六万四千两，除现存储备银二十万两，额尔登额解来银二十万两，尚不敷银二十六万四千两，请由盛京户部拨给支放，俟兵起程后，由京补领归款等语。应如所请办理。从之。

是日，驻跸都林河大营。

《清实录·高宗纯皇帝实录》卷之四百七十五，乾隆十九年十月二十六日：

辛未，军机大臣等议覆吉林将军傅森等奏称：前移驻拉林满洲一千名，近年生计渐裕。现在阿勒楚喀附近肥饶地亩可凿井者，共荒地六处，计三千余顷，可设村落四十八处，足空三千户。请于现驻一千名外，再派驻三千名等语。查东三省山泽地利饶裕，应如所请，拣派遣驻。但一切垦荒、建房、掘井等项，有需时日。所派三千满洲，请分六起，自丙子年起至辛巳年止，次第安置，令八旗大臣择其族众有眷属者拣派。应派年分，该将军咨到办理。其自京起程及到彼安置，悉照前例。再，原议赏银一项，因初设并无恒产，每年赏银五千两，添补农具，俟数年后裁。今派往每起五百名，未便照旧，请每年赏银二千五百两，十年后减半，又十年停支。此内孀妇残废不能耕种者，令该副都统查明，行文将军，将发遣人内拣派代耕，陆续遣派五起，照此办理。至前次派往一千名，赏银并无年限，其孀居残废，俱赖粮饷度日，一时碍难裁汰。臣等酌议，自今年起，限五年后减半，十年后停支，均照新例办理。再，从前移驻一千名时，并阿勒楚喀兵五百十二名，编设八佐领，均匀分隶。今增三千名，若仍附旧佐领，人众地远，管辖难周，且无兵额，新派之人亦无报效之途。请合旧有兵额共添足一千五百名，应添兵请于三姓、打牲乌拉兵内拨充。再，三姓地方除拨出外，尚有兵一千五百余名，仍留协领管理，其佐领五员、防御四员、骁骑校五员随兵移驻。至打牲乌拉地方，除拨出外，仅存兵五百名，请于该处二协领内令一员随兵移驻，并派往佐领五员、防御四员、骁骑校五员，合拉林、阿勒楚喀旧协领二员、佐领八员、防御二员、骁骑校八员，将新旧兵匀派管辖。但协领三员难以分隶，请添协领一员。再，新旧兵较前增多，旧副都统一员不足以资弹压，请添设副都统一员，每起遣往时，调一员来京带领，沿途约束。其新添副都统员缺，请交兵部于明冬奏请补放，即令带领丙子年头起前往。得旨：依议。俟挑选遣往满洲时，该部请旨，朕另派王大臣挑选。

贷三姓珲春地方本年水灾饥民口粮。

《清实录·高宗纯皇帝实录》卷之四百七十七，乾隆十九年十一月二十五日：

庚子，皇太后圣寿节，遣官祭太庙后殿。

谕军机大臣等：刘统勋等奏酌带赏需一折，内称准噶尔头目如果有交纳军器实心向化者，应酌予赏赉等语。所奏非是。准夷投诚人众，所需军器若令其一一交纳，则是激之使反，拒之使不来，既阻其向化之诚，复启其疑贰之渐，焉有如此办理之法？若果应行奖赏，则当其率众归诚，朕自有格外加恩之处。如近日北路之阿睦尔撒纳等来降，何尝不厚加宠锡？如以其投诚交纳器械，军营将军即行议赏，则是以我财币贿诱来降，几似利其所有而为之矣。况橐载巨万而往，是启贼人以抢掠之门也。此从前岳锺琪等办理错谬，岂可复踵前弊？刘统勋原系汉人，军务非所谙练，鄂昌外任年久，乃亦渐染绿营恶习，为此陈奏，甚属不合，着敕行。至另折奏五十六带领察哈尔兵丁支领口粮火药之处，从前原议令其随带两月口粮，缓程前往，其经过处所，尚可打牲行围，以资口食，岂必按日计算？且察哈尔兵丁从无掺演之例，即应行掺演者，既到彼处，亦宜停止，再无需用火药之理。明系五十六借此希图侵冒货卖，刘统勋等据此办理，直为伊所朦蔽，所有支领火药，着悉行追缴。五十六如此居心，岂可令在军营？已有旨拿交刑部，着刘统勋等即行派员押解来京。

乾隆二十年（1755 年）

《清实录·高宗纯皇帝实录》卷之四百八十一，乾隆二十年正月十八日：

壬辰，又议奏：吉林将军傅森等文称，由三姓打牲乌拉移驻拉林阿勒楚喀兵一千，若再减官少，不足弹压，应仍派一千。报闻。

定边左副将军阿睦尔撒纳等奏：新降包沁系回种，若仍选厄鲁特人为翼领教，殊易生事。请授阿克珠勒为总管，仍留得木齐、收楞额等名目，补放佐领，不必放翼领。报闻。

《清实录·高宗纯皇帝实录》卷之四百八十一，乾隆二十年正月二十一日：

乙未，谕：前因拉林、阿勒楚喀移驻满洲，由打牲、乌拉三姓移驻兵一千名，曾经奏准。但此项兵丁一经迁移，不无劳苦。移驻伊等，原为移驻京师满洲起见，同一满洲而将伊等移于远方，亦属不合。着于此一千兵内减去五百名，就近移驻拉林、阿勒楚喀。该管官员倘不敷用，应如何设立管辖之处，着该将军、副都统议奏。寻议：三姓官兵内佐领、骁骑校各三，八姓佐领、骁骑校各二，此五佐领兵五百，并防御八，一并移驻。佐领内选委协领二，防御内选委佐领五，领催内选委骁骑校五。所遗之佐领缺，请照吉林、乌拉例，由防御内拣补。各处协领缺，准此项佐领并选；防御缺，准此项骁骑校并选。至新旧兵缺，由京师所遣满洲与拉林、阿勒楚喀三姓所移余丁内挑补。从之。

《清实录·高宗纯皇帝实录》卷之四百八十六，乾隆二十年四月十三日：

丙辰，上诣畅春园，问皇太后安。

谕军机大臣等：刘统勋接到永常接济大兵口粮之咨，将哈密所有驼只口粮，现在办理接济。从前班第等因接济北路哨探官兵，请将驼马牛羊等项运往豫备，曾传谕永常一体筹办，并无令其运送口粮之旨。永常即咨令刘统勋运送，殊属舛误。现在萨喇勒等领兵已至博啰塔拉地方，相隔数千里，此时既不能速行运到，若俟运到时，则已早抵伊犁，大功告成，更无庸鳃鳃过虑，为此数月口粮计矣。且前此进兵时，裹带两月口粮，原不过约略计算，人之所食，多寡不齐，倘有一人而兼数人之食者，更当作何办给？殊不思官兵前进，沿途打牲及疲乏牲畜，俱足以资口粮。现在投诚厄鲁特等，所有牲畜产业，虽不宜索取，然或暂时取用，登记数目，将来或换给什物，或补给银两，皆无不可。今若因接济满洲、蒙古兵丁口粮，而厄鲁特兵丁亦一概给与，则带领厄鲁特兵进剿，势必如绿旗兵丁所云军行粮随之陋习，有是理乎？永常甚属乖谬，着即详悉传谕，如口粮尚未运送，即行停止；倘已运过巴里坤，即令交与永常，于现驻乌鲁木齐地方存贮，以备将来需用；如尚未过巴里坤，即行彻回，仍留哈密存贮，慎勿运至伊犁。并将此传谕班第、阿睦尔撒纳等知之。

《清实录·高宗纯皇帝实录》卷之四百九十三，乾隆二十年七月二十日：

壬辰，兵部议覆船厂将军傅森等奏称：嗣后打牲乌拉处行取各城官兵响导汉籍。按响导当为向导之误，将数目报将军衙门核夺，转行遵照，不得仍报副都统衙门，应如所请。再打牲壮丁前往采捕东珠之穆楞、绥芬等处，原有坐卡巡踪官兵稽察搜验，黑参毋庸另派，即责成带领探看河路官员管束防察。从之。

《内阁大库档案》，乾隆二十年八月二十八日：

鄂弥达，刑部尚书。题覆署船厂将军额尔登额、打牲乌拉总管八格等员，任内脱逃发遣太监马升一名，应照例议处，并令将此案造报内务府办理。

《清实录·高宗纯皇帝实录》卷之四百九十八，乾隆二十年十月十四日：

甲寅，上诣寿皇殿行礼。

赈给黑龙江、齐齐哈尔等城本年田禾被水霜灾八旗官兵、余丁、官庄、驿站、打牲人等口粮。

《内阁大库档案》，乾隆二十年十月：

刑部移会典籍厅，为署刑部尚书阿里衮奏审拟围场总管扎什太参奏扣肯德配所逃回潜入围场偷打牲畜一案。奉旨：依议。

《清实录·高宗纯皇帝实录》卷之五百三，乾隆二十年十二月二十日：

己未，赈给索伦达呼尔本年水灾、霜灾打牲人等口粮有差。

赈恤湖北潜江、沔阳、荆门、江陵、监利、荆左等六州县卫本年水灾饥民，并缓征新旧钱粮。

加赈两淮、徐渎、淮渎、兴庄、临洪、板浦、中正、丁溪、刘庄、伍佑、草堰、小海、新兴等十二场本年水灾灶户有差。

《打牲乌拉志典全书》卷二，仓厂：

乾隆二十年十二月二十一日，总管索柱奏称：查本署应出粜卖谷，系交吉林永吉州售卖，折银备修各项工程在案，伏思本处，倘遇饥寒之年，八旗所种地亩，不敷糊口，恐致流离失所，是以请将永吉州卖谷折银之例永远裁撤，仍归本处自行粜给八旗牲丁，以济青黄不接。

乾隆二十一年（1756年）

《清实录·高宗纯皇帝实录》卷之五百九，乾隆二十一年三月二十九日：

丁酉，上诣畅春园，问皇太后安。

谕军机大臣等：览策楞等数次折奏，不过详言伊犁厄鲁特流离困厄情形，至如何擒缚叛贼阿睦尔撒纳之处，反不置一词。伊等之意，若以伊犁既得，则追捕阿睦尔撒纳之事不甚要紧，不知此见甚属错谬。伊犁乃一空旷之地，并无城垣，驻兵与否，无甚关系。即为伊等穷乏之人料理生计，亦不过于擒获阿睦尔撒纳后，或使伊等移近内地，过二三年，令其耕种自给；或于濒河近山地方，令其捕鱼打牲为业。此等料理，俱属可行。令策楞等虽将伊等困厄情形陈奏，其如何顺伊等性情，就现在形势酌量措办之处，总未筹及，是何意见？且伊等所以穷困若此者，非我使之，均由伊等误听阿睦尔撒纳之言，互相劫掠，以致伊等无可聊生。策楞等即当将此缘由晓谕众人，令其协力擒获阿睦尔撒纳时，再为伊等筹办生计，奖励众心，克期擒贼。着再传谕策楞等，惟以擒获阿睦尔撒纳为第一要务，其如何设法追赶，不致漏网，及作何料理，壮我兵力之处，俱遵朕屡降谕旨，详悉筹划，务合机宜，以期迅速竣事。

《清实录·高宗纯皇帝实录》卷之五百十八，乾隆二十一年八月十三日：

己酉，万寿节，上诣奉先殿行礼。

谕军机大臣等：亲王成衮扎布领兵擒拿青滚杂卜，谅不日即可就擒，但恐尚有需用内地兵丁之处，应豫为派定。着传谕绥远城将军富昌，于所辖兵丁内拣选二千名豫备，候朕旨到日，即带领起程。并谕吉林将军额勒登，拣选马数千匹，解往黑龙江，以应打牲索伦等处兵丁调遣之用。其锡林郭勒盟长亲王品级索诺木喇布坦、厄鲁特贝勒罗布藏多尔济等，游牧与喀尔喀甚近，倘或需添派兵丁，即于此二处各选兵一二千名，听候调遣。并传谕黄廷桂速赴宁夏，会同罗布藏多尔济等商办马匹及赏给兵丁事宜。

乾隆二十二年（1757 年）

《清实录·高宗纯皇帝实录》卷之五百三十六，乾隆二十二年四月十一日：

壬申，谕：看来王瑞不胜副都统之任。王瑞本系内务府人员。

又谕：纳木扎勒等奏，齐木齐格特贼人什第等，逃至呼伦贝尔游牧之西墨尔根哈玛尔地方，尽行擒获，其应正法者即已正法，余俱遣往黑龙江打牲处安插等语。办理俱甚妥协，着照所奏行。纳木扎勒、瑚图灵阿、多尔济集、福伊柱、德尔森保、嘛呢巴达喇、巴雅尔什第、德木楚克格勒克、巴木丕勒等，俱着交部议叙。其侍卫官员及喀尔喀台吉内，有行走奋勉者，着纳木扎勒等查明奏闻，交部议叙。兵丁酌量赏给钱粮，以示鼓励。

调镶红旗满洲副都统伊住为齐齐哈尔副都统，以右宗人辅国公如松为镶红旗满洲副都统。

是日，驻跸泰安府大营。

《清实录·高宗纯皇帝实录》卷之五百五十二，乾隆二十二年十二月四日：

壬戌，参赞大臣富德奏：臣准兆惠咨文，奉到谕旨，以阿睦尔撒纳逃入俄罗斯，顺德讷等不必在彼守候，即应遵旨彻回。因前往哈萨克之额尔克沙喇努三等尚未回营，暂令留驻。臣于十月二十五日令鄂博什带兵二百名前往额林哈毕尔噶，沿途搜剿吗哈沁，与将军会合。昨据往哈萨克贸易人等带来额尔克沙喇等书扎，闻阿布赉游牧移向巴颜鄂拉，又闻巴图尔乌巴什出痘身死属实。再，臣等闻乌梁海、安济、格斯奎与俄罗斯素有仇隙，派出署防御。达色等于本月二十四日至布克图尔玛，安济等十余户迎战，达色追射安济，遇石伤足，前锋卓丹即奋力前进，将安济生擒，其格斯奎亦被擒获。计剿杀乌梁海三百余户，奖赏蓝翎。乌勒德克阵亡，三等侍卫喀勒扎布等带伤。又于库克郭勒地方遇果勒卓辉之乌梁海等二十余人，放枪迎敌，我兵坠马者数人。有宁古塔披甲人英德讷、黑龙江打牲达呼尔、达三保奋勇救出，尽剿贼众。又在前队行走奋勉之三等侍卫毕拉尔海，吉林署协领扎库齐，索伦署协领金济噶尔、阿第木保，察哈尔署协领喇嘛扎布，蓝翎侍卫达桑阿等，俱出众效力。得旨：富德所奏前队效力之毕拉尔海授为二等侍卫，扎库齐、金济噶尔、阿第木保俱授为协领，喇嘛扎布授为头等侍卫，达桑阿授为三等侍卫。擒获乌梁海、安济格斯奎之达色、卓丹俱授为蓝领侍卫。剿杀乌梁海之英德讷、达三保俱授为三等侍卫。其余奋勉效力及阵亡得伤官兵，俟造册到日，该部照例议叙议恤。

乾隆二十三年（1758 年）

《清实录·高宗纯皇帝实录》卷之五百六十，乾隆二十三年四月十日：

乙丑，军机大臣等议奏：查巡幸索约勒济尖站围场，乾隆十二年经达尔玛、达都等自京东直门出古北口，由热河、木兰过索约勒济山至布林河，共二千九十五里，设大营四十三处。回围由布林河沿陶尔河至海拉苏台归旧路，自锡尔哈河经喀喇沁地方驻跸中关行宫，仍由热河回京，共二千二百二十二里，设大营四十八处。往返共四千三百十七里，设大营九十一处，哨内围场四处，索约勒济山围场十七处。谨缮清单呈览，俟命下日，咨行该将军严禁围场附近打牲人等，并令先期办理应用物件，以备明年巡幸。得旨：交向道处酌量归并。寻奏：据向导处称，尖跕处所，从前相地而设，今欲归并，必须勘明附近有无水草，难以悬定等语。请于向导官员内派人往勘。得旨：着派阿岱前往查勘。

《内阁大库档案》，乾隆二十三年十一月二十日：

傅恒大学士兼署步军统领事务奏报：访获宛平县疯犯张五，细加讯明，供词错乱，有病属实，例应交与原籍看守。但宛邑近在辇毂，相应请旨，将张五发往打牲乌拉，交与该总管严加管束。

《清实录·高宗纯皇帝实录》卷之五百七十六，乾隆二十三年十二月十日：

壬戌，谕：现在八旗所拴官马，着兵部免其查点，即交各该管大臣。此项马匹，旗人等各宜尽心喂养，不可致令疲瘦。嗣后着八旗大臣等将官马膘分每月具奏一次，伊等具奏后，倘朕遣人查点马匹疲瘦，与所奏不符，定将该大臣等严加治罪。

刑部奏：向例偷刨人参旗人数至二十名、参至五十两者发打牲乌喇等处，该犯本系彼处土著，恐防范稍疏，仍复偷采，应改发云、贵、川、广烟瘴地方，销去旗档，交地方官管束。从之。

乾隆二十四年（1759年）

《清实录·高宗纯皇帝实录》卷之五百七十九，乾隆二十四年正月十九日：

辛丑，召大学士及内廷翰林等茶宴，以燕九日联句。

军机大臣等议准黑龙江将军绰勒多疏称：奉旨：外省驻防另记档案人，俱着出旗为民。查齐齐哈尔、黑龙江、墨尔根城、呼兰、呼伦贝尔等处，共二百六十余户，俱不愿为民。黑龙江为东北极边，接壤俄罗斯，地广人稀，俱系土著，非他省自京派往驻防可比。且平日另户旗人，赖其帮同耕牧，安土重迁，即愿为民者，亦一时口许，实非情愿。应仍令各归本旗、本佐领，俟马甲缺出，拣选乏人，挑补当差。至打牲处另记档案人，请仍留与另户索伦、达呼尔一同贡貂，其汉仗好者，遇调遣亦一体简派。从之。

《清实录·高宗纯皇帝实录》卷之五百七十九，乾隆二十四年正月二十五日：

丁未，军机大臣等奏：查呼伦贝尔打牲官兵应补造箭六万五千余枝，请交武备院于应造十万枝内如数借给，另造补码。报闻。

《清实录·高宗纯皇帝实录》卷之五百八十一，乾隆二十四年二月二十七日：

戊寅，又谕：据富德奏称，呼尔璊等处剿贼立功官兵等，有三四品官三等侍卫戴孔雀翎者，有披甲署骁骑校戴奖赏翎者，将索伦总管巴雅尔等十一人列单进呈等语。着加恩赏给呼伦贝尔总管巴雅尔二品顶戴。打牲处协领署营总锦济噶尔、副总管署营总哈坦巴图鲁萨垒、参领署营总博尼，俱授为总管。三等侍卫侍卫什长多隆武、三等侍卫索托隆科、打牲索伦三等侍卫固勇巴图鲁伊萨穆，俱授为二等侍卫。呼伦贝尔佐领署参领奇哩勒图，着实授参领。察哈尔防御署营总斌图，着授为佐领。察哈尔总管敏珠尔之弟车凌多尔济，授为护军。喀尔喀土谢图汗部落台吉副都统职衔额琳沁，着补授副都统。打牲处披甲署骁骑校额勒颇尔肯，着授为三等侍卫。

乾隆二十五年（1760年）

《清实录·高宗纯皇帝实录》卷之六百四，乾隆二十五年正月十四日：

庚申，上奉皇太后幸同乐园，侍早晚膳，至癸酉皆如之。

又谕曰：清馥奏称追捕玛哈沁至莽堪额尔纪，斗齐已经遁去，获其妻室及所属毕克拉扎布等，又招服根敦扎木扬等户口，送往巴里坤质讯，若无为匪情事，请送肃州备赏，其扎木扬与弟特穆尔斗齐属人达什扎布留为向导。又讯得喇嘛伊什班珠尔曾劝斗齐逃走，请于巴里坤正法，毕克拉扎布等曾盗巴里坤打牲人等马驼，或即正法，或解京备赏等语。喇嘛伊什班珠尔、毕克拉扎布情罪可恶，着同德等讯明正法，其根敦扎木扬所属人口，着与斗齐家口一并送京。再斗齐之父巴图克呼木往寻伊子，曾否相遇，清馥亦宜问及，奏内并未声明此等情节，俱着同德查审具奏。

又谕曰：安泰奏称奉到巴里坤绿旗兵可否调往乌噜木齐谕旨，现在乌噜木齐粮石颇属饶裕，内地所办农器多在巴里坤，所有兵丁九百名，与其在彼守候，即可调来乌噜木齐屯田等语。乌噜木齐增兵开垦，既有益屯田，而哈萨克贸易往来，昨尚谕派索伦兵数百名驻札防范，今增调此项兵丁，更足以壮声威，即照所奏办理。

《清实录·高宗纯皇帝实录》卷之六百六，乾隆二十五年二月十二日：

丁亥，谕军机大臣等：据同德等将清馥招降玛哈沁，斗齐半途脱逃，嘱令护送人等不得据实禀报，捏称斗齐打牲他往，未经搜获各实情，审明参奏。斗齐乃诓诱官兵马匹之贼，清馥并未亲往追捕，经降旨申敕，伊始前往。今详阅各供，则清馥仍未前进，不过于巴里坤相距二三程坐候耳。伊前曾奏称不获斗齐不回，朕方谓清馥畏罪穷追，固所宜然，但无端劳苦官兵，朕实惜之。复谕以前行已二三月，口粮殆尽，伊即当枵腹从事，断不得累及官兵，若能获贼固善，否即将官兵彻回。此特据伊所奏，情辞确凿，是以谆谆训及。今观同德等奏，伊仅离巴里坤不远，迁延观望，则前此所云不获贼人不回之语，非有心欺谩乎？甚至嘱令厄鲁特等将贼人半途逃脱情节讳匿不报，罪无大于此者。今大功虽成，各处驻札大臣甚多，若似此效尤，何以集事？着将同德等奏折录寄舒赫德、阿桂等阅看。前谕将清馥革职，交舒赫德差遣委用，今着就伊所至之地审讯明白，伊若服罪，即于该处正法，或妄行狡辩，可派员看守，解送来京，所有行装查明入官。同德、淑宝审理此案，据实参奏，毫无瞻徇，深属可嘉，俱着交部议叙，仍传谕各处注札办事大臣等知之。

《内阁大库档案》，乾隆二十五年二月十七日：

刑部移会稽察房，奉上谕：据同德等将清馥拿获吗哈沁贼人斗齐半途脱逃，反嘱令差往之人不得据实禀报，捏称斗齐打牲，他往来未经擒获各实情，逐一审明，应将清馥治罪之处另行降旨。同德、淑宝俱着交部议叙。

《清实录·高宗纯皇帝实录》卷之六百十，乾隆二十五年四月二日：

丙子，军机大臣议奏：黑龙江将军绰勒多奏称：呼伦贝尔、拨尔德二处旧有军营彻回之索伦、达呼尔兵，计二千三百九十五名，支给半分钱粮，在打牲处捕貂。此项出自恩赏，并非实缺，遇有事故缺出，按名裁汰。计乾隆七年至二十四年，共裁一千三百三十七缺，现存一千五十八缺。查此次游牧彻回之索伦、达呼尔兵，亦系军营出力，请准前例，再挑二千名专充捕貂，亦支给半分钱粮，以昭恩赏，应如所请。从之。

《内阁大库档案》，乾隆二十五年五月二十一日：

吏部移会稽察房。大学士傅恒奏：此次西、北两路出征，派呼伦贝尔打牲，索伦、达虎尔等处官兵内有在军营效力，着有劳绩。奉旨：赏给参领等官职衔。户部郎中傅察纳等并不查明，概行给与整俸，殊属违例，照例议处。

《清实录·高宗纯皇帝实录》卷之六百二十五，乾隆二十五年十一月二十九日：

己巳，上诣皇太后宫问安。

谕军机大臣等：绰勒多等遵旨查奏，兵丁内有一家三人阵亡，及三人内两人阵亡各名数一折。墨尔根城马甲喀喇勒岱等四十九人之子弟，着加恩各拣选一人，以骁骑校用。呼伦贝尔马甲塔尔吉察之子叶木伯讷衣，年甫八岁，着暂支马甲钱粮养赡。打牲马甲噶运察之子叶衣济木保，着加恩以骁骑校用。又据查奏，黑龙江等处陷贼未出，及伤发身故，并军前溺毙之署参领班第等一百八十人，尚未议恤，伊等均殁于王事，着照阵亡之例议恤。至陷贼被害之员，其人原与阵亡相等，又如三都布豆斌等，临阵伤重，虽延至数日，亦何异于阵亡？惟守卡坐台人等，平时疏忽遇贼，仓卒被害，或得伤身故，岂得遽与阵亡同议？即减半赏恤，已属格外加恩。此次查奏人员，着该部分别办理。

吏部等部议准：云南巡抚刘藻奏称，安丰井盐大使向无衙署，请动项兴修。从之。

乾隆二十六年（1761年）

《清实录·高宗纯皇帝实录》卷之六百二十九，乾隆二十六年正月二十一日：

辛酉，军机大臣等议覆黑龙江将军绰勒多疏称：据黑龙江副都统傅玉、墨尔根城副都统鄂博什、呼伦贝尔副都统衔总管卓哩雅等查报，由副都统温布等各队彻回官兵原领各项军器，半因打仗损伤，应如所请。呼伦贝尔打牲、乌拉二处官兵损坏军器，应行补造之箭镞、枪头、腰刀、鸟枪、旗纛、画角、绵甲、弓、撒袋等件，交武备院、工部、内务府照例制造，移咨该将军派员领取，用过价银，即着落该官兵等限三年清赔。其黑龙江、齐齐哈尔、墨尔根三城兵丁等损坏军器，伊等遇便来京，尽可制办，亦着落该兵丁等限二年照数制办归款。得旨：此项应赔军器，自应坐扣伊等俸饷制造，但索伦等行军数年，甚属奋勉，着施恩应赔军器，从宽免其扣饷，均动官项备造。此系朕格外殊恩，不得援以为例。

又议准黑龙江将军绰勒多奏称：西、北二路彻回兵倒毙马匹甚多，应照原给额数于伊等俸饷内坐扣赔补。其阵亡、病故各兵应赔马三百七十余匹，无可着追，请豁免。从之。

《内阁大库档案》，乾隆二十六年三月一日：

史贻直大学士兼吏部尚书，仍兼管工部事务。题覆乾隆二十五年分打牲乌喇人等采得上三旗东珠，于定额外多得八百零二颗，应将总管索柱等照例分别赏给。

《清实录·高宗纯皇帝实录》卷之六百三十八，乾隆二十六年六月七日：

甲戌，谕军机大臣等：成衮所布奏，骁骑校博达勒等护送哈萨克使人行抵边境，见上年在特穆尔、绰尔郭等处过冬之哈萨克等俱远移游牧，殊属恭顺。归途遇哈萨克等告称，前有二十人打牲至和博克等处，被贼戕害等语。近经乌噜木齐大臣等奏，哈萨克贸易人等告称，伊等二十余人被害，恐系内地逃人所为。朕即降旨，将来贸易人等若再行言及，即告以内地并无逃人，明系厄鲁特、玛哈沁，其言语衣服与内地大不相同。嗣后尔等若再与相遇，即行剿杀，果系内地逃人，亦即擒拿，但不得惊动往来商旅。可将此遍行传谕知之。

《清实录·高宗纯皇帝实录》卷之六百三十九，乾隆二十六年六月二十一日：

戊子，军机大臣等议奏：据傅玉奏称：查黑龙江水师营内原设水手领催八名、水手四百一十九名，内年老残废者三分之一。查应挑此项领催水手额缺之闲散壮丁八十名，内除有年老残废者四十三名外，尚存应挑者三十七名。今若不将应挑壮丁豫先多为筹办，遇有差遣水手，恐有不敷等语。查黑龙江设立战船，即由发遣吉林之罪人子孙内挑选水手，给以粮饷，按时操演，原为与俄罗斯水路相通，特加防范起见。其船内应用水手，必须挑选强壮之人听用。查乾隆二十四年正月内，将军绰勒多等奏称：黑龙江各该处原本人数较少，其另记档案等人皆系生长本地，若将此项人为民，移居他处，则地方之人尤为加少。且伊等素日与本地另户人等一同种地牧放，捕鱼打牲，相习日久，请将此项人等仍附各旗注册。遇有闲散壮丁人少之旗分佐领内，有马甲拜唐阿缺出，倘不得人，即由此挑选强健者充当等语。经臣等议准在案。今该副都统请将此项附入旗分佐领之另记档案及开档之一百四名，于该旗佐领册内开出，附入水师营壮丁档案，俟有水手缺出，挑选强壮者充当。再，现有食兵饷者六人，皆曾在军营出力，亦应如所奏，暂准其照常当差食饷。从之。

《内阁大库档案》，乾隆二十六年七月十二日：

刑部总管内务府奏：宝谛寺南所大殿集聚蜜蜂，园户伊昌阿等因熏蜜蜂以致香火遗落，延烧殿宇，应请照律锁送刑部监候。秋决张二格等照律改发宁古塔充当苦差，苑丞东格改发打牲乌拉充当苦差。

乾隆二十七年（1762 年）

《清实录·高宗纯皇帝实录》卷之六百五十二，乾隆二十七年正月八日：

壬寅，上诣皇太后宫问安。

谕：向来打牲、乌拉、采珠人等，间有淹毙，并无恩赏。嗣后着照恩赏兵丁白事例，加一倍赏给。

《清实录·高宗纯皇帝实录》卷之六百五十八，乾隆二十七年四月八日：

辛未，谕：据素玉奏称，德州满洲兵贩有索伦、察哈尔人等十六缺，现今此十六缺内另户兵十二人、开档兵四人每月俱给十口粮米，开档兵丁给与十口粮米，殊属非是。请将现任专管防御骁骑校等交部严加议处，城守尉伍什布兼辖之，前任将军、副都统专辖之。德州历任城守尉等职名并应赔多给粮米官员名衔，俟查明另行咨部等语。德州、索伦、察哈尔兵丁、开档人等照依另户给与十口粮米，殊属非是。但此事非现今所办，乃系历任大臣官员遵循办理，年分已久，今更正自属当然，尚不至查参历任大臣官员。其现任官员着交部查议多领米粮，加恩免其赔补。

又谕曰：恒禄从前查奏傅良所奏吉林乌拉兵丁赔补滋生银两一案，并未详细声明，经朕降旨训敕。今据伊具折请罪，愈觉不堪，是何意见，令人不解。前因此事傅良所奏与部驳孰为是非，令伊明白具奏，乃恒禄并不将此详细声明，是以降旨训敕。今恒禄具折止自行请罪，并称此后诸事留心办理，仍未将孰为是非声明具奏，殊令人愤懑。恒禄着严行申敕，此事究竟孰是孰非，着恒禄明白回奏，不得仍前含糊请罪了事。

《内阁大库档案》，乾隆二十七年六月四日：

舒赫德刑部尚书题覆：乾隆二十六年分黑龙江等处脱逃之达兰太等十二名，应严缉务获。该管各官任内均脱逃未及五名之数，应毋庸议。

《内阁大库档案》，乾隆二十七年八月：

兵部移会稽察房总管内务府奏圆明园方壶胜境当差太监马忠、勾朝凤于乾隆二十六年十月初七日逃走一案，奉旨：此案庄头刘万仓、壮丁黄芝印收留私逃，太监依议发往打牲乌拉充当苦差。

《内阁大库档案》，乾隆二十七年八月十七日：

刑部移会稽察房。内务府奏：古北口外鞍匠屯庄头刘万仓等窝隐逃走，太监马忠勾朝凤等佣工一案，太监马忠等发往吴甸，各带锁铡草三年，庄头刘万仓等改发打牲乌拉充当苦差。

《内阁大库档案》，乾隆二十七年十一月：

户部移会稽察房山东清吏司案呈，乾隆二十七年十一月初一日内阁抄出，黑龙江将军果多浑等奏，打牲人等借过口粮，请折交银两一折。

《内阁大库档案》，乾隆二十七年十一月二十一日：

兵部移会稽察房，大学士傅恒奏请嗣后拿获围场贼犯，如有盗砍木植、偷打牲畜人犯，审系初次、二次，应发往乌鲁木齐等处种地，如该犯至三次者，即发往乌鲁木齐等处，给与种地兵丁为奴。

《清实录·高宗纯皇帝实录》卷之六百七十六，乾隆二十七年十二月十二日：

庚子，谕军机大臣等：成衮扎布前经奏请铸给乌梁海总管察达克等印信，军机处覆准颁行。今成衮扎布请将阿尔台、乌梁海等作为两翼，分管游牧，着铸给乌梁海左翼总管印一颗，给与察达克。其图布慎系专管右翼，亦着铸给总管印信一颗。所有察达克原领阿尔台、乌梁海七旗总管之印，即行缴销。

军机大臣等议覆：黑龙江将军国多欢奏称：打牲乌拉兵丁应给孳生马匹，须按其人数多寡、地方相宜之处，分别办理。索伦请给骟马一千匹儿、骒马一千匹，呼伦贝尔给骟马一千匹儿、骒马一千匹，齐齐哈尔、黑龙江、墨尔根、呼兰等四处给骟马一千匹儿、骒马一千五百匹等语。应如所请，交巴尔品分等定价，行文该管副都统，派兵往牧厂领取。至此项马价，限三年于兵丁钱粮内扣完。从之。

《打牲乌拉志典全书》卷二，仓厂：

乾隆二十七年，总管索柱奏称：本署仓廒原建城外，距沿切近，河水频泛，仓廒屡坍。请将此仓迁移城内高埠之地，以免浸涝等因。

奏准。陆续建修仓廒七十间。

《打牲乌拉志典全书》卷一，仓官：

查原设仓官，于乾隆二十七年，经总管索柱奏：打牲乌拉向无仓官管理仓务，及至饥寒之年，霉烂仓谷，亦不能接济贫丁糊口。奴才欲将打牲乌拉之仓，援照东三省等处放仓官、笔帖式之例，拣放仓官一员、笔帖式二员。

《打牲乌拉志典全书》卷二，采捕东珠：

乾隆二十七年正月初七日，准将军衙门清文，内开：为捕打东珠由吉林领来大船，于歇河之年，有扣存黑龙江所属地方者；亦有扣存三姓地方者，向奉谕旨：着各该省不分畛域，共体国贡，互相派员，看护在案。兹查虽有该地方看守官员，惟船只所需器械过多，未必看护得周，毫不丢失。即应再行咨覆总管衙门，拣派妥丁前往，一律看护可也等情。来文一件。

乾隆二十八年（1763 年）

《内阁大库档案》，乾隆二十八年三月：

兵部移会稽察房题结，大学士傅恒等遵旨审明具奏。福隆阿、七林扎布等搜获围场内私偷打牲民人王显和等一案，应将佐领根敦照不实力访察例罚俸一年，抵销纪录一次，仍罚俸六固月；总管存保照失于查察例罚俸六个月，抵销纪录一次，免其罚俸。

《清实录·高宗纯皇帝实录》卷之六百九十三，乾隆二十八年八月二十四日：

戊申，上诣皇太后行幄问安。

军机大臣等议奏：据瑚尔起从前奏请将塔里雅沁回子百余人遣往呼伦贝尔，教习索伦人等挖沟种田。伏思索伦原以打牲为业，若使尹等专习耕种，恐日久本业俱忘，于边境无益。请将遣去回子彻回，仍令伊等肄习打牲。再，所遣回子皆系获罪人犯，请免罪彻回，遣往伊犁种地，令国多欢，量给路费，就近遣至乌里雅苏台交成衮扎布，遇解送牛羊之便，遣往伊犁，与种地回子一并安插。从之。

乾隆二十九年（1764年）

《清实录·高宗纯皇帝实录》卷之七百十三，乾隆二十九年六月二十二日：

壬寅，黑龙江将军富僧阿奏：打牲乌拉呼伦贝尔、索伦达呼尔总管等向满三年，照例送部引见。去年奉旨，命打牲索伦、呼伦贝尔等总管轮班前赴木兰围场，请嗣后打牲呼伦贝尔等总管三年期满，轮班前赴木兰，无庸送京引见。报闻。

《内阁大库档案》，乾隆二十九年九月：

刑部移会稽察房，本部题黑龙江将军傅僧阿奏派往伊犁驻札之打牲索伦二队兵丁五百名，内索伦佐领忒中额听从披甲阿保等将已经册报领有马银之家属人等私行纵放婪赃，拟将其革职，照律杖徒。

《打牲乌拉志典全书》卷二，仓厂：

乾隆二十九年四月初十日，总管索柱奏称：查康熙四十三年，总管穆克登惟因水灾，奏准，迁移城垣衙署各项工程，均由八旗捐办。此项仓工所存谷银，无几不敷，仍由八旗捐办，等因在案。

乾隆三十年（1765年）

《清实录·高宗纯皇帝实录》卷之七百二十六，乾隆三十年正月八日：

甲寅，召大学士及内廷翰林等茶宴，以雪象联句。

军机大臣等议奏：吉林将军恒禄等奏称：吉林八旗佐领四十八员内，锡伯世管佐领一，喀尔喀巴尔虎佐领七。旧例瓜勒察等升阶不过骁骑校，喀尔喀巴尔虎等不过佐领。嗣瓜勒察等移驻盛京，因当差奋勉，加恩不拘旧例升用。今巴尔虎等差使亦勤，请一体破格赏给升途。再吉林等处员弁，应各随地势酌请，请将锡伯巴尔虎佐领俱作为蒙古佐领，其打牲乌拉协领二员，裁一员作为吉林蒙古协领。蒙古协领缺出，于锡伯巴尔虎蒙古瓜勒察佐领内拣补。吉林满洲协领缺出，将此项蒙古协领调补。至八旗佐领四十员，镶黄旗六，正白旗四，应拨匀令每旗各五员。又宁古塔现设员弁不敷差防，请将打牲乌拉防御八员酌留四员，余四员调赴宁古塔。均应如所请。从之。

《内阁大库档案》，乾隆三十年正月：

户部移会稽察房，为议覆应如黑龙江将军福增阿所奏，嗣后索伦等进贡貂皮，停其派打牲官员兵丁呈送，鄂伦春貂皮挑入等第，亦停其赏赉，将呈送貂皮吝选齐齐哈尔官兵贮柜封固，由蒙古驲递，呈送内务府查收办理。

《清实录·高宗纯皇帝实录》卷之七百四十三，乾隆三十年八月二十日：

癸亥，上遣侍卫灵保赴避暑山庄皇太后行宫问安。

黑龙江将军富僧阿等奏：据往探格尔毕齐河源之副都统瑚尔起禀

称：自黑龙江至格尔毕齐河口，计水程一千六百九十七里。自河口行陆路二百四十七里，至兴堪山，其间并无人烟踪迹。又往探精奇哩江源之协领纳林布称：自黑龙江入精奇哩江，北行至托克河口，计水程一千五百八十七里。自河口行陆路二百四十里，至兴堪山，其地苦寒，无水草禽兽。又往探西里木第河源之协领伟保称：自黑龙江经精奇哩江，入西里木第河口，复过英肯河，计水程一千三百五里。自英肯河口行陆路一百八十里，至兴堪山，地亦苦寒，无水草禽兽。又往探钮曼河源之协领阿迪木保称：自黑龙江入钮曼河，复经西里木第河，入乌默勒河口，计水程一千六百十五里。自河口行陆路四百五十六里，至兴堪山，各处俱无俄罗斯偷越等语。查呼伦贝尔与俄罗斯接壤之额尔古讷河，西岸系俄罗斯地界，东岸俱我国地界，处处设有卡座，直至珠尔特地方。现复自珠尔特至莫哩勒克河口添设二卡，于索博尔罕添立鄂博，逐日巡查，俄罗斯、鼐玛尔断难偷越。其黑龙江城与俄罗斯接壤处，有兴堪山绵亘至海，亦断难乘马偷越。第自康熙二十九年与俄罗斯定界，查勘各河源后从未往查。嗣后请敕打牲总管，每年派章京、骁骑校、兵丁，六月由水路与捕貂人同至托克英肯两河口，及鄂勒希、西里木第两河间遍查，回报总管，转报将军。三年派副总管、佐领、骁骑校于冰解后，由水路至河源兴堪山巡查一次，回时呈报。其黑龙江官兵，每年巡查格尔毕齐河口，照此。三年亦至河源兴堪山巡查一次，年终报部。得旨：如所议行。

是日，驻跸海拉苏台大营。

《清实录·高宗纯皇帝实录》卷之七百四十四，乾隆三十年九月四日：

丁丑，上行围。

谕：恒禄奏三姓打牲乌拉额木赫索罗旗丁房屋被水冲坍一百六十四间，吉林乌拉三姓拉林官屯地被冲一千四百十六顷，应否照前例房屋每间赏银五钱，并豁屯地应交粮石？请旨着照所奏，被冲房屋每间赏银五钱，并免官屯应交粮石。

是日，驻跸伊逊萨勒巴尔哈达大营。

《清实录·高宗纯皇帝实录》卷之七百四十六，乾隆三十年十月一日：

癸卯朔，享。

谕曰：永和原系内务府护军统领，着仍补授护军统领，管理打牲乌拉总管事务。

钦差侍郎鄂宁、伍勒穆集等奏：潘桃口监督赫达色、五岱等以例不征税，木植竟违例征收，请旨革职审拟。得旨：赫达色着革职，五岱着解任，交与鄂宁等将案内应质人犯一并严审定拟具奏。至此项木植例不征税，赫达色等朦混报部，该部因何准行之处，着该堂官明白回奏。

《清实录·高宗纯皇帝实录》卷之七百四十九，乾隆三十年十一月二十日：

辛卯，上诣皇太后宫问安。

谕曰：书通阿年已老迈，着留京。其三姓副都统员缺，着福珠礼调补。所遗吉林乌拉副都统员缺，着永安补授。

《内阁大库档案》，乾隆三十年十二月：

兵部移会稽察房。刑部奏：据总管围场事务热河副都统额尔登额咨报，乾隆二十九年分拿获围场内打牲砍木贼犯九起，人犯十四名，并据八沟同知于秀呈解旧案内续获听从刘起有等偷窃围场木植之从贼于大头一名，臣部亦一体汇入奏闻。

《打牲乌拉志典全书》卷一，珠轩达：

乾隆三十一年，总管内务府议奏，准将食十八两饷银珠轩头目，每名每月添给饷银五钱，其采蜜珠轩六名内裁去一名，下剩五名，每名每月应得银二两，停止并将采蜜之差革除，作为采珠五珠轩，一体充差。

乾隆三十一年（1766年）

《内阁大库档案》，乾隆三十一年二月：

兵部移会稽察房销案：议覆黑龙江将军福僧阿奏铸给副总管图记一案，其呼兰打牲等处副总管文移是否自行办理，抑由正总管转行申报，应令查明声覆。

《清实录·高宗纯皇帝实录》卷之七百五十六，乾隆三十一年三月三日：

壬申，上诣畅春园，问皇太后安。

又谕：据舍图肯等奏，巡察围场佐领玛恒详报，在阳春河地方拿获偷树人犯，至吉林乌拉所属隘口，被旺多罗束之牧副拜雅斯罕等抢夺，拜雅斯罕等私受窃犯财物于前，又复率众夺犯，殊属目无法纪。着传谕舍图肯等，将现获各犯交盛京刑部严禁，仍严缉未获各犯，毋令远扬，得逃法网，并派尚书新柱前往会审。再，此等匪徒多系吉林人，并着传谕恒禄等拿送。

《清实录·高宗纯皇帝实录》卷之七百六十一，乾隆三十一年五月二十九日：

丁酉，谕军机大臣等：据永瑞奏，赏给青州骁骑校富昌为奴之厄鲁特策布格，于本年五月间在青州本处脱逃，现敕地方官严行缉拿等语。该犯以获罪问拟为奴，胆敢乘间逃窜，情甚可恶。想该犯踪迹不外内地邻近数省，着传谕直省该督抚，通敕所属，密速严拿，并在各关津隘口上紧盘缉，务期弋获，即于拿获处所立行正法，毋使免脱漏网。

吏部议准黑龙江将军富僧阿奏称：呼伦贝尔地方原设笔帖式四员，前因达呼尔官兵拨回打牲地方，裁汰二缺。查此地在鄂尔多斯、喀尔喀边境，卡座甚多，凡记写档册，移咨各处，甚属繁冗，请添设无品级笔帖式二员，于本处应用人员内挑补。从之。

《内阁大库档案》，乾隆三十一年八月：

兵部移会稽察房查照销案。富僧阿等奏打牲佐领清贵年老告休。

《清实录·高宗纯皇帝实录》卷之七百七十五，乾隆三十一年十二月二十五日：

辛酉，孝庄文皇后忌辰，遣官祭昭西陵。

谕：打牲乌拉、采珠人等，每月俱支给饷银五钱，但伊等生齿日繁，生计不无拮据，着加恩每月支给银一两。

谕军机大臣等：前据杨应琚奏称，病势日渐向愈，精神长发等语。览之不胜欣慰，已加赐药物，令其安心静养，迩来加意调摄，谅可霍然。至现在缅匪情形若何，该督等审度事宜，作何妥办，半月以来，未据奏报，朕心深为仅念。此际正在乘机办理，所有一切筹划之事，俱关紧要，应随时入告，以纾远怀。杨廷璋此时亦应前抵永昌，公同商榷。该督如自揣精力充复，可以无需佽助，抑或暂留杨廷璋在彼共办之处，着传谕该督，即行详悉驰奏。

是日起，上以岁暮袷祭太庙，斋戒三日。

乾隆三十二年（1767年）

《内阁大库档案》，乾隆三十二年三月二十二日：

托庸工部尚书题覆：乾隆三十一年分，打牲乌喇人等采得上三旗头等东珠三十一颗，应将打牲乌喇总管等行文内务府，照例分别赏给。

乾隆三十三年（1768年）

《清实录·高宗纯皇帝实录》卷之八百三，乾隆三十三年正月二十六日：

乙卯，谕：朕于二月十三日启銮，恭谒泰陵，所有应行典礼，各该衙门照例敬谨豫备。

又谕曰：常保住原系吉林乌拉之人，曾在西路军营出兵打仗，但久任总兵，恐不无沾染绿营习气，是以令其来京另用。现降旨着驰驿前往云南，在领队大臣上行走。此次带兵剿贼，与寻常坐镇办事不同，将来遇有该省总兵员缺，可酌量奏请补授。将此谕令明瑞、阿里衮及鄂、宁知之。

《内阁大库档案》，乾隆三十三年三月二十七日：

尹继善大学士管理兵部事务题覆：胡兰河城守尉胡伦贝尔总管、打牲总管衙门左右二司承办粮饷刑名，应如该驻防将军所请，各准其给予图记，以昭信守。

《内阁大库档案》，乾隆三十三年十月：

户部移会稽察房，为大学士公傅恒等奏总督阿桂前往云南，请将打牲侍卫伊立布等带往一折，奉清字谕旨一道。

《打牲乌拉志典全书》卷一，珠轩达：

乾隆三十三年，监理乌拉总管事务护军统领雍和奏请，奉旨：着准打牲乌拉下五旗，放珠轩头目三十五名，等因。钦此。

乾隆三十四年（1769年）

《清实录·高宗纯皇帝实录》卷之八百二十六，乾隆三十四年正月三日：

丁亥，上诣皇太后宫问安。

又谕曰：三格年力就衰，不必管理热河总管事务。永和驻打牲乌拉已越数年，着加恩赏给总管内务府大臣职衔，在热河总管上行走。其打牲乌拉总管员缺，仍着索柱补授。

谕军机大臣等：征剿缅匪，由水路进兵，必需船只，令派出署副都御史傅显、护军统领乌三泰，令其驰驿前往云南军营监造船只。着传谕高晋，将湖广善造船只匠役多为挑选，妥协豫备，俟傅显、乌三泰到日，即行交与伊等，由彼带往。

军机大臣等议奏：定边左副将军成衮扎布奏称：前自乌里雅苏台运送伊犁绵甲内补造损坏甲六百九十副，承办官员多用银两，系因军营从前无成例可遵，随按时价办理。查该处虽系边方，现值无事，嗣后应行修补工作，应照内地之例估办。从之。

《清实录·高宗纯皇帝实录》卷之八百二十六，乾隆三十四年正月七日：

辛卯，祈谷于上帝，上亲诣行礼。

谕军机大臣等：着传谕黑龙江将军傅玉，于索伦、达呼尔内再派年力精壮者一千名，酌量兵数，派协领等官及总管、副总管内能管辖者一人，陆续带赴京师。其应得之项，均照前派二千名之例给予。其子弟内有闲散壮丁，情愿充作跟役者，准其携带。伊等既得力，且遇出缺，亦便于挑补。其如何拣派，何时起程，该将军速行奏闻。寻奏：陆续派往二千官兵，俱由打牲、呼伦贝尔二处拣派。该二处坐卡巡察，差务繁多，余兵未能一律强壮。请由齐齐哈尔兵内拣派四百名，黑龙江三百名，墨尔根城二百名，呼兰城一百名，共一千名，分二队，每队派协领一员率领。并遵旨传谕官兵，内有愿携带子弟者，听其作为跟役。带往齐齐哈尔、呼兰二城兵五百名，章京六员、骁骑校六员，令协领巴鼐率领，于二月初六日由齐齐哈尔起程。其黑龙江、墨尔根二城兵五百名，章京六员、骁骑校六员，俟到时即令协领巴岱率领续发。报闻。

又谕：前派吉林兵一千名，因暂不进剿，令其彻回候旨。着传谕恒禄，仍将该处兵一千名，交参赞明亮分队带领来京，应得之项，照军机大臣前议办理。

又谕：现在征剿缅匪，陆续派兵前往，已降旨将经过各省赏给银两，不使稍累民间，并谕各该督抚实力董察，妥协经理，自当一体凛遵。并闻向来经过驿路州县，竟有不肖之徒，平时厚积俸廉，一闻差务，辄借端引退者，亦有借办差之名，私敛肥橐者，此等恶习，实可痛恨。督抚等每因其已经去任，曲为姑容，何以敕官方而励臣职？着传谕各该督抚，严敕各属，实心办公，如有前项劣员，即行据实参奏，毋得稍为徇庇，自取罪戾。

《清实录·高宗纯皇帝实录》卷之八百四十六，乾隆三十四年十一月一日：

己卯朔。

贷齐齐哈尔、黑龙江二处本年水灾打牲乌拉口粮。

乾隆三十五年（1770年）

《清实录·高宗纯皇帝实录》卷之八百五十七，乾隆三十五年四月十六日：

癸亥，兵部议黑龙江为奴遣犯马三脱逃限满未获，应将正红旗专管佐领库林什、骁骑校鄂尔伸岱均照例各降一级调用，兼管之打牲副总管七十九里固色降一级留任。得旨：兵部议处黑龙江失察遣犯脱逃限满未获之专管、兼管各员分别降留一本，固属照例办理，但黑龙江等处遣犯非如内地有乡井可恋之人，既已起意脱逃，非潜回本籍，即远窜他方，断无仍在遣所避匿之理。该处旗员等又非比内地州县厚得兼俸，及有捕役人等可以给费悬赏，给路躧缉，即定以勒缉年限，在彼既无可踪迹，而远涉更势所不能，若照内地各官一例处分，于事理未为允协。着交该部另行酌定条例具奏，所有此案失察各官即照新定之例议处。

《清实录·高宗纯皇帝实录》卷之八百六十八，乾隆三十五年九月十二日：

乙卯，赐扈从王、公、大臣及蒙古王、公、台吉等食。

又谕：前经降旨，于东三省新满洲、乌拉齐、索伦、达呼尔内，骑射娴熟，年力精壮者，每处拣选十数名，令该将军保送来京。今恒禄等保送盛京十人，射猎甚属平常，保送之人，理宜射猎娴熟，多得牲畜。今伊等打牲不能多得，或恒禄等拣选草率，或系伊等不愿在京，佯为不能，着恒禄等查明具奏。此内杀五鹿之领催禄奇讷，着留京，其余俱驳回，俟明年木兰秋之时，另行拣送。仍交恒禄等将此内杀二鹿之领催牛禄保、额林图，杀一鹿之领催瓦津保、八十四拉津泰、披甲人苏尔乔，一鹿未杀之前锋德克精额、领催呼克什讷等八人，俱着三年停升。吉林、黑龙江现在尚未保送，亦着明年木兰秋之时，再行保送。

扎萨克图汗巴勒达尔故，赏银五百两，遣官赐奠。

是日，驻跸张三营行宫。

《清实录·高宗纯皇帝实录》卷之八百七十三，乾隆三十五年十一月十六日：

戊午，礼部议覆：吉林将军富椿奏称，吉林乌拉一切祭祀事宜，原系地方官承办，惟火神庙祭祀，系旗人等私自建立，并非官祭，与典礼未符，请每年令官致祭等语。应如所请，嗣后照直省例，于六月二十三日致祭一次。从之。

《清实录·高宗纯皇帝实录》卷之八百七十五，乾隆三十五年十二月二十五日：

丁酉，孝庄文皇后忌辰，遣官祭昭西陵，上诣皇太后宫问安。

谕：每岁打牲乌拉处送珠官员及打牲人户，俱自备资斧前来，伊等来往路远，所乘之马，力实不支，着施恩。嗣后每年打牲乌拉送珠官员及打牲人户来往，俱酌量赏给驿马骑载，仍照例给与口粮。其每年应来人数，即照本年所来数目出派，着为例。

以正蓝旗满洲副都统常青为察哈尔八旗都统。

乾隆三十六年（1771年）

《打牲乌拉志典全书》卷二，采捕东珠：

乾隆三十六年二月二十日，准吉林将军衙门咨文，内开：乾隆三十五年内阁抄出，十二月二十五日，奉上谕，按年乌拉进送东珠，官丁俱系自力，但往来途长，乘骑底马实觉劳苦。此后着赏给站马，按照人数循例发给口米等因。钦此。钦遵。抄出到部。应亟咨行将军转咨乌拉，钦遵办理等因。来文一件。

乾隆三十七年（1772年）

《清实录·高宗纯皇帝实录》卷之九百十一，乾隆三十七年六月二十八日：

壬辰，上诣皇太后行宫问安。

工部议奏：打牲乌拉人等，乾隆三十六年采捕东珠，计上三旗珠轩于定额外多七百零一颗，下五旗珠轩于定额外少一百三十四颗，应分别赏赉。从之。

《清实录·高宗纯皇帝实录》卷之九百十九，乾隆三十七年十月二十九日：

庚寅，上诣畅春园，问皇太后安。

谕曰：护军统领永德无嗣，曾与伊弟吉林乌拉协领德保议定，以德保之子乌勒登额为嗣。着富椿即询问德保，将伊子乌勒登额遣赴京师，与永德为嗣。

《清实录·高宗纯皇帝实录》卷之九百二十二，乾隆三十七年十二月五日：

乙丑，上诣皇太后宫问安。

幸瀛台。

定边右副将军大学士温福、参赞大臣尚书公丰升额奏：明郭宗北有宁扎山，西南有公雅山，贼于两山对峙处筑碉拒守。臣等于十一月二十一日，令海兰察、哈国兴、额森特带兵袭击公雅山，进至山顶，占据卡座，现进攻明郭宗。谕军机大臣等：温福等攻取明郭宗西南公雅山，在事大小官兵均属奋勉，着暂交军机大臣存记，俟攻得明郭宗，一并议叙。其阵亡、受伤人员，即着确查造册，送部议恤。至阵亡之护军校阿哈拉克、护军博和勒岱有无子嗣，并交军机大臣查奏。再，温福奏：讯据贼番供，有索诺木派兵二千，欲由拉觉木地方断官兵后路之语。兜乌既为吾有，贼何得犯山顶之栅？此必系从别斯满而来，则防备此路甚关紧要。着传谕温福、丰升额留意办理。

又谕曰：黑龙江将军送到打牲处，拟陪骁骑校之领催等，人材均属可观，着发往军营，于温福、阿桂分路进兵时，酌量分带。其派出带往之三等侍卫神保、蒙库阿，亦着赏给缎匹、银两，即令起程。

乾隆三十八年（1773年）

《内阁大库档案》，乾隆三十八年三（闰）月六日：

刘统勋，大学士，管刑部，题报查核乾隆三十七年黑龙江等处脱逃遣犯，拿获投回数目。

乾隆三十九年（1774年）

《内阁大库档案》，乾隆三十九年八月八日：

刑部为本部审拟具奏巡视东城察院成德等奏两次递籍为民太监安德祥复行潜逃来京，改名投主一案，应将安德祥咨送兵部，转发打牲乌喇当差，以示惩儆等因，奉旨依议一折，相应抄单移会稽察房查照注销。

乾隆四十年（1775年）

《清实录·高宗纯皇帝实录》卷之九百七十七，乾隆四十年二月十九日：

丁酉，谕：据派出验看本年会试举人骑射王大臣等奏称：应行考试者一百二十五人，内报近视眼者七十三人，已拣令二十人照常骑射外，其余实属不能之五十三人，俱未令其骑射等语。马步骑射，系旗人根本，即读书人亦不可不学。今考试者一百二十余人，内报近视眼者竟有七十余人之多，明系捏报，希图规避。满洲习气，竟至若此，实堪愤恨。若以近视眼不能骑射，哈达哈即系近视眼，此众人之所共知，伊何以随朕畋猎打牲乎？此辈因不能骑射，遂借口以图侥幸，甚属不堪。满洲臣仆甚众，岂必赖此数人？况此等无用人内，亦断不能得人，所有不能骑射之五十三人，俱着停其考试。丰讷亨等并未奏及，惟请嗣后交该旗大臣详查报部，派出大臣验明后，方准免其骑射。所奏殊属姑息。嗣后考试人内，若有似此不能骑射者，俱着停其考试，着为例。再此辈明系捏报，该旗大臣等所司何事，因何出结送部，着军机大臣查明奏闻。

《清实录·高宗纯皇帝实录》卷之九百七十九，乾隆四十年三月二十七日：

甲戌，上诣畅春园，问皇太后安。

又谕曰：陈辉祖奏，查缴禁书鸟枪，请统归编保案内清办一折。据称，查缴禁书，责令印佐官员于编查保甲时，将不经见之书，谕令当面呈缴等语。此事尚属可行，但须严敕胥役、地保等，不得藉端需索，致滋扰累。至收缴鸟枪一事，欲令编保各员于半年内挨查缴出，此在内地居民，或可遇便挨查，然尚恐其有名无实。至苗、猺僻处岩硐，若责令硐长收买，非但不能查收净尽，或致转涉惊疑。且苗硐各藏鸟枪，多属防身殪兽，刻不可离，亦如蒙古之挟枪打牲者相类。若欲尽行收买，致苗民一旦顿失其业，既于群情大有不便，且蠢苗带枪自随，相安已久，今忽以其为应禁利器，收之以防抗逆之端，转类教猱升木，所谓民可使由，岂未之前闻耶？况如此查办，势不能不假手吏胥。倘有不法奸蠹，从中需索，酿事启衅，尤属不成事体。莫若听其自然，无庸查办之为愈也。着传谕陈辉祖，如尚未办及，不必复露端倪；若已有出示行文之事，亦即速行停止。仍将奉到谕旨后，作何办理之处，据实覆奏。

又谕曰：阿桂等奏攻打达佳布、安吉等处硐寨，歼戮贼番情形。此次虽歼贼二百余，生擒贼番六名，而攻得之硐，因难以驻守，复行拆毁，仍与未得无异，殊觉可惜。自是兵数不多，未能分路袭击之故。今狭、甘、贵州所调兵六千，据各督抚奏，均系拣派勇壮者，令其遄赴军营，前往西路，约计陆续可到。阿桂处添此生力精兵，声势更盛，于攻剿尤为有益。自应分路派兵进攻，必更易于得手。且攻剿之外，可派吉林、索伦兵豫伏中途，截杀应援之贼。此等贼众一出硐外，已自失其险，尤可尽力多歼，使之胆落。阿桂当努力为之。至明亮处所调南路兵四千，又吉地等处兵七百五十名，计将及五千。今川兵三千，又俱全赴宜喜。若再于宜喜现有兵内抽选数千，约可满万，自当急筹攻取。明亮现于何时进兵，着即速覆奏，以慰悬注。但明亮此路进兵，系攻其无备，果能得胜，自属甚善。但究如治病偏方，难于实有把握，仍当以阿桂处为正路。朕亦惟阿桂是恃，不可稍有疏懈。

乾隆四十一年（1776年）

《清实录·高宗纯皇帝实录》卷之一千十六，乾隆四十一年九月六日：

甲戌,谕曰:围场内偷打牲口,砍伐木植人等,胆敢拒捕,情殊可恶。嗣后拿获围场内偷打牲口，砍伐木植人等，仍照旧例治罪外，若有缉拿之时，拒捕不肯就擒者，拿获时着加重治罪。其敢于拒捕，致伤缉获之人者，拿获时着即行正法。

是日，驻跸波罗河，屯行宫。

乾隆四十二年（1777年）

《打牲乌拉志典全书》卷一,三品总管：

乾隆四十二年十二月二十一日，奉旨查打牲乌拉总管应进东珠、鳇鱼，一年不抵一年。将此着照盛京包衣、佐领之案，归于吉林将军富康安兼办，其将军应行阅画之事，著值班笔帖式送阅。

乾隆四十三年（1778年）

《清实录·高宗纯皇帝实录》卷之一千五十一，乾隆四十三年二月二十三日：

甲寅，又谕：据明亮等奏，查讯小阿树土司丹怎，据称我地方所管人户从不敢去做夹坝，历来也没犯过案。上年我跟着三郭罗克、三阿树土目们查捕拉布坦回来，才知青海把我打牲的加科等五人在我地方拿去，旋即送回，均在途病故，后又拿去七人。至讯之班珠尔，坚称并不敢说报仇的话等语。阿树土司平日颇属小心恭顺，似不应有放夹坝之事，或系青海地方因不能将郭罗克贼番缉获，捏造班珠尔报仇之语，致将小阿树之人屡次拿送塞责，亦未可知。但究系丹怎及班珠尔一面之词，非对质难成信谳，而其事亦非参将李天贵所能查办，着派侍郎博清额驰驿前往青海，会同法福里审办。其应行带往质讯之班珠尔等，即着李天贵押送前往，听候查讯。

命刑部右侍郎钱汝诚阅办大清一统志。

《清实录·高宗纯皇帝实录》卷之一千五十七，乾隆四十三年五月二十八日：

丁亥，又谕：今日正黄旗满洲都统奏，据黑龙江咨送墨尔根城之索伦公中佐领员缺，将原任佐领雅启岱之曾孙骁骑校坤都保拟正，呈进家谱引见等语。此缺原因查打牲索伦达呼尔贫苦而设，并非雅启岱世袭之缺。今遇缺出，理应照公中佐领之例，分别拣选补放。何以照世袭例，将雅启岱一支之人拟正，进呈家谱？傅玉等所办甚属糊涂。但今日引见时，骁骑校坤都保人尚去得，是以加恩补放，然不可竟令坤都保即授此缺。着该将军等由彼处公中佐领内酌选一名，与坤都保对调。嗣后此等缺出，即照公中佐领之例，分别拣选补授。将此由该部通行八旗及东三省一体遵办。

《打牲乌拉志典全书》卷二，协领衙门　附金川、巴里昆、察哈尔兵：

乾隆四十三年，吉林将军富康安奏：与牲丁并差兵百七十名，内除各差占用兵二百二名外，下剩兵四百六十八名，分拨帮贴捕差，历有年所。

《打牲乌拉志典全书》卷二，采捕东珠：

乾隆四十三年十月，内准吉林将军富康安奏：查打牲乌拉按年进送东珠，由盛京至都京，该处循例出派章京一员，领催二名，兵二十名，一体护送，由吉林至盛京并无护兵等因。奴才伏思，进送人参，由吉林乌拉至都京均有护兵，而送东珠亦应派兵护送。是以此进送东珠，着派翼领泰成等，即由吉林出派护兵至伊通；而盛京亦应一律加派护兵，自此永作定章，等因。奉旨，知道了。等因，奏折一件。

乾隆四十四年（1779 年）

《清实录·高宗纯皇帝实录》卷之一千七十六，乾隆四十四年二月十三日：

戊辰，内务府大臣议奏：户部据绥远城将军雅郎阿咨称：助马口外庄头三丫头邓世忠、嘉宏、刘住子等四名，因欠粮革退，将伊等家属一百四十余口交该处庄头张思载等名下充当壮丁。兹据张思载等呈称，无力养赡，恳请放出为民。查乾隆九年，因口内庄头生齿日繁，奏准除庄头子弟及缘罪发遣壮丁无庸置议，并鳏寡孤独、老幼废疾令庄头留养外，其愿为民之壮丁等，准该庄头陆续呈报，核咨户部，转令该州县改入民籍在案。今三丫头等家属庄头张思载等既无力养赡，应如该将军所请，除本人因欠粮革退庄头不准为民外，兄弟子侄情尚可原，请照例准其为民。得旨：此等庄头既因拖欠钱粮革退，本系获罪之人，转因接办之庄头以人多不能养赡，请将伊等之兄弟子孙放出为民，令其自谋生计。内务府大臣虽系照例议准，日久不能保无流弊，庄头等或欲图出旗自便，故意拖欠钱粮，罪止革退，而其子孙转得为民，仍可倚以自赡，日后并可考试，幸登仕籍，皆情理所必有，不可不防其渐。嗣后凡获罪革退之庄头，其家属有呈请为民者，除疏远族户准仍照旧例办理外，其本身及子孙俱应发往打牲乌拉充当苦差，以示惩儆。此案即照此例行。

《清实录·高宗纯皇帝实录》卷之一千七十九，乾隆四十四年三月十八日：

壬寅，上诣安佑宫行礼。

又谕：据法福礼奏，扎萨克台吉罗布藏丹津呈报，上年十二月，差往探听郭罗克贼番之昆都色布腾达尔集，带领蒙古兵丁，在察罕果尔地方，拿获郭罗克贼番策令等六人。已有旨令押解来京，交刑部审明，发往烟瘴地方矣。郭罗克贼番，向每至蒙古游牧地方，抢掠偷盗，甚为可恶。今番子策令等六名，经蒙古拿获，虽严讯现无盗劫之事，罪不至死，但越界潜至蒙古游牧地方，必系计图偷窃，自当发往烟瘴，以示惩创。着传谕特成额、文绶，详悉宣谕郭罗克头目，务须管教所属番人，止许在伊本境打牲，如敢潜越蒙古地界，犯有抢劫伤人之事，必严拿就获，立即正法。即无偷窃之案，但经越界潜往者，一经拿获，均照此发往烟瘴，不稍宽贷。该头目务谕番人等，凛遵法度，毋稍违犯，若头目等不行教约，致令滋事不法，该头目亦难辞咎。将此由四百里谕令知之。

《清实录·高宗纯皇帝实录》卷之一千九十，乾隆四十四年九月十日：

辛卯，盛京将军福康安奏：盛京户部每年所领东三省俸饷，除本省按季给发外，其吉林、黑龙江路远运回，每误二月开放之期，兵食攸关，应定限期及时给发。嗣后请于八月内赴京支领，十二月初旬运到即发该二省，俾得从容运放。再打牲乌拉总管事务现归吉林将军统辖，其俸饷银两亦请归吉林省领放。报闻。

乾隆四十六年（1781 年）

《清实录·高宗纯皇帝实录》卷之一千一百三十一，乾隆四十六年五月二十二日：

甲午，谕曰：密云县石匣龙神屡昭灵应，宜加封号，以答神庥。着内阁会同礼部即行敬谨，照例办理。寻奏上，封为昭灵广济龙神。

又谕曰：和珅到京复命，面询一切，所有现办剿贼情形，已略悉大概，阿桂在彼，自能料理妥协。至前此询问图桑阿，据称马彪年岁已老，今又询之和珅，据称马彪虽年老，而人尚壮健，且历练戎行，此次亦尚出力。至仁和办事光景，及熟悉营伍之处，仍尚不如马彪。且仁和初到兰州时，在金城关遥为放炮，和珅到后，察看该处距贼营约有数里，中隔黄河，又安能以炮击贼，转恐贼人由山路绕至金城关，抢夺炮位，因令将炮彻回省城等语。看此节，仁和之办事，不得窾要，可以类推。且伊系本省提督，更非马彪之由西安赴甘协剿者可比，似此不知事体，恐难得力。又据和珅奏，贼人以打牲为业，本有火药、鸟枪，至攻破河州后，所抢火药又多，是以现尚未缺乏，且施放转较官兵有准等语。贼匪所得火药，虽系在河州抢掠者居多，但其平日何因得有鸟枪、火药打牲，此皆地方官查禁不力所致，而绿营兵转不如其纯熟，实属不成事体。着传谕阿桂、李侍尧，将嗣后如何设法查禁，不使番回复能购备配合火药，一并入于善后事宜案内，妥议具奏。再，甘省兵数，向因节次移驻新疆，眷兵未经补额，以致各处存营兵少。此次贼匪起事，不能克期调集，前已有旨，令阿桂、李侍尧于善后事宜案内，酌议添兵数千。今据和珅面奏情形，将来竟须多为添驻，方足以壮声势而靖地方。着传谕阿桂、李侍尧，即查明前后移驻眷兵共计若干，即照数补额，并令时加训练，务使尽成劲旅。至西安提督，向本驻札甘肃固原州，后固原改驻总兵，而提督移于西安驻札，管辖狭省营务。今据和珅奏，固原州地方紧要，似仍应驻札提督，而以固原镇总兵移驻河州，其河州协副将于安定或会宁驻札，方足以资控制弹压。至西安已有将军、都统，似可无须再驻提督等语。此事并着阿桂、李侍尧于善后事宜案内，一并详悉妥议具奏。

军机大臣议覆刑部尚书德福奏称：八旗官兵人等置买房地，例在两翼监督衙门投税，其民人置产，则在大、宛两县。近年旗下家奴有置买房地，恐家长知觉，潜赴大、宛纳税，旗员辄相效尤，无凭稽察。应如所请，嗣后旗人无论官员及闲散家奴人等置买房地者，概令呈明该管佐领在两翼监督衙门纳税，并令步军统领会同顺天府尹不时稽察。如有隐匿旗籍，私赴大、宛两县纳税者，均以违制论，官员议处，闲散家奴鞭责发落。从之。

《清实录·高宗纯皇帝实录》卷之一千一百四十四，乾隆四十六年十一月十一日：

己酉，谕军机大臣等：民间私铸鸟枪，向有明禁，嗣因口外蒙古地方及内地民人防御盗贼，打取牲畜，不能无需用之处，是以降旨免其交官销毁，致滋烦扰，仍令编立字号，以备稽查。乃近阅各省招册及题奏案件，常有火器伤人、鸟枪拒捕之案，皆因各省督抚平日不能敕属实力查办，即编号稽查，出示晓谕，亦不过奉行故事，致任民间私行制造，而不逞之徒得以借端滋事。民间防夜打牲，可用器械甚多，至鸟枪乃军行利器，若听其公然铸造，私用无忌，殊非戢暴安良之道。着传谕将军、各省督抚、府尹，嗣后务须督敕各属，实力严查，毋许工匠私行铸造售卖，并令道府州县时于因公巡察之便，留心稽察，谆切晓谕，如有民间私藏者，即可随时缴销，总须不动声色，设法办理，此即不禁而自禁之法也。着将此各传谕知之，并将如何设法查办之处，于每岁年终汇奏一次。

《清实录·高宗纯皇帝实录》卷之一千一百四十六，乾隆四十六年十二月十四日：

壬午，谕军机大臣等：李侍尧覆奏，查禁民间私铸鸟枪一折。据称欲禁私藏，先严私造等语。此仍遵朕旨，为戢暴安良起见，各直省自应如此办理。但甘肃地方，番回与民人杂处，较之各省情形，迥不相同。该处番回蓄有鸟枪，以为打牲之用，由来已久，与蒙古之难以一概禁止者无异。此时该督等查办，果能将番回与民人鸟枪不动声色，一律全行查禁，固属甚善，番回与民人往往有争殴之事，第恐地方官奉行不力，转多滋扰。若将民间鸟枪查禁，则番回等恃有火器，起意侵侮，转开番回强横、民人懦弱之渐，不可不豫为筹虑。着传谕李侍尧，将现在该省查禁，是否能将番回与民人鸟枪一律销毁净尽，或势有不能，邻近民人所藏鸟枪，或可仍前听其收藏备用，以为守御身家之计，不必照各直省概令销毁之处，着李侍尧通盘筹划，悉心妥议具奏。至阿桂于该省情形，自能熟悉，着将此旨一并钞寄阅看，阿桂以为何如，将此各传谕知之。寻李侍尧奏：番回向以打牲为业，鸟枪在所必需，既难收销，番回既不能禁绝，若将附近居民火器收禁，则番回必致恃强逞凶。请嗣后将附近番回地方旧蓄鸟枪报官编号者，概免收销，其余各府州属，仍行禁止。得旨：如所议行。

《清实录·高宗纯皇帝实录》卷之一千一百四十七，乾隆四十六年十二月二十六日：

甲午，谕：伍弥泰、嵩椿奏称：接奉严禁居民私造私藏鸟枪谕旨，实心密查，将土默特两旗兵丁现有私枪尽数查出，编号刻记收存，并归化城之七库抡喇嘛徒众私存鸟枪俱皆销毁，永远不准私存等语。伍弥泰、嵩椿等所办竟属错谬。朕阅各省招册内常有火器伤人之案，因降旨禁止民间私存鸟枪，并非禁止满洲、蒙古，亦不准其私存。将军有操练兵丁之责，鸟枪乃兵丁利器，岂有反行禁止之理？况归化城尤非他省可比，而土默特、蒙古等俱以打牲为业，若将鸟枪俱行禁止，则于伊等打牲有碍，岂能行之事乎？即部文误行口外，伊等接到后亦应将难行之处陈奏，乃竟含混禁止，殊属非是。除将伍弥泰、嵩椿申敕外，着通谕各省将军、副都统等，伊等接得禁止鸟枪谕旨，兵丁所存鸟枪不得如是滥禁。

乾隆四十七年（1782 年）

《清实录·高宗纯皇帝实录》卷之一千一百四十八，乾隆四十七年正月十四日：

辛亥，上御奉三无私殿，赐皇子、皇孙、诸王等宴。

又谕：据闵鹗元覆奏查禁鸟枪一折，内称江南风气柔懦，鸟枪本稀，惟猎户有用以打牲者，枪细而长，火眼亦小，而力能及远，名为线枪，亦应一体敕禁等语。民间鸟枪伤人，自应实力查禁。据所称线枪一项，虽较为细小，但线枪即系鸟枪，装铁砂已能伤人，若改装铅锭，力量更大，并非仅可施之打鸟雀。此朕于行围时，皆素所御用深悉者。今闵鹗元将线枪与鸟枪竟分为二种，实系书生，未谙火器，揣度拘墟之见，实为可笑。着传谕闵鹗元，嗣后无论鸟枪、线枪，均须严敕地方官，一体实力查办，勒限收缴，不得以线枪借口打牲，无关轻重，徒为纸上空谈，遂尔意存玩视也。

《清实录·高宗纯皇帝实录》卷之一千一百五十五，乾隆四十七年四月二十三日：

己丑，上回圆明园。

署湖南巡抚李世杰奏：前奉谕查禁鸟枪，续又奉谕：苗疆地方，苗、猺各藏鸟枪，多属防身殪兽，无庸查办等因。查湖南省如干州、凤凰、永绥三厅，芷江、永顺、保靖、龙山、桑植、靖州、通道等七州、县，及辰谿、溆浦、黔阳、武冈、新宁、邵阳、常宁、酃县、零陵、祁阳、东安、道州、宁远、永明、江华、新田、郴州、宜章、兴宁、桂阳县，桂东、桂阳州，临武、蓝山等二十四州、县，苗、猺杂处，居住丛山深箐，防身殪兽，不得不带枪自随。至远陵、泸溪、新化、麻阳、会同五县，界连苗、猺洞寨，或野兽践食田禾，或打牲为业，鸟枪刻不可离，概请遵旨，毋庸查办。报闻。

乾隆四十八年（1783年）

《清实录·高宗纯皇帝实录》卷之一千一百八十九，乾隆四十八年九月二十二日：

庚戌，上自盛京启銮回京师。

又谕：据法灵阿奏，布噜特比伯尔克私行率领该处数百余户，由彼游牧，逃赴充巴噶什游牧，及见哈尔噶齐使人查问，竟抗拒抢掳人畜，因而出派弁兵前往追拿等语。法灵阿办理此案，殊觉冒昧。布噜特皆系打牲度日，与哈萨克相同，今虽率属迁徙，即作为逃窜，派兵追逐，已属过当。着传谕绰克托，此时已行抵乌什，令将布噜特比伯尔克查明迁徙缘由，若无他故，即遣人赶往安抚息事，将所派弁兵即行彻回；如系有意逃往他处生事，绰克托酌量可否办理情形，可息则息，可办则办，详悉筹划具奏。况布噜特等不过各处打牲游牧成习，即使迁徙，亦何必追拿，非内地回民可比。此时官兵追往，如业经就获，着即具奏办理，以示惩儆；若已经远扬，逃匿他处，亦不必深求。似此些须小事，原不值兴师动众，绰克托即遵旨酌量办理具奏。

是日，驻跸老边大营。

《清实录·高宗纯皇帝实录》卷之一千一百九十一，乾隆四十八年十月十八日：

丙子，上诣奉先殿行礼。

诣大高殿、寿皇殿行礼。

谕：据恒秀等奏，打牲乌拉佐领贵琛所买赏给之厄鲁特奴仆星古尔亲，携带伊妻西尔格并六岁幼子，偷盗马二匹、车一辆并斧锅等物，于本年八月二十六日脱逃，现在行知各处上紧缉拿等语。厄鲁特、星古尔亲逃走，不过在乌里雅苏台、科布多、库抡、喀尔喀四部而已，况系携带妻子坐车行走，查拿甚易。着交奎林、海宁、勒保等转敕喀尔喀四部盟长，各派贤能官兵一体严缉，俟缉获时审明，从重定拟具奏。

《清实录·高宗纯皇帝实录》卷之一千一百九十三，乾隆四十八年十一月十六日：

癸卯，谕：据勒保等奏，打牲乌拉佐领贵琛所买赏给之厄鲁特奴仆星古尔，亲携带妻子，偷盗车马逃走。接奉谕旨，上紧查拿，现敕喀尔喀四部各边卡及沙毕那尔诸鄂拓克上紧查拿等语。自黑龙江脱逃之厄鲁特等，必经由喀尔喀四部道路，如果派委才干兵弁于要路躧拿，断无不获之理。今在逃之厄鲁特，星古尔亲携带妻子车马逃走，查拿更易，着交勒保等通敕喀尔喀四部，派委才干兵弁严缉务获，俟拿获时即行审明，照例定拟具奏。着并交奎林敕各部落一体上紧缉拿。

乾隆四十九年（1784年）

《清实录·高宗纯皇帝实录》卷之一千二百一，乾隆四十九年三月二十一日：

丙午，又谕：据伊勒图奏，在伊犁地方永远枷号之魁亮，已经六年，痛悔罪尤，深知惧改，请旨可否释放长枷，今其在伊犁效力行走等语。从前魁亮令其所属之卡上厄鲁特等在卡外打牲，猝遇贼人，遽无踪影，而又捏报寻马未回，是以令在彼处永远枷号。但既经枷号六年，自知惧改，着加恩即照伊勒图所奏，准其释放枷号，留在伊犁效力行走，仍交伊勒图严行管束。其因遇贼遽无踪影之厄鲁特豁屯、阿勒塔海二人，究竟查获与否之处，着交伊勒图遇便奏闻。

《清实录·高宗纯皇帝实录》卷之一千二百六，乾隆四十九年五月十一日：

乙丑，谕军机大臣等：贼人屯聚马家堡，经官兵剿杀后仍退回堡内。看此光景，贼人既屯聚一处，不能四散劫掠，转属易于办理。此时李侍尧在靖远驻札，不过筹办粮草事务，可以委道员等代办，李侍尧当前往马家堡督率调度，较之刚塔一人在彼呼应更为得力。况盐茶监禁贼回家属俱已正法，其靖远内应回民亦经按名拘获正法，贼匪现退入山内，自不能复至靖远滋扰，即或拼命回扑，官兵正可就其出巢半路截杀，更易为力。现在贼匪所据马家堡前、左、右三面俱系深沟大河，官兵严密围攻，已如釜底游鱼，困守空山，食尽计穷，自不能长久占据。惟堡后靠山居险，防其别寻路径，或由山后逸出，该督等不可专意在前攻围，疏防后路，致贼人或乘间窜逸，将来虚劳兵力，围守空堡，竟成笑话。况马家堡地方想亦不甚广阔，所调西安、甘州等处官兵早已齐集，尽可四面围堵，将出路悉行截住，无难尽数歼除。此事最关紧要，李侍尧等尤宜加意留心也。至李侍尧办理地方事务，素称谙练，而用兵非其所长。现据伍岱奏明，暂留该处协剿。从前伍岱在西路金川屡着劳绩，曾为参赞大臣，于行军事宜最为谙习，朕所深悉，李侍尧正当委其领兵进剿。至贼人屯聚马家堡，亦不过与苏四十三之困守华林山情势相同，而贼巢中并无鸟枪火器，尤非撒拉尔之以打牲为业者可比。官兵箭枪齐发，贼人自不能支。但绿营施放鸟枪，往往未见贼众混行施放，一经胆怯，则准头必高。此皆由平时将领不能训练娴习，致临时缓急失宜。该督等务宜敕令带兵将弁，详悉晓谕各兵，以鸟枪弓箭原为杀贼而设，若未见贼面，先行远放，则交仗时转致火药尽而箭射完，无以抵御。如此开导，使知准头施放机宜，自更为得力。此时贼匪已成穷蹙之势，官兵若能迅速剿除，固属甚善。万一贼人尚敢负嵎抗拒，该督等又宜严守前后路径，转不必存急于完事之见，务将贼众围截严密，尽数剿拿，勿使一名兔脱。

是日，驻跸两间房行宫。

《清实录·高宗纯皇帝实录》卷之一千二百九，乾隆四十九年六月二十一日：

甲辰，谕曰：傅玉年老，不胜将军之任，着授为散秩大臣，暂留甘省，跟随阿桂、福康安剿贼效力，事竣时来京当差。所遗杭州将军员缺，着莽古赉调补。宁夏将军员缺，着嵩椿调补。现今甘肃正在需人之际，嵩椿即由彼处驰驿前赴新任。绥远城将军员缺，着乌尔图纳逊补授。察哈尔都统员缺，着积福调补。

军机大臣议奏：据库车办事大臣雅满泰奏称：各城打牲回民置买铅斤，行文经过地方查核等语。所办未免纷繁，嗣后请由各该大臣处领票购买，经过各卡稽察，毋庸行文。从之。

添设齐齐哈尔打牲总管衙门笔帖式四员，从黑龙江将军恒秀等请也。

命大学士阿桂、嵇璜教习庶吉士。

《清实录·高宗纯皇帝实录》卷之一千二百十，乾隆四十九年七月十五日：

戊辰，月食。

以打牲索伦总管额勒登布为黑龙江副都统。

《清实录·高宗纯皇帝实录》卷之一千二百十七，乾隆四十九年十月二十四日：

丙午，谕：据都尔嘉奏称：审拟拿获偷挖人参盗犯王世新，曾娶赫哲之女雅郎伊为妻，已生一女，请将王世新发往烟瘴地方枷号两个月，杖责发落，将其妻雅郎伊并三岁之女赏给有劳绩之兵为奴等语。所办殊轻，且未周到。偷挖人参盗犯王世新擅敢违例娶赫哲之女为妻，任意挖参，已经数冬，甚属可恶，若发至烟瘴地方始行枷号，则无以示惩，着将王世新即在吉林乌拉枷号一年，以示儆戒，俟满限日再发烟瘴。其妻雅郎伊并三岁之女，着照都尔嘉所奏赏给有劳绩之兵为奴外，至进官貂，赫哲、西贝钩任意将伊女雅郎伊给与偷参人犯王世新为妻，不得谓为无罪，着交都尔嘉将赫哲、西贝钩另行议罪具奏。

乾隆五十年（1785年）

《内阁大库档案》，乾隆五十年七月四日：

户部为内阁抄出黑龙江将军恒秀奏本年打牲人等捕捉进贡等第貂皮数目比上年较多一折，奉朱批：知道了。钦此。相应抄录清字原奏，移会稽察房。

《清实录·高宗纯皇帝实录》卷之一千二百三十五，乾隆五十年七月二十八日：

乙亥，谕曰：蕴端多尔济等奏：据赛因诺颜部落之璘齐尔玛卡台吉三都布报称，亲王齐巴克多尔济旗下图鲁蒙额等三人出卡打牲，窃俄罗斯马匹，经台吉三都布、佐领色拉布寻踪拿获。嗣俄罗斯密萨尔遣人诘问，三都布并未提及偷盗，将马匹给还，以示体面，办理错谬。

请将三都布革去，台吉齐巴克多尔济交部严加议处等语。所奏殊属过当。宵小乘间窃发，不能保其必无，该亲王旗下所属甚多，能遍行稽察耶？齐巴克多尔济毋庸交部议处。台吉三都布、佐领色拉布于该犯行窃，即能迅速弋获，又将马匹给还，颇为得体。着蕴端多尔济量加奖赏。

又谕：据永铎奏，伊勒图于本月初十日病故等语。伊勒图久任伊犁将军，办理蒙古、厄鲁特各处事宜，极为镇静，众部落亦甚输服。朕前闻伊患病，即命侍卫丰绅济伦持朕御用荷包等物前往赏给，并令伊弟萨哈苏带领御医驰往诊视。乃丰绅济伦未到之先，遽已溘逝，朕心轸恻。着由彼处库内赏银一千两料理丧事，即着丰绅济伦驰往奠醊。伊勒图本袭有云骑尉，着加恩晋一等伯世爵，令伊子哲臣泰承袭。所有应得恤典，照公爵例给予，以示朕轸念勋臣至意。

以乌噜木齐都统奎林为伊犁将军，伊犁参赞大臣永铎为乌噜木齐都统，正蓝旗汉军都统阿克栋阿为正白旗领侍卫内大臣。

《清实录·高宗纯皇帝实录》卷之一千二百四十五，乾隆五十年十二月二十五日：

庚子，孝庄文皇后忌辰，遣官祭昭西陵。

又谕：所有各省城将军、副都统等，每年俱轮班来京。若系将军一员、副都统二员之省分，每人相隔二年轮班一次；若系将军一员、副都统一员之省分，二人即相隔一年轮班一次，则限期急迫，自不免拮据。嗣后除将军一员、副都统二员之省分，仍着三员轮班来京外，若仅副都统一员者，仍照旧例，俟三年期满，来京一次。其余将军一员、副都统一员者，着将军来京后，相隔一年，再着副都统来京；副都统来京后，亦相隔一年，再着将军来京。将此通谕各省，一体遵行。调吉林副都统伍灵阿为齐齐哈尔副都统，以署镶黄旗蒙古副都统雅尔泰为荆州左翼副都统，吉林总管索柱为吉林副都统。

乾隆五十一年（1786年）

《清实录·高宗纯皇帝实录》卷之一千二百六十五，乾隆五十一年九月二十四日：

甲午，谕曰：绰克托着补授户部尚书，所有庆桂未到京以前兵部尚书事务，仍着福长安署理。

又谕：着传谕索住直隶大名道县衙役段文经、徐克展等，妄立邪教，纠集匪徒，将该道戕害，屡经严缉未获。索住所属打牲、乌拉等处，人夫冗杂，最易藏奸，今将该二犯年貌、原籍咨会，务严敕所属，留心访查，倘有可疑，即行盘究。再吉林地方，每年挖参，人夫丛集，现值放票之时，着都尔嘉一体留心，如能拿获，朕必奖励施恩。勉之。

《打牲乌拉志典全书》卷一，三品总管：

乾隆五十一年五月十三日，准都虞司咨开，据总管索柱专奏，自此打牲乌拉应进东珠、鳇鱼、拣选官缺三事，归吉林将军兼理，其别项差务并与将军画阅等事，实觉冗繁，请旨饬裁等因。军机大臣奉旨依议。钦此。

乾隆五十三年（1788年）

《清实录·高宗纯皇帝实录》卷之一千三百十二，乾隆五十三年九月十日：

戊辰，谕：据恒秀等奏，打牲处索伦田禾被鸦儿河水泛溢淹浸，生计维艰，请借谷接济等语。着照所请，将齐齐哈尔、墨尔根两处仓谷拨一万石借给，于明年钱粮内分限减半坐扣买补。

《内阁大库档案》，乾隆五十三年九月二十一日：

户部移会稽察房，内阁抄出打牲地方地亩被水冲压，兵丁借给口粮，钦奉清字上谕一道。

《内阁大库档案》，乾隆五十三年九月二十一日：

户部移会稽察房：黑龙江将军恒秀等奏，打牲副总管彰武岱兼袭云骑尉一折。

《打牲乌拉志典全书》卷一，三品总管：

乾隆五十三年，总管索柱病故。遗缺经吉林将军奏明，奉旨着放伊子郎中吉禄，食俸银一百三十两，养廉银二百两。

乾隆五十四年（1789年）

《内阁大库档案》，乾隆五十四年五（闰）月十五日：

阿扬阿暂署兵部印务，都察院左都御史题覆，应照例准年老手足腰胁残疾不能当差之打牲镶白旗公中佐领苏满原品休致。至该员曾得功牌，可否赏给全俸或半俸，以养余年之处，恭候钦定。

《内阁大库档案》，乾隆五十四年六月十日：

金简工部尚书署理户部尚书事务总管内务府大臣题覆乾隆伍拾叁年吉林、宁古塔、伯都讷、三姓、阿尔楚喀将军、副都统及打牲总管各衙门公务册造用过纸朱、布匹、祭祀等项银两，核算无浮，应准其开销。

《清实录·高宗纯皇帝实录》卷之一千三百三十三，乾隆五十四年六月十六日：

庚午，又谕：据都尔嘉奏，由抚顺解送私入围场、偷打鸟枪、采取木耳之李正元等人犯，有马甲张文通等给与委署领催李存等钱文，擅自回家，李存等复将犯人李正元、李克新疏纵脱逃，请将李存等从重治罪等语。此事大奇。委署领催李存等五人解送人犯，自应留心护送，无使逃逸。乃马甲张文通、赛音图阿克敦胆敢出具钱文，指称患病回家，而委署领催李存、马甲巴彦保胆敢受纳钱文，致将罪人纵放，皆属可恨。李存、巴彦保俱着拿送刑部，即不致定拟立绞，亦应照依吉林乌拉佐领张保拟定绞候，俟秋审入于情实。其出给钱文之马甲张文通、赛音图阿克敦，即着销去旗籍，发往伊犁。若折磨役使，委派苦差，尚须口粮，反于伊等有益。张文通、赛音图阿克敦至伊犁时，听其自便。余依议。至从前遇有解送人犯，曾屡经降旨训谕，务必善为照料，毋致脱逃。乃该将军、副都统并不以此为事，屡有疏纵人犯之案，今又给受钱文，致生事端，更出情理之外。都尔嘉、成策着严行申敕外，并着交部议处。所有脱逃之李正元、李克新，着严缉务获。将此遍谕东三省知之。

《清实录·高宗纯皇帝实录》卷之一千三百三十三，乾隆五十四年六月三十日：

甲申，谕军机大臣等：据勒保奏，西宁回匪聚众滋事，经官兵全行杀获，并搜捕余党审办一折。已交军机大臣会同行在法司核拟速奏矣。又另折奏，查出形迹可疑之回民马有成等二十四名，请将该犯等佥同家属发往云南、广西等省定地安插等语。马有成等虽名为改归旧教，而行踪诡秘，自非安分之徒，自应概行发遣，以示惩儆。第云南、广西等省近在内地，该处均有回民，或在彼又有煽惑，亦非所宜。已谕令军机大臣等于核议时改发黑龙江等处给索伦为奴，自较为妥协。

至该督奏称，甘省回民从前新教居其大半，自四十六、九等年大加惩创之后，改归旧教者固多，而狡黠之徒阳奉阴违，亦复不少，难保其不再生事端等语。因思回民旧教自必多于新教，其敕禁之后仍行暗习新教者，因查察甚严，不敢公然显露，而旧教中人见其行事各异，自无不知之理。何不乘此查办时，晓谕旧教回民，令其将仍习新教之人逐一指出，即可按名查缉，严行办理，以期永净根株。但须酌看情形，不动声色，密为妥办，毋得稍涉张皇。再，苏代原等各犯业经伤毙正法，其家属应行缘坐者，何以该督折内未经查明声叙？着即照例办理，毋少疏纵。将此谕令知之。

又谕：前经刑部以新疆遣犯人数众多，奏准少发该处。现在刑部定拟发遣各犯，已俱照此办理矣。但外省审办案件，有减死一等重犯，以及问拟军流人犯，情罪较重，不足蔽辜，从重办理者，仍多奏请发往新疆伊犁等处。此等凶恶匪徒，同在一处，聚集成群，难保无纠约滋事之患。且年复一年，人数日益众多，于该处地方及约束收管，均有未便。嗣后应将问拟发遣各要犯，分往吉林、打牲、乌拉及黑龙江之索伦、达呼尔、珲春等处，俾免徒不致日聚日多，方为妥协。着交刑部堂官酌定章程具奏，即行文各直省，令其一体遵照。

《内阁大库档案》，乾隆五十四年八月：

刑部移会稽察房山西司案呈，本月二十四日内阁抄出库伦办事大臣奏私出卡伦打牲之兵丁浑塔汗等拟罪清字一折等因。乾隆五十四年八月十七日奉朱批：知道了。钦此。

《清实录·高宗纯皇帝实录》卷之一千三百三十八，乾隆五十四年九月八日：

辛卯，又谕：据吉禄奏，本年雨水较多，松花江一带河水涨溢，打牲人等所种地亩多被浸淹等语。着交吉禄查勘被水情形，妥为办理，给与口粮，以资接济，勿使一夫失所，以副朕轸恤灾黎之至意。

又谕：据都尔嘉等奏，本年黑龙江等处口粮不敷，屯丁能否纳粮之处，俟查明另奏。又打牲索伦、达呼尔等谷亦歉收，请借给齐齐哈尔、墨尔根城两处仓贮谷一万石，以资接济等语。都尔嘉着即前往黑龙江所属地方，办理借给仓谷、接济口粮等事。其上年接济打牲人等谷石，毋庸展限补还，着加恩豁免，以示轸恤。

《清实录·高宗纯皇帝实录》卷之一千三百四十，乾隆五十四年十月三日：

乙卯，又谕：据内务府议奏，请粜与打牲人等口粮四千余石，以资接济。所粜银两，于明年秋季饷银内坐扣等语。本年六月，雨水较多，松花江、舒兰河水溢，打牲、乌拉等所种田地被冲，理宜接济。现在所需口粮，即照所请粜与，并着加恩赏给一半。其应扣一半银两，自明年秋季为始，分三年坐扣，以示体恤。

乾隆五十五年（1790年）

《清实录·高宗纯皇帝实录》卷之一千三百五十四，乾隆五十五年五月十四日：

甲午，谕军机大臣曰：永琅等查审清茶房外果房失火一折，据苏拉喜儿供，初十日晚间煮饭后忘熄余火，十一日早间风大，想是炉缝走烟，燎着后檐柱起火等因。请将掌果头目五十三、副头目明良斥革责处，掌仪司值年员外郎常惠交内务府议处等语。所办失之宽纵，禁城重地，理应格外小心防范，乃值年司员及掌果头目既日间在内办事，当此风日干燥时，于所管苏拉太监等漫不留心稽察，疏懈已极，不可不严行惩治。正副掌果头目五十三、明良斥革后再行严审治罪，员外郎常惠即应革职问罪，方足以示惩儆。永琅等审拟此案，何仅以交内务府议处斥责了事？太监朱贵既在一处居住，则该处苏拉太监等即其所管，朱贵不能约束，其罪较重，审明后自应发往打牲乌拉为奴。乃折内并未严讯，又复故为开脱，尤属非是。永琅、金简、舒文俱着传旨申敕，并着将指出情节严切根究，再照此旨定拟，不可稍有回护疏漏，致干咎戾。再此案尚有值年首领太监，折内亦未讯及，更为徇纵。至清茶房、外果房原属无关紧要，竟可不必建盖，着于西华门外官房内酌给数间，令伊等栖止，以备差使。又金简等另折奏编磬一项，先将广储司所贮灵璧石磬抵用柷敔琴瑟等，派员分投赶办，应如所奏。至编钟镀金既被薰灼，自应另为修整，但宁寿宫编钟经朕特用真金铸造，则干清宫一分亦当一律改铸金钟，着金简等按照旧式制办无误，应用。

《清实录·高宗纯皇帝实录》卷之一千三百五十五，乾隆五十五年五月二十日：

庚子，又谕曰：闻涛、喜儿系在果房值宿，失火延烧，实为此案首犯。太监朱贵尚以不能防范稽查，发往打牲乌拉，给与兵丁为奴。而闻涛、喜儿仅拟以发往黑龙江充当苦差，殊属失之轻纵。闻涛、喜儿均着发往黑龙江给与兵丁为奴，以示惩儆。

《清实录·高宗纯皇帝实录》卷之一千三百六十四，乾隆五十五年十月七日：

甲寅，谕：据乌雅勒达奏称，查明黑龙江各属地方收成分数，打牲乌拉之镶白等四旗齐齐哈尔地方田禾歉收等语。本年打牲乌拉之镶白等四旗齐齐哈尔地方田禾被旱，收成歉薄，未免乏食。着交都尔嘉确实查明，应行接济口粮、借给籽种之处，即行拨给具奏，勿使生计有失。

《清实录·高宗纯皇帝实录》卷之一千三百六十八，乾隆五十五年十二月十三日：

己未，又谕：据都尔嘉等奏，打牲索伦、达呼尔等马匹、牲畜频遇瘟灾，兼之田禾歉收，生计拮据，请将现在捕貂之丁役四千六百五十六名，各赏借银十二两，即将打牲地方牧养之滋生马匹变价充用等语。打牲索伦、达呼尔等均赖牧养马匹打猎为生，今值频年瘟疫，马匹、牲畜多有伤耗，加以田禾歉收，自应加恩量予接济。着照所请，每名各赏借银十二两，即将滋生驹马五百余匹全行变价，以为赏借之用。如有不敷，即于库贮谷价银两内动支。其应行赔补之倒毙马匹，并免赔补，以示朕轸念世仆之至意。

调镶白旗蒙古副都统保成为正白旗满洲副都统，以内阁学士玉保为镶白旗蒙古副都统。

乾隆五十六年（1791 年）

《清实录·高宗纯皇帝实录》卷之一千三百七十四，乾隆五十六年三月一日：

乙亥朔。谕军机大臣曰：勒保奏，拿获抢夺蒙古牲畜番贼，审明正法一折。林沁等均系边地番子，胆敢纠伙携带刀箭，在蒙古地方以打牲为名，肆行抢夺，实属凶顽可恶，自应严敕该管地方文武员弁，上紧查缉。何以该犯等于五十四年九月内犯案后，并未据该督具奏，直至本年二月内始行拿获，事隔一年有余？可见该督并不督敕所属，认真迅速查拿，殊属延玩。勒保着传旨申敕。至多尔吉沙木、格笼棍布，系伙同林沁在蒙古地方抢夺牲畜之犯，必须敕属严缉务获，毋使远扬漏网。况格笼棍布自系喇嘛，随同抢劫，尤属可恶，拿获后更当从重办理。再，折内所称索诺，本并非番语，想系索诺木之讹。该督庸劣幕友，不谙番语，将木字误添一画，以致错误。勒保于陈奏事件，何未留心检点耶？将此传谕知之。

《清实录·高宗纯皇帝实录》卷之一千三百七十六，乾隆五十六年四月十一日：

乙卯，谕军机大臣等：据保宁等奏，查看科布多、塔尔巴哈台所属情形，并将酌办缘由具奏前来。俄罗斯因停止交易，十分穷困，造言摇惑，岂遽有移兵至科布多、塔尔巴哈台之事？今已将萨迈林所告之语，并携来原书，咨问俄罗斯萨纳特衙门，想彼无言可答，不过推诿不知而已。保宁等既云查彼处情形似无此事，又请暂留本年伊犁换回兵丁，暂停应送内地马匹，并将哈什围猎，改由博啰塔拉、巴尔鲁克斋尔等处打牲行围，巡查哈萨克边界，征收税马官兵，较往年多派数百，早日起程，其筹划俱觉太过。朕意俄罗斯如果前来，仅此兵力，亦不足恃，莫若静以待之。再，所问俄罗斯之信，自有回音，彼时相机降旨，亦不迟误。

《清实录·高宗纯皇帝实录》卷之一千三百七十七，乾隆五十六年四月二十九日：

癸酉，又谕：昨审讯俄罗斯逃出土尔扈特喇嘛萨迈林，据供伊因迷失道路，遇打牲哈萨克掠卖与诺特海回子，随至俄罗斯鄂木城，意欲脱逃。有喀尔喀赛因诺颜部落之蒙古安达赉，告以俄罗斯聚众，欲袭取土尔扈特，并给俄罗斯字书一封，令其携出呈报等语。拉旺多尔济系赛因诺颜部落扎萨克亲王，现在驻札游牧，着传谕拉旺多尔济，查明安达赉有无父母妻子，并何时逃入俄罗斯之处，据实奏闻。仍谕令恒瑞一体详查。

《清实录·高宗纯皇帝实录》卷之一千三百八十三，乾隆五十六年七月二十七日：

庚子，谕：据都尔嘉等奏称，将打牲乌拉逃遣犯人曹志、吴世祐，吉林乌拉逃犯李春山、王大前后拿获，审明行查。吉林乌拉与各该犯姓名相符，俱经正法，请将拿获邻省逃犯之员给与议叙，兵丁等赏给银两等语。都尔嘉等拿获逃犯，审明正法，虽俱合宜，但因李春山二犯即行行查吉林将军，甚属过当，而究竟由何处拿获之处，亦并未声明。凡逃犯被获之时，多有赖词不肯以逃自认者，岂有无干之人而反以逃自认之理耶？且吉林乌拉之逃犯李春山等在逃之时，该处必咨行邻省，令其严缉，又何行查之有？都尔嘉等欲为精密而反至失宜，成何道理？外省将军大臣等往往如此。即如河南巡抚穆和蔺奏查办邪教回民周有一案，第称周有已经病故，而周有有无子孙及家口应如何办理之处，并未一言入奏。此等事件理宜详悉查办，而穆和蔺并不细心，都尔嘉等于逃犯李春山等不必深究之事而又如此过为用心，将军大臣等遇有事件，每致烦扰朕心，是诚何意？除将都尔嘉严行申敕外，并将申敕穆和蔺之谕旨一并钞寄都尔嘉等阅看，其拿获邻省逃犯之官兵等即照都尔嘉等所奏，将驿站官多庸萼交部议叙，兵丁四人每名赏给银五两。

《清实录·高宗纯皇帝实录》卷之一千三百八十六，乾隆五十六年九月八日：

庚辰，又谕：据嵩椿奏，旧有疮疾复发，不惟不能乘骑，步履亦觉痛楚，恳请解任回京调理等语。盛京将军职任最关紧要，现届打牲备祀之时，嵩椿既已抱病，即照所请，准其来京，俟陛见后，再降谕旨。盛京将军员缺，着琳宁调补。琳宁接任，俟打牲备祀一切事务完竣，遵照从前所降谕旨，来京陛见。琳宁所遗吉林将军员缺，着恒秀调补。恒秀接奉此旨，即将将军印信交该处副都统暂行署理，恒秀速即来京。

予故多罗贝勒宗室绵从致祭如例。

《内阁大库档案》，乾隆五十六年十月八日：

舒常、都察院左都御史题报大学士和珅等承办蒙古台吉打牲失火，赔偿追罚错误，照例降级。

《清实录·高宗纯皇帝实录》卷之一千三百八十八，乾隆五十六年十月十日：

辛亥，谕：据琳宁等奏，请接济吉林、宁古塔被灾旗人口粮，仓庄粮谷亦请展限交纳等语。今岁吉林、宁古塔偶遇霜灾，收获歉薄，甚属可悯，着照琳宁所奏，将被灾旗人加恩接济口粮。至兵丁等应交义仓官庄，屯丁等应交官仓额谷，着宽限二年完纳，民人应交钱粮蠲免一分，余亦宽限二年完纳，以示体恤至意。

《内阁大库档案》，乾隆五十六年十二月十四日：

工部移会稽察房打牲乌拉总管稽禄奏修衙署等工清文一折。

《清实录·高宗纯皇帝实录》卷之一千三百八十九，乾隆五十六年十月二十六日：

丁卯，又谕：现在剿办廓尔喀贼匪，索伦、达呼尔兵丁向为得力，着都尔嘉将呼伦贝尔兵挑选六百名，打牲兵挑选四百名，照例办给马匹路费。令呼伦贝尔兵从多伦诺尔行走，打牲兵从八沟行走，迅速到京。所有领兵官，现令海兰察拟定富里善等十四人，将名册交与都尔嘉，遵旨办理，即行起程。并严敕该管官员，沿途管束兵丁，毋令稍有滋事。

《清实录·高宗纯皇帝实录》卷之一千三百九十二，乾隆五十六年十二月十日：

庚戌，谕：打牲乌拉壮丁近日生齿日繁，伊等当差及养赡家口不无拮据，着加恩将每月食一两钱粮之打牲乌拉壮丁增添一千名，毋庸另加差徭，即着与原旧应役人等一体应役，以示抚恤。再，官员额少，约束难周，即将现在五品顶戴翼长二员作为四品虚顶戴，由骁骑校内添设五品虚顶戴委署翼长二员，由委署骁骑校、笔帖式内添设六品虚顶戴委署骁骑校二员，由领催珠轩、头目拜唐阿内添设委署官二员。

《清实录·高宗纯皇帝实录》卷之一千三百九十三，乾隆五十六年十二月三十日：

庚午，又奏：军机大臣议将蒙古边界番众归并西宁办事大臣兼管，应于生番内设立千户、百户、头目管束，令臣酌议。查循化、贵德生番居住深山，各就水草游牧，打牲插帐，搬移无定，与内地语言不通，从不肯入城见官。今欲设立头目传谕，则必躲避不前，若亲王其地，代为选择，又恐番性多疑，张皇惊扰。应请暂仍其旧，惟敕地方官广为化导，俾稍知法度，俟情意渐孚，然后将番众所钦服者赏给千户、百户职衔，责令管策。得旨：所见是，且此时亦无暇及此。

《打牲乌拉志典全书》卷一，五品委署翼领：

乾隆五十六年，乌拉总管吉禄召见面奏，请将五品翼领改为四品。以此添设五品委署冀领二员，由骁骑校内拣放。

《打牲乌拉志典全书》卷一，打牲丁：

乾隆五十六年，奉旨赏添打牲丁一千名，又续添打牲丁四十二名。

乾隆五十七年（1792年）

《内阁大库档案》，乾隆五十七年二月六日：

兵部移会稽察房，大学士伯和珅奏为杨膘子系发遣打牲乌拉地方给与兵丁为奴之犯，今由配所逃回，被兵丁韩福瑞瞥见往拿，该犯持刀拒捕，扎伤兵丁，实属不法，相应请旨送交刑部。

《清实录·高宗纯皇帝实录》卷之一千四百十一，乾隆五十七年八月二十四日：

庚寅，又谕：据都尔嘉奏，打牲乌拉齐齐哈尔地方，本年被旱，收成歉薄，请接济口粮等语。着照所请，自本年九月起，至明年七月止，按照户口接济口粮。其屯丁所欠谷石，着免其补纳，以示体恤。

《清实录·高宗纯皇帝实录》卷之一千四百十三，乾隆五十七年九月二十日：

丙辰，刑部议奏：洋盗案内拟发回疆及黑龙江为奴等犯，发遣后恐复为匪滋事，自应永远监禁。惟此等监满三年应发之犯，沿海各省多有，若概永远监禁，未免壅积。臣等酌议，请将案犯内情有可原，除犯罪在本年二月奉旨以后者，俱拟斩监候，永远监禁；其犯在定例以前拟发回疆及黑龙江等处人犯，改发黑龙江给打牲索伦达呼尔为奴监禁，已满三年者解部发遣，未满者限满发遣。从之。

乾隆五十八年（1793年）

《清实录·高宗纯皇帝实录》卷之一千四百三十八，乾隆五十八年十月三日：

癸亥，谕：据明亮等奏，黑龙江所属各处耕种米谷均属丰收，齐齐哈尔、打牲乌拉二处从前支借未缴谷石，请自明年起征，限作五年完缴等语。本年黑龙江所属各处耕种米谷虽俱丰收，但齐齐哈尔、打牲乌拉二处从前支借未缴谷石，若自本年立限令其缴还，伊等明年籽种、口粮等项未免竭蹶。着加恩将应行缴还谷十三万三千四百余石豁免一半，其余一半着自明年秋季起征，限作三年完缴，以示体恤之意。

《内阁大库档案》，乾隆五十八年十月二十一日：

兵部移会稽察房、齐齐哈尔打牲二处，应还米谷宽免一半等因，奉上谕一道。

乾隆五十九年（1794年）

《清实录·高宗纯皇帝实录》卷之一千四百六十，乾隆五十九年九月三日：

丁亥，谕：现在秋审官犯册内，吉林乌拉原任协领诺穆三，核其情罪，原系福康安、胡季堂、松筠审办之时，并未究出实在情节，拟以死罪。试思诺穆三祗一协领，乃伊家产，何至丰厚倍常？自因办理人参，侵渔入己所致。福康安等未将经案情节审讯得实，殊属草率。但念福康安前在军营颇为奋勉，现又有缉捕邪教、查拿私铸之事，松筠业经派赴西藏，胡季堂平日办事尚好，朕亦不加深究矣。若将穆诺三予勾无知之徒，或妄议伊罪，不至于死，以为负屈。况协领托蒙阿与诺穆三公同办事之人，托蒙阿已经发往伊犁，诺穆三虽拟绞候，并未离原籍，转似为侥幸。着加恩将诺穆三绞罪宽免，亦发往伊犁。朕办理庶务，权衡轻重，一秉至公，断不使稍有枉屈，亦不肯令获咎之人得以依恋故土，无所警惩也。将此通谕知之。

乾隆六十年（1795 年）

《清实录·高宗纯皇帝实录》卷之一千四百七十六，乾隆六十年四月十五日：

乙未，谕：前交各省大臣等，将民欠各项银两查明奏到时，经朕概行宽免。兹据舒亮查奏，自五十四年起至五十九年，因灾支借齐齐哈尔打牲旗下兵丁、黑龙江打牲官庄丁驿夫等，尚未缴完谷七万二千三百余石、银十万四千六百九十余两等语。着加恩概行宽免，以示朕体恤旗下世仆至意。

《清实录·高宗纯皇帝实录》卷之一千四百八十七，乾隆六十年九月二十一日：

己巳，又谕：据福长安等奏，审明舍尔图所控之事，分别定议具奏。舒亮、安庆身为将军、副都统，并不洁己奉公，胆敢任意勒索貂皮等物如许之多，甚属鄙陋不堪。舒亮、安庆着即行锁拿，交策巴克押解来京，交宗人府、军机处、刑部大臣等分别从重治罪。那彦泰迎合将军，授意舍尔图等，令其馈送如许貂皮，私凑银两，并胆敢借辞豫备出师，坐扣钱粮二千两，实属不法。那彦泰着即照所奏，定拟绞候。舍尔图职任总管，纵有屈抑之事，亦当遵例差人赴部院各大臣前控告，乃任意差遣齐三等于朕前越诉，甚属违法妄为。舍尔图着照福长安所请革职，发往伊犁，充当苦差。齐三、蒙库瑚、图灵阿听信舍尔图之言，即前来首告，实属冒昧，若仅拟枷号，不足以示警。齐三、蒙库瑚、图灵阿亦着发往伊犁，充当苦差。保宁现在前赴伊犁任所，着将舍尔图、齐三、蒙库瑚、图灵阿即交保宁押解，由该处带赴伊犁地方，严加管束。至从前用贱价采买貂皮，令跟随兵丁交纳皮张等事，皆系都尔嘉作俑，明亮复行效尤，甚属非是。除已经降旨将都尔嘉、明亮革职外，仍交该部衙门一并治罪。琳宁、恒秀虽仅将棚杆变价，貂皮系给价采买，然不能整顿积习，亦难辞咎。琳宁、恒秀着一并交部议处，余着照所请行。寻议：舒亮、安庆应照监临官吏强索所部财物计赃，准枉法论，仍从重照实犯枉法赃八十两以上律，拟绞监候，秋后处决。都尔嘉应照监临官吏低价买物计余利，准不枉法罪止满流律，杖一百，流三千里，从重发往伊犁效力赎罪。明亮应于都尔嘉罪上减一等，杖一百，徒三年，从重发往乌噜木齐效力赎罪。琳宁、恒秀应照溺职例，请旨革职。查恒秀前于另案革职，定拟绞监候，蒙恩释放，应请仍交宗人府圈禁，俟将旧欠官项银两缴清后，再行释放。得旨：舒亮、安庆依拟应绞，着监候，秋后处决。琳宁着即革任。明亮不必押解来京，着于路过乌噜木齐时，即留于该处效力赎罪。余依议。

又谕：现在舍尔图所遗打牲总管员缺，应于齐齐哈尔城协领内拣选人明白能办事者一员，交秀林、永琨二人商同拣选，照例保题引见补放。

钦差户部尚书福长安等条奏布忒哈打牲处事宜：一、向来打牲人丁应交貂皮，该总管拣员径解京城，后因索伦达呼尔改归黑龙江将军等管辖，将拣选贡貂奏改由齐齐哈尔城解送，贡面官员顺便解送热河，打牲官员不复解送，将赏赐银两即由齐齐哈尔城发给，解送官兵，伊等不得赏银，未免向隅。请嗣后将貂皮仍解齐齐哈尔城，令将军等公同拣选，按等编号，仍由打牲总管、副总管内派委一员，带兵十名，由驿解送热河，交总管内务府衙门，赏银即给打牲官兵，并由齐齐哈尔城官员内派员一同护送，敕该将军酌给帮贴银两。一、打牲地方每年所捕貂皮，全送齐齐哈尔城，于三十里许搭棚，将军等前往选看，棚内木植柳条官员收作柴薪，陋规已久，请嗣后令打牲总管等将貂皮送将军衙门，率协领等拣选存库，解送时再交解员，无庸搭棚验看。至打牲人等每年交貂会盟，俱将伊等妻子带来，且客商云集，伊等一年所用之物，全赖此次置买，应请照旧办理。一、数年来拣剩貂皮，将军等多以贱价购买，逐年滋弊。请嗣后拣剩貂皮，照例编号，尽数交该总管，听其售卖。愿卖者，准将军、副都统官员依时价购买。有贱价勒买者，以违例论，从重治罪。一、打牲地方殷实人等，现在将军、副都统衙门陆续挑取一百四十余名，作为随甲，为数太多。今酌定将军留二十名，副都统留十名，每年遇有行围及会盟之处，令其当差，余俱驳回本旗当差。得旨：据福长安等将打牲乌拉拣选貂皮旧例，改拟具奏请旨等语。但此内拟定由打牲乌拉殷实人家，出派将军跟随二十名，副都统跟随十名之处，尚不妥协。伊等游牧地方，去城较远，平日并不在衙门当差，不过每年行围阅兵之际，听候差遣，遂假借虚名，令伊等交纳皮张，成此恶习。所有此项跟随人等，均应裁汰，俟将军、大臣等行围之时，再由打牲乌拉人内暂挑数名，跟随操练。至平时福长安等所定将军跟随二十名，副都统跟随十名，俱着就近由齐齐哈尔城内挑取。所有远方城庄居住之人，着永远停其挑取。余照所奏行。

第五章　清仁宗嘉庆时期

嘉庆元年（1796年）

《清实录·仁宗睿皇帝实录》卷之七，嘉庆元年七月二十六日：

己巳，和琳奏：将鸦溪、大坡垄等处苗村、苗寨，逐加搜捕。所有归降之苗，及干州民逃避河溪者，妥为经理。现拟解散余匪，密筹彻兵，并设法进取平陇。又豫筹善后六条：一、清厘苗疆田亩，以杜争竞；一、归并苗疆营汛，以联声势；一、更定百户、寨长名目；一、分别修理城垣；一、收缴苗疆鸟枪兵器；一、安顿被难民人。上命军机大臣核议。又谕：和琳奏搜剿贼匪，抚集民、苗，所办俱好。惟收缴鸟枪一条，尚须斟酌。苗民向以打牲为业，恐未必能收缴净尽。此事仍交和琳酌筹办理，务臻妥善。至密筹彻兵，此时不可欲速。苗疆甫定，三厅要隘处，尚须兵力驻守。惟当将湖北、云南兵及患病疲乏者，先量为减彻。其有用之兵，不妨多留数万。俟大局完竣，再议全彻。总使有彻兵之名，无彻兵之实，方为妥善。寻军机大臣等议覆，均应如所请。从之。

《内阁大库档案》，嘉庆元年十二月十日：

刑部移会为大学士阿桂奏：为议覆浙江巡抚奏拿获洋盗吴纶等，审系听从在逃盗首老惠等在洋叠劫，业斩决枭示。洪缵、陈傅、叶昌宗三犯被掳，接赃一次，应照例改发黑龙江，给打牲索伦达呼尔为奴，余犯分别拟罪。

《打牲乌拉志典全书》卷二，采捕松子：

嘉庆元年八月十九日晓谕，于乾隆十九年十月内，准都虞司咨开，由内阁抄出，八月十三日，奉上谕：闻东三省每年所取松子、松塔，非将松树伐倒不能采取；若如此，竟将大树伐倒，不惟愈伐愈稀，尚与情理不合，实属可悯。将此着东三省将军总管，嗣后无论旗民采捕松子、蜂蜜，务须设法上树，由枝取下，不准乱行伐树，从此一体严禁。倘若借此差徭违禁，仍将树株伐倒者，准令封将军具实奏参等情。钦遵。晓喻在案。

嘉庆二年（1797 年）

《清实录·仁宗睿皇帝实录》卷之十七，嘉庆二年五月十二日：

辛亥，以三姓副都统额勒伯克为黑龙江将军，调黑龙江将军永琨为乌里雅苏台将军，以打牲乌拉总管吉禄为吉林副都统，调吉林副都统赛冲阿为三姓副都统。

《内阁大库档案》，嘉庆二年六月二十九日：

范宜恒户部尚书、镶蓝旗汉军都统题覆：嘉庆元年吉林、宁古塔、伯都讷、三姓、阿尔楚喀将军、副都统及打牲总管各衙门用过纸朱祭祀等银一千六百余两，及给过监犯柴薪等银二百余两，应准开销。

《清实录·仁宗睿皇帝实录》卷之二十二，嘉庆二年九月二十八日：

甲午，缓征齐齐哈尔、打牲乌拉、旗人应还仓谷。

《清实录·仁宗睿皇帝实录》卷之二十三，嘉庆二年十月二十二日：

丁巳，上问太上皇帝安。

谕内阁：内务府大臣将失火延烧之太监及失于稽察之总管首领太监等分别治罪一折。宫禁重地，该太监等不能小心看守，以致失火延烧，获罪甚重，本应照拟严办，朕仰体上天好生之德，量予从宽。所有原拟绞决之太监郝士通着改为应绞监候，秋后处决。原拟绞候之首领太监张士太、刘顺、王进禄着免死，发往黑龙江给索伦达呼尔为奴。原拟发遣之散众太监二十二名均着免其发遣。此内李从祥、孙天成二名系专管东暖阁之人，着重责四十板，发往吴甸铡草三年。张宽等二十名俱重责四十板，交总管分拨当差效力。至专管之总管太监顾进朝着革去总管，仍回瀛台，在太监上当差，并罚钱粮六年。总管太监萧得禄、张进喜、刘芳、佟玉明虽均系总管，究非专司，俱免其革去顶带，仍各罚钱粮四年，以示薄惩。寻又命军机大臣传谕刑部，将太监郝士通发往黑龙江给打牲乌拉索伦达呼尔为奴。

《打牲乌拉志典全书》卷一，三品总管：

嘉庆二年，奉旨吉禄着放吉林副都统，仍兼理乌拉总管事务，照总管任食养廉银二百两。

嘉庆三年（1798年）

《内阁大库档案》，嘉庆三年二月二十日：

福长安署工部尚书、正白旗满洲都统题覆吉林将军秀林请销宁古塔、伯都纳、三姓、阿尔楚喀、拉林、打牲、乌拉等六处嘉庆二年岁修衙署、仓库等工动用粜谷银两一案，核算有多用之处，应减银后准销。

《清实录·仁宗睿皇帝实录》卷之三十五，嘉庆三年十月二十三日：

癸丑，贷吉林被水打牲人口粮。

《内阁大库档案》，嘉庆三年十一月二十三日：

庆桂，兵部尚书、正蓝旗满洲都统、题报呼伦贝尔正白旗索伦骁骑校灵阿鼐，打牲正黄旗达呼尔骁骑校笃钦保，镶红旗索伦骁骑校忠锦察等，因年老患病，不能当差，应照例各准其原品休致。

《打牲乌拉志典全书》卷二，协领衙门　附金川、巴里昆、察哈尔兵：

嘉庆三年十二月二十一日，准户部咨开：为奏闻事，内阁抄出打牲总管吉禄奏，采捕东珠解送内务府查收一折。

嘉庆四年（1799 年）

《清实录·仁宗睿皇帝实录》卷之三十七，嘉庆四年正月十五日：

甲戌，申禁呈进贡物。谕内阁：朕恭阅皇考朱笔，有严禁内外大臣呈进贡物谕旨二道，圣训煌煌，垂诫至为明切。夫贡之为义，始于禹贡，原指任土作贡而言，并非崇尚珍奇，所谓不贵异物，贱用物也。我皇考颁谕敕禁，至再至三，只因和珅揽权纳贿，凡遇外省督抚等呈进物件，准递与否，必须先向和珅关白，伊即擅自准驳，明示有权。而督抚等所进贡物，在皇考不过赏收一二件，其余尽入和珅私宅，是以我皇考虽屡经禁止，仍未杜绝。试思外省备办玉、铜、瓷、书、画、插屏、挂屏等件，岂皆出自己资，必下而取之州县，而州县又必取之百姓，稍不足数，敲扑随之，以闾阎有限之脂膏，供官吏无穷之朘削，民何以堪？况此等古玩，饥不可食，寒不可衣，真粪土之不若，而以奇货视之，可乎？国家百数十年来，升平昌阜，财赋丰盈，内府所存陈设物件，充牣骈罗，现在几于无可收贮之处。且所贡之物，断不胜于大内所藏，即或较胜，朕视之直如粪土也。朕之所宝者，惟在时和年丰，民物康阜，得贤才以分理庶政，方为国家至宝耳。至应进土贡，原为日用所必需，如吉林、黑龙江将军，每年所进貂皮、东珠、人参，系该处所产之物。其他如川、广之药材，九江之瓷器，江、浙之绸缎，及徽、墨、湖笔、笺纸、茶叶、瓜果等项，原不外任土作贡之义，仍准按例呈进。所有如意、玉、铜、瓷、书画、挂屏、插屏等物，嗣后概不许呈进。至在京王公大臣，每年所得分例，尚不能敷当差之用，岂有余资，亦不许呈进贡物。若内廷翰林所录御制诗文册页，及自作书画等件，尚可呈进，断不许增入古玩。至各省盐政、织造、关差等，并无地方理民之责，其应交盈余银两，现令户部查明，方拟酌减，伊等办公，更可裕如。应进贡物，准其照例呈进。再年节王公大臣督抚等所进如意，取兆吉祥，殊觉无谓，诸臣以为如意，而朕观之转不如意也，亦着一并禁止。经朕此次严谕之后，诸臣等有将所禁之物呈进者，即以违制论，决不稍贷。特此明白宣示，通谕中外知之。

《清实录·仁宗睿皇帝实录》卷之五十六，嘉庆四年十二月二十四日：

丁未，又谕：朕恭阅皇考前降谕旨，曾将打牲乌拉东珠自乾隆四十六年至五十一年停采五年，至今又经十五年，不惟每岁劳苦采捞人等，又复多伤物命。朕仰体皇考好生至仁，其打牲乌拉采珠河着自明年起停采三年，以资长养。俟三年满后，由该将军等再行具奏请旨。当此停歇之际，交吉林、黑龙江将军等于水陆隘口安设卡伦，严行查拿偷采之人。此朕怜惜物命，并非珍爱其珠也。勿得仍任偷采，负朕爱物之至意。

《打牲乌拉志典全书》卷一，五品委署翼领：

嘉庆四年十二月二十四日，复经吉林副都统乌拉总管吉禄具奏，查乌拉所设官员，不敷差遣，仰祈天恩，请将由食俸之骁骑校九员内加添五品委署翼领二员，其旧有五品委署翼领二员，专管采捕东珠、蜂蜜、八旗事务；新添二员，着管捕鱼、八旗事务。

《打牲乌拉志典全书》卷一，六品委署骁骑校、章京：

嘉庆四年，复经吉林副都统、乌拉总管吉禄奏：乌拉官员仍不敷用，仰祈天恩，请由笔帖式委署骁骑校内，改添六品委署骁骑校二员。再，乌拉与吉林属界接壤，兵民掺居，虽出派笔帖式、领催等八名，委为章京，分为四路，巡查屯界，缉查盗匪，均系微末之员，遇有交传事件，难免不无贻误。请将此八员内，赏放六品顶戴委署章京四员等因。奉旨依奏。钦此。

嘉庆五年（1800年）

《内阁大库档案》，嘉庆五年三月：

工部移会稽察房，本部奏为打牲乌拉嘉庆四年分采捕东珠，于正额九百四十四颗之外核算，多得二千二百四十三颗，应行赏赉数目，可否仍照旧例赏给，或即照三、四两年减赏之处，相应恭请谕旨。

《内阁大库档案》，嘉庆五年八月二十一日：

布颜达赉户部尚书、总管内务府大臣、镶红旗满洲都统、步军统领题覆吉林将军秀林疏：嘉庆四年，吉林将军、宁古塔、伯都讷、三姓、阿尔楚喀副都统及打牲总管衙门用过纸朱等项，并给过监犯柴薪等银，核算相符，应准开销。

嘉庆七年（1802年）

《清实录·仁宗睿皇帝实录》卷之一百六，嘉庆七年十二月十六日：

甲寅，上以四川、陕西、湖广三省教匪全平，诣寿皇殿行礼。

举行本年军政，盛京将军所属卓异官五员、罢软官二员、年老官四员、有疾官三员、才力不及官二员，吉林将军所属卓异官二员、年老官二员、有疾官四员，江宁将军所属卓异官三员，福州将军所属卓异官一员、年老兼有疾官一员，荆州将军所属卓异官一员，西安将军所属卓异官四员、年老官一员，宁夏将军所属有疾官一员，广州将军所属卓异官一员，察哈尔都统所属卓异官三员、有疾官二员、年老兼有疾官二员，热河副都统所属卓异官二员，青州副都统所属年老兼有疾官三员，密云副都统所属卓异官二员、年老官一员，山海关副都统所属罢软官一员、年老官一员、有疾官二员，凉州副都统所属卓异官一员、罢软官一员、年老官一员，河南巡抚所属卓异官一员、才力不及官一员，山西巡抚所属年老官一员，稽察右翼、保定等五处大臣所属年老官一员，分别议叙处分如例。

命吉林副都统吉禄以副都统衔办理打牲乌拉总管事务，以参领达禄为吉林副都统。

《内阁大库档案》，嘉庆七年十二月二十九日：

不详。一、围内偷打牲畜、盗砍树株罪名，请量加改易，以严防守也。一、查前任围场总管阿尔塔锡第奏请围场印木外，四十里以内，查拿偷窃木植牲畜。一、拟杜贿纵，以免兵丁民获罪，以靖围场也。一、酌改解审贼犯地方，以免疏脱迟延，以省兵力也。一、酌拟地方官遇有失察偷围贼犯处分，量从宽严。一、酌拨暂为请借银两，交商生息，以贴差费等条陈事。

《打牲乌拉志典全书》卷一，三品总管：

嘉庆七年始二月十八日，内阁抄出，奉上谕；查吉禄奏称，伊母八旬，垦恩开除副都统之缺，专办乌拉总管事宜，以便侍养伊母等因。着准开去副都统之缺，仍办总管事务，俸银一百三十两，养廉银二百两。

嘉庆八年（1803年）

《内阁大库档案》，嘉庆八年一月十日：

兵部移会稽察房总管围场台奏：一、围内偷打牲畜、盗砍树株罪名，请量加改易，以严防守也。一、查前任围场总管阿尔塔锡第奏请围场印木外，四十里以内查拿偷窃木植牲畜。一、拟杜贿纵，以免兵丁民获罪，以靖围场也。一、酌改解审贼犯地方，以免疏脱迟延，以省兵力也。一、酌拟地方官遇有失察偷围贼犯处分，量从宽严。一、酌拨暂为请借银两，交商生息，以贴差费等条陈事。

《内阁大库档案》，嘉庆八年二月：

户部移：会稽察房经略额勒登保等奏，打牲索伦二次承袭官员，向不支食俸禄，请照呼伦贝尔之例，支给半俸，以资养赡一折。奉旨：该部议奏。钦此。

《清实录·仁宗睿皇帝实录》卷之一百十五，嘉庆八年六月二十一日：

甲申，又谕：那奇泰等遵奉部文，查奏打牲地方世职袭至二次，向不给俸一折。所奏甚是。前因额勒登保、德楞泰等奏，打牲地方世职初次承袭，给与半俸，袭至二次，即不给俸，请照呼伦贝尔世职之例，永远给俸等语。当交户部议奏。旋准户部奏，交黑龙江将军查核。兹据那奇泰奏称，打牲地方世职，除打牲外，别无差使，打牲乌拉承袭世职二次，向不给俸，呼伦贝尔地方与俄啰斯接壤，差使繁多，该处世职官与职任官一体常川巡查卡界，是以呼伦贝尔世职永远给与半俸，原系酌量二处情形、差使轻重办理，奉行已久，似应仍照旧例办理等语。是额勒登保、德楞泰所奏，系属例外乞恩，着交部仍照旧例办理。

《清实录·仁宗睿皇帝实录》卷之一百十八，嘉庆八年八月十五日：

丁丑，上御卷阿胜境，赐扈从王、公、大臣、蒙古王、贝勒、贝子、公、额驸台吉及外藩使臣等食。

谕内阁：木兰围场为上塞神皋，水草丰美，孳生蕃富。我圣祖仁皇帝肇举行围，着为令典。世宗宪皇帝在位十三年，虽未出口行围，曾特降谕旨，以后世子孙当习武木兰，毋忘家法。皇考高宗纯皇帝钦承世德，岁时秋，肄武习劳，绥怀藩服，垂训谆谆，万世所当法守。朕缵绍丕基，式循前典，上年即躬亲猎，今岁邪匪全平，诸事合序，又喜雨时若，年谷顺成。朕驻跸避暑山庄，藩部络绎来庭，近日气候晴和，正拟诹吉启銮，率领蒙古王公及八旗官兵以时讲武，行庆施惠。讵本月上旬，总管围场副都统韦陀保呈报，今年围内天气较寒，水涸草枯。当即派丹巴多尔济、孟住满、珠巴咱尔等前往查看。伊等遍历十围，察看各该处水草，虽不甚丰足，尚可驻营，惟鹿只甚觉寥寥。此必系韦陀保现因所管围场牲畜稀少，借水草为词，希冀掩饰卸责。即伊等前此节次所称拿获偷打牲畜各犯二百余名之多，亦未可尽信。即其言实，而已获者已二百余名，未获者更必加倍。彼时丹巴多尔济等覆奏，并经蒙古王公等合词恳请停止行围，朕总未允准。复派监放马匹之王大臣绵偱、绵懿、鄂勒哲依图、阿克栋阿带同韦陀保再往详查，令将实在情形迅速具奏。兹据绵偱等奏，遵旨前至永安、莽喀巴、颜锡纳、塔里雅图三围查看，竟未见有鹿只，与丹巴多尔济等所奏相符。

溯查乾隆五十七年以后，皇考驻跸热河，春秋增高，兼以连年雨水过大，屡次停围，自应生息蕃滋，倍加充牣。乃朕于上年行围时，鹿只已属无多，今岁竟至查阅十数围，绝不见有麋鹿之迹，殊堪诧异。闻近日该处兵民潜入围场，私取茸角盗卖，希获厚利，又有砍伐官木人等在彼聚集，以致惊窜远扬，而夫匠等从中偷打，亦所不免，是以鹿只日见其少。此皆由管理围场大臣平时不能实力稽查，咎无可逭。本应将韦陀保从重治罪，姑念伊到任未久，不即加以严谴，着交部议处。其现任之围场官员等，多系在彼年久之员，因循疏玩，一至于此，若不加以惩儆，则日复一日，围场几于旷废，尚复成何事体？着该部查取职名，按其在任年月，分别严加议处，并查明乾隆五十七年以后之历任该管大臣及官员等，一并严议。因思从前铁保曾经条奏，将围场偷盗牲畜罪名宽减，以致无所儆惧，冒干禁令者多。着军机大臣会同该部，将铁保所奏条例酌为改易，并将台费荫前此所奏围场一切章程未尽详悉之处，再行妥议。今岁围场中既无鹿只，业据王大臣及蒙古王贝勒等节次查明，朕若必执意行围，蒙古藩部等扈猎辛勤，无由献获，朕亦难加之旌赏，即揆之讲武肄劳，亦觉有名无实。此次姑允蒙古王公等所请，停止行围，非朕本意也。至今岁既已停围，该管围场大臣等经朕此番严敕，务宜倍加谨凛，实力稽查，严拿偷鹿人犯惩治。来年朕巡莅热河，必遵循前宪，于中秋节后，即启跸至木兰行猎，亦断不先期派员前往查看。如彼时鹿只较前增多，自当将该管大臣及官员等量加奖励，倘仍复稀少，必将伊等重治其罪，决不姑贷。所有此次豫备行围之蒙古官兵等，仍着减半赏赐。将此通谕知之。

《清实录·仁宗睿皇帝实录》卷之一百十九，嘉庆八年八月十六日：

戊寅，谕内阁：从前木兰围场牲畜蕃庶，上年朕进哨行围，即觉牲畜稀少，本年两次派王大臣并蒙古王贝勒等查勘。兹据该王大臣等覆奏，哨内牲畜实属短少，朕不得已暂停进哨。推原其故，或兵民人等偷采鹿茸，及樵牧人等惊散，牲畜远遁，更有偷猎等事，此皆历任管理围场大臣官员等因循怠忽，昨经降旨，将该管大臣官员等分别议处示惩。喀喇沁游牧与木兰相近，曾未闻该蒙古等有人私进哨内打牲者，可见该蒙古王公等平日管理严肃，可嘉之至。喀喇沁王满珠巴咱尔每年例应查哨一次，着满珠巴咱尔于每岁往查时，将牲畜多寡情形据实具奏。倘哨内牲畜仍前短少，或有民人偷猎等事，一经拿获，即将该总管韦陀保等一并参奏，断不可代为隐匿。

额勒登保奏：请将历年随同带兵之各省将弁一百一十四员，分别等第，下部议叙。得旨：允行。

《内阁大库档案》，嘉庆八年九月：

兵部移会稽察房。大学士庆桂奏：为遵旨将铁保所奏围场偷打牲畜条例酌为改易，亦将台裴音前此所奏围场一切章程未尽详悉之处再行妥议。

《内阁大库档案》，嘉庆八年九月：

刑部移会稽察房，奏为会议，请嗣后民人私入围场盗砍木植、偷打牲畜，俱不论赃数，审系初犯、再犯、三犯以上者，分别治罪。其潜入南苑偷窃畜木等项，请均照围场之例办理。

《内阁大库档案》，嘉庆八年九月八日：

刑部移会稽察房议覆：两广总督倭什布奏，遂溪县拿获在洋叠劫盗犯赖关生等，审拟治罪一折。此案盗犯赖关生等，既据该督于审明后恭请王命，先行斩决，毋庸再议外，郑世进等讯系服役后接赃一次，应照旧例发黑龙江，给打牲索伦达呼尔为奴。

《清实录·仁宗睿皇帝实录》卷之一百二十一，嘉庆八年九月二十一日：

癸丑，上御勤政殿听政。

谕军机大臣等：前据庆杰奏，哨内每岁冬令，有民人偷打牲畜，私卖牟利一折。现届冬令，着庆杰于十月内，带领热河兵丁百余名，会同韦陀保进哨，迅为巡查。倘查有偷打牲畜之人，严行拿获，照新定条例办理，不可草率塞责。

《内阁大库档案》，嘉庆八年十一月二十日：

刑部移会稽察房。刑部议奏两广总督倭什布奏拿获在洋叠劫盗犯陈得义等一案。陈得义既据先行斩决，传首枭示，毋庸再议外，廖火生讯系被掳服役，又接赃一次，并未值同上盗，应如所奏，发黑龙江给打牲索伦达呼尔为奴。

《清实录·仁宗睿皇帝实录》卷之一百二十四，嘉庆八年十二月二日：

癸亥。

又谕：兵部议奏韦陀保请将围场兵丁所存鸟枪查出贮公，并令各地方官于附近村庄查收鸟枪等因一折。八旗兵丁有操演巡防之责，所用鸟枪皆系官为制给，若防其偷打牲畜，遂尔概行收贮，势必不能勤加习练，技艺生疏，殊属因噎废食。设有兵丁用箭，偶射鹿只，即将各营制所备弓箭全行收缴，有是理耶？至民间私藏鸟枪，原干例禁，而附近山林村庄，其居民或制备鸟枪以防猛兽，或借御暴客，定例报官编号，准其留用。此时因严禁民人偷鹿，即将伊等所用鸟枪尽数查收，而蒙古等皆以鸟枪打牲为业，万一居民向其借用，又安能将蒙古所用鸟枪逐一查禁乎？是欲杜偷鹿之弊，惟在严查围场附近地方，毋许开设店铺，收买茸角等项，使不能寄迹消赃，奸民无利可图，可不禁而自绝矣。所有查收八旗兵丁鸟枪，着韦陀保即行发还，俾资操习巡防。

命礼部右侍郎王懿修提督顺天学政，以内阁学士关槐署礼部右侍郎。

添设阿克苏笔帖式一员，从办事大臣托津请也。

嘉庆九年（1804年）

《清实录·仁宗睿皇帝实录》卷之一百二十六，嘉庆九年二月十三日：

癸酉，谕军机大臣等：那彦成奏，筹办齐齐哈尔事宜一折，并条列六款进呈。朕详加披阅，如所请。嗣后内地民人有来黑龙江贸易者，准其携眷居住，种地谋生。屯丁之放出为民者，亦准其安居乐业，不必逐出境外一款，事不可行。东三省为根本重地，原不准民人杂处，致碍旗人生计。是以内地贸易之人，不许在彼居住谋生，如有私自逗遛，尚当驱逐出境。昨因山海关等处出口人多，曾降旨定立章程，严行稽察，岂可执通商致富之说，转令内地民人前赴黑龙江居住谋生，听其自便乎？若云准令汉人居住，则地方富庶，兵力可以勇健，亦无此理。东三省旗人以弓马为本务，每日勤加演习及捕打牲畜，兵力自臻骁健。设与汉人相处，必致沾染气习，渐流懦弱。今黑龙江之兵胜于吉林，而吉林又较胜于奉天，可见强兵之法不在通商，此其明验也。又据称：嗣后黑龙江等处，自副都统至协领、佐领等官，本处旗人只用一二人，其余皆以京员及盛京、吉林旗员升调一节。将军、副都统有统辖阖营之责，自当简用京员。前因副都统额勒珲、达斯呼勒岱均系该处旗人，办理诸务，恐有瞻顾，是以降旨将斌静调为齐齐哈尔副都统，伊铿额调为墨尔根副都统。至协领、佐领等官，即为各该营官等升转之阶。外省驻防，皆系以本处旗人升调，营制有常。若黑龙江一处改用他处之人，势必将各省驻防一律照办，亦未免事涉更张，断不可行。至于把持勾结之弊，惟在该将军、副都统等洁己奉公，留心管束，自可潜消积习。岂属员尽用他处旗人，遂能经久无弊乎？以上二款，应无庸置议。惟据称该处田土多旷，屯丁日贫，自当妥为调剂，或于该处屯丁子弟内，或于发往罪人内，酌给籽种、牛具等项，责令开垦，以期土无遗利，人有恒业，方为尽善。至所称每丁领牛一只，须交粮二十五仓石，而官员子弟及兵丁之不领牛只者，一任种地之多寡，并无升斗之粮，以致富者日富，贫者愈增积欠，此则太觉偏枯。亦应将官员及丰厚之户承种地亩，立定限制，不准私行开垦。着观明会同宜兴体察情形，酌立章程，总当使旗人等均沾乐利，期于行之可久。并将那彦成所奏请添给新官庄牛只、倒毙银两及请减额粮等款，一并详悉妥议，用汉字折具奏，候旨遵行。再，据那彦成面奏，黑龙江兵丁有不能骑射者。该处兵丁素称劲旅，岂可废弛骑射至此？并着观明随时查察，务令娴习为要。将此谕令知之。

改授吐鲁番领队大臣蓝翎侍卫玉衡为四等侍卫，以宗室向无蓝翎故也。

《内阁大库档案》，嘉庆九年七月：

吏部移会稽察房总管内务府所属张家口牛羊群值年主事安灏、笔帖式强贵，期满即请照例升用。又查打牲乌拉仓官一员，三年期满以主事升用，殊觉过优，嗣后该处仓官年满以六品职衔委署主事，先令学习行走。

《清实录·仁宗睿皇帝实录》卷之一百三十五，嘉庆九年十月十八日：

癸酉，上诣时应宫拈香。

赈黑龙江墨尔根打牲乌拉等处被水灾民。

《内阁大库档案》，嘉庆九年十一月二十三日：

不详。臣等议得，据福建巡抚李殿图奏称，拿获蔡牵帮盗伙周镄等三十名，除周等十犯该抚等于审明后恭请王命先行正法外，谢仪等应如该抚所奏，照例发黑龙江给打牲索伦达呼尔为奴，陈朝壮等俱照例杖一百，徒三年。

《清实录·仁宗睿皇帝实录》卷之一百三十七，嘉庆九年十一月二十八日：

癸丑，上御干清门听政。

贷黑龙江、墨尔根、齐齐哈尔、打牲乌拉等处被水旗民粮石。

《内阁大库档案》，嘉庆九年十二月九日：

刑部移会稽察房。刑部议覆：应如两广总督倭什布等奏拿获叠次在洋劫掳盗犯赖复传等一案，叶有盛系被胁服役，接递赃物一次，并无随同上盗情事，合依例发黑龙江给打牲索伦达呼尔为奴，照例刺字。

《打牲乌拉志典全书》卷一，仓官：

嘉庆九年十二月，内复准总管内务府汉文内开军机大臣议奏：查打牲乌拉仓官，三年任满，未免过优。自此改为五年一任，如果差务奋勉，将该员照例报送都京以主事升用等因。具奏。

嘉庆十年（1805年）

《内阁大库档案》，嘉庆十年七月：

刑部移会稽察房，本部议覆：应如两广总督那彦成等奏，在洋叠次劫掳盗犯黄喜逢等，依例立斩枭示。何亚严等四犯，依例发黑龙江，给打牲索伦达呼尔为奴，照例刺字。

《清实录·仁宗睿皇帝实录》卷之一百五十，嘉庆十年九月八日：

丁巳，缓征齐齐哈尔、打牲乌拉、黑龙江三处旗屯驿户旧借口粮。是日，驻跸沙河所御营。

《内阁大库档案》，嘉庆十年十二月：

刑部移会稽察房，议覆广东巡抚孙玉庭奏：关亚全被胁服役，在洋迭次劫掳，依例发黑龙江给打牲索伦达呼尔为奴。龙亚应被掳服役例，杖一百，徒三年。逸盗冯亚七等严缉务获。

《打牲乌拉志典全书》卷二，采捕蜂蜜：

嘉庆十年五月二十九日，准都虞司咨开：打牲乌拉每年盛装蜂蜜，需用官猪皮一百张，将蜂蜜解送到京。用过旧猪皮在武备院更换新猪皮在案。当因武备院缺少，应进之处尚未解到，将此通融办理。该处差员、委官，仍将旧猪皮持回，以俟明年解到蜂蜜时，再行照数发给可也等情。来文一件。

嘉庆十一年（1806年）

《内阁大库档案》，嘉庆十一年四月：

兵部移会稽察房。大学士庆桂奏：此次应挑侍卫拜唐阿大员子弟，内有打牲总管吉禄之子玉福等四员。查打牲乌拉内务府之人，其子弟并无挑取八旗侍卫拜唐阿之例，玉福等似毋庸调取来京。

《内阁大库档案》，嘉庆十一年五月十一日：

刑部移会为奏议两广总督吴熊光奏：拿获在洋叠次劫掳盗犯杨亚七等，恭请王命，先行斩决，同病故之张维焕戮尸，一并传首枭示。邱广训等十二犯，讯系被掳服役，逼胁接赃，应如该督所奏，依例发黑龙江给打牲索伦达呼尔为奴。

《内阁大库档案》，嘉庆十一年九月：

兵部移会稽察房。两广总督吴熊光等奏：贼匪梁亚生等三犯叠次在洋劫掳，均合依例立斩枭示。陆亚元等二犯讯系被掳服役，逼胁接赃一次，均依例发黑龙江给打牲索伦达呼尔为奴，照例刺字。

《清实录·仁宗睿皇帝实录》卷之一百六十八，嘉庆十一年十月十三日：

丙戌，免齐齐哈尔、黑龙江、墨尔根打牲乌拉被霜灾民应征粮石，仍给七月口粮，并缓征旧欠粮石。

《清实录·仁宗睿皇帝实录》卷之一百六十九，嘉庆十一年十月二十九日：

壬寅，又谕：据观明覆奏，黑龙江地方情形，兵丁不宜添演长枪，请旨一折。所奏甚是。东三省兵丁，专以打牲为业，骑射鸟枪等技，本自精熟，虎枪素练习，若令与绿营兵丁一体兼学长枪，转致误其马上技艺。所有盛京、吉林、黑龙江兵丁，均着毋庸兼习长枪，仍着照旧演习弓箭、鸟枪及一切马上技艺，务使益臻精锐。

嘉庆十二年（1807年）

《内阁大库档案》，嘉庆十二年三月十日：

刑部移会稽察房，为议覆广东巡抚孙玉庭奏拿获海洋叠劫盗匪罗亚先等一折。此案罗亚先业经恭请王命，先行正法，毋庸议外，乔亚晚等应如该抚所奏，依例发黑龙江给打牲索伦达呼尔为奴，照例刺字。

《内阁大库档案》，嘉庆十二年四月十五日：

明亮，兵部尚书、镶白旗汉军都统。题报黑龙江打牲索伦食半俸总管逊多保，因年老耳聋眼花，不能当差，应照例准其原品休致。至该员曾经出征受伤，得有功牌，现年六十八岁，可否赏给半俸？

《内阁大库档案》，嘉庆十二年八月：

户部移会稽察房为黑龙江将军观明奏协领格恨德尔补放打牲总管一折，钦奉清字，朱批谕旨：着照所请。

《内阁大库档案》，嘉庆十二年九月三十日：

刑部移会稽察房，应如福州将军赛冲阿所奏，续获从逆逸匪林喜一案，陈守一犯被掳在船服役，并无同逆上盗情事，应发黑龙江给打牲索伦达呼为奴，照例刺字。

《清实录·仁宗睿皇帝实录》卷之一百八十六，嘉庆十二年十月十六日：

甲申，月食。

贷黑龙江打牲乌拉、齐齐哈尔、旗民口粮，并展缓应还粮石。

拨龙江西新关税银十万两，解赴江苏备赈。

赈江苏阜宁县被水灾民，并蠲缓盐城、东台、武进、阳湖、江阴、宜兴、荆溪、金坛、溧阳、阜宁、清河、桃源、宿迁、海十四州县新旧额赋米麦有差。

嘉庆十三年（1808年）

《内阁大库档案》，嘉庆十三年正月：

兵部移会稽察房。两广总督吴熊光等奏：新安县于大鹏洋面拿获海洋叠次劫掳之杨亚汤即杨亚通，殊属不法，合依江洋行劫大盗立斩枭示例，立斩枭示，请旨即行正法。谢亚受等讯系被掳服役后被胁，各在本舡接赃一次，依例发黑龙江给打牲索伦达呼尔为奴。

《内阁大库档案》，嘉庆十三年二月二十三日：

费淳，大学士，管理工部事务。题为嘉庆十二年分打牲乌拉上三旗采获东珠，分别等第，行文下五旗各王贝勒等，自行照例赏给。

《清实录·仁宗睿皇帝实录》卷之一百九十六，嘉庆十三年闰五月二十二日：

丁亥，以打牲乌拉总管富僧额为察哈尔副都统。

嘉庆十四年（1809年）

《内阁大库档案》，嘉庆十四年六月：

刑部移会稽察房。刑部议奏闽浙总督阿林保奏拿获从逆伙盗赖尚及在洋行劫接赃服役各犯审明治罪一案，吴纶等十四犯讯止在本舡接赃一次，均照例发黑龙江给打牲索伦达呼尔为奴。

嘉庆十五年（1810年）

《清实录·仁宗睿皇帝实录》卷之二百三十一，嘉庆十五年六月二十九日：

壬子，谕内阁：百龄奏生擒积年巨寇乌石二等首伙各犯，并帮匪带船投诚，及盗首东海霸等悉数乞降，海洋肃清一折。披览之下，敬叩天恩考佑，实深欣感。粤省盗匪在洋面肆劫已非一日，百龄自简任后，实心经理，振作有为，严禁口岸，杜绝接济，贼匪无处觅食，日形穷蹙。前此纷纷投诚已有数万，惟西路乌石二等心持两端，仍行抗拒，经百龄备造船只炮位，派拨官兵分路兜剿，百龄虽未身临前敌，而亲赴西路督敕舟师，纪律严明，将弁等畏其声望，无不踊跃用命。此次兵船在儋州洋面追及乌石二等匪船，童镇升、黄飞鹏等即挥令连环攻击，经首民张保认定，乌石二坐船奋勇逼拢，首先跳过，将该逆生擒。副将洪鳌、署都司胡佐朝、委员花东苑、周飞熊等将盗首乌石三及贼目郑耀章等擒获。其乌石大一船，经孙全谋一意专注，亲率弁兵过船，又将该逆生擒，并擒获各犯共计四百九十名。乌石二等在洋游奕，日久稽诛，今罪恶贯盈，已按名俘获，百龄于讯供后，即将该逆等予以寸磔，实足以彰国宪而快人心。此外临阵投出者计三千二十余名，又东海霸股匪三千四百余名，亦恐惧乞降。粤洋著名大股盗匪，除投首外，均已悉数歼除，全省洋面一律荡平，允宜特沛殊恩，用昭懋赏。百龄着加太子少保衔，赏戴双眼花翎，给予二等轻车都尉世职。童镇升着赏戴花翎，给予云骑尉世职。韩崶、黄飞鹏着赏戴花翎，交部议叙。随同办事之道员温承志着赏给按察使衔，并赏戴花翎。朱尔赓额着赏戴花翎，交部议叙。藩司曾燠、臬司陈若霖亦着交部议叙。孙全谋着赏戴花翎，以游击超升。副将洪鳌、署都司胡佐朝俱赏戴花翎，交部议叙。委员花东苑、周飞熊俱着赏戴蓝翎，交部议叙。千总顶带张保着赏戴花翎，以守备超升。并着将此次在事出力官弁查明，分别等次保奏。其兵丁内尤为出力者，亦着查明保奏。其稍次出力者，赏给一月钱粮，以示奖励。至现在投出之盗首东海霸及贼目财富等十二名，百龄请照洋盗案内免死本罪，发往黑龙江给打牲索伦达呼尔为奴，实属罪所应得。但念东海霸久有归诚之意，因被乌石二等挟制，不能及早登岸，其情尚有可原，加恩免其发遣，递籍安置，用示法外施仁之意。并着百龄宣谕东海霸等，以伊等在洋肆劫，积年稔恶，即使畏罪乞降，尚应贷死远戍。今蒙逾格天恩，并将遣罪一并宽免，尔等更当倍加感激，回籍后安分守业，勉作良民。倘敢稍生事端，必当从重严惩，不能再为宽宥也。现在洋面业已肃清，该督等仍当整敕营伍，振兴吏治，俾闾阎各安生理，渐返淳风，不得以巨憝已除，稍存懈忽。将此通谕中外知之。

《清实录·仁宗睿皇帝实录》卷之二百三十三，嘉庆十五年八月五日：

调乌里雅苏台将军、正白旗汉军都统观明为盛京将军，以前任广州将军庆溥为乌里雅苏台将军兼正白旗汉军都统。调齐齐哈尔副都统灵泰为盛京副都统，以打牲乌拉总管苏清阿为齐齐哈尔副都统。

准汉军前任知县舒展重赴鹿鸣宴，并赏六品顶带。

拨奉天运京小米二十万石，并敕户部筹拨近省银三十万两，赈直隶被水灾民。

《内阁大库档案》，嘉庆十五年十月二十二日：

明亮协办大学士兵部尚书题覆：黑龙江打牲正红旗食半俸公中佐领雅木布哈老病，应照例准其原品休致。至该员曾经出征打仗，杀贼受伤，得有功牌，可否赏给原食半俸？

嘉庆十六年（1811年）

《清实录·仁宗睿皇帝实录》卷之二百四十七，嘉庆十六年八月十六日：

壬戌，上自避暑山庄启銮，幸木兰。

缓征吉林打牲乌拉被水兵丁应纳仓谷。

是日，驻跸中关行宫。

《内阁大库档案》，嘉庆十六年八月十六日：

户部、山东司内阁抄出打牲总管奏沿河地亩被冲，请接济口粮。又吉林将军奏打牲兵丁应交谷石，奉上谕：六月间吉林地方江水涨发，收成失望，着将本年应交谷三百八十四石分年带征。又奏短放参票并动用参余银两覆奏。

《内阁大库档案》，嘉庆十六年八月：

户部移会稽察房。吉林将军赛冲阿奏：打牲乌拉八旗原设义仓官地，每年应交谷石现有被水，兵力不无拮据，请准将本年应交谷石于嘉庆十七、十八等年分作两年带征。

嘉庆十七年（1812年）

《清实录·仁宗睿皇帝实录》卷之二百五十四，嘉庆十七年二月十三日：

丙辰，遣官祭黑龙潭昭灵沛泽龙王之神，玉泉山惠济慈佑灵濩龙王之神。

谕内阁：工部奏，议给吉林等处采捕东珠赏项，请照旧例区别办理一折。吉林等处采珠官员、领催等，向以得珠多少定为赏罚，总管、翼长、骁骑校合计各珠轩所得总数核算，领催各按旗分内所得之数核算。定例本有区别，近年笼统交收，不分旗分，领催等亦按总数均匀得赏，殊非核实之道。除此次已就总数拣选，即按数均匀分给赏项外，嗣后吉林等处解交东珠，着该将军各按旗分将所得之珠分析封记，并将领催等各按旗分造册送部，以凭核计，分议赏罚。其嘉庆三年以后酌减三成赏项之案，亦着查销。至此次赏项，朕阅单内所开，共享彭缎七十二匹，潞绸二百十六匹，毛青布三千三百余匹。近日外省制解此等缎绸、布匹，多以下劣充数，该官员、兵丁等领受赏项为数孔多，俱不能适用，仍不过贱价变卖，孰肯长途携带，转縻运费？非所以示体恤，自应量为变通。所有此项赏需之彭缎、潞绸、布匹等项，着内务府核计应给之数，各按例价折赏银两，俾伊等均沾实惠。其缎匹等件，每岁所需既少，即可减数采办，并着交内务府详细确查，如有似此可以折赏者，一并核议具奏。

《清实录·仁宗睿皇帝实录》卷之二百六十三，嘉庆十七年十一月四日：

癸酉。

缓征吉林、三姓、宁古塔、打牲乌拉本年霜灾旗民银米仓粮，并贷兵民口粮有差。

缓征江西万安、泰和、庐陵、新淦、清江、南昌、新建、丰城八县本年被水地亩额赋。

嘉庆十九年（1814 年）

《清实录·仁宗睿皇帝实录》卷之二百九十六，嘉庆十九年九月五日：

壬辰，缓征吉林打牲、乌拉、鄂莫和、毕尔罕、法特哈、舒兰、永智社六处水灾，应征新旧仓粮并给房屋修费有差。

嘉庆二十年（1815 年）

《清实录·仁宗睿皇帝实录》卷之三百四，嘉庆二十年三月六日：

壬辰，谕内阁：晋昌等奏审明已革佐领乌尔图伙同贼犯谋害防御，海宁阿从严定拟一折。此案于上年十一月内据晋昌等奏坐卡章京捏禀舞弊等情，朕即以贼犯黄帼有偷砍木植，乌尔图既系知情，其所报海宁阿患病外出，不知去向，焉知非卡员等伙同作弊，海宁阿一人独不肯染指，致遭谋害，与从前王伸汉谋死李毓昌情事相类。当敕该将军等务查海宁阿实在下落，勿任稍有枉纵。续据该将军等讯出，海宁阿于乌尔图私带贼犯曾有欲行禀揭之事，乌尔图到案供词犹复狡展，复经朕降旨将晋昌等审办此案失之宽缓，严行申敕。兹据该将军等讯明，乌尔图于上年派充坐卡总巡，行至叆阳边门，即商同黄帼有私带贼犯樊十等出边打牲，并私宅人参，出边后坐卡防御，海宁阿屡向不依。嗣又将乌尔图纵令出边之黄帼有、张得占等拿获，不允赎放，乌尔图遂与樊十商同诱令海宁阿同赴江边钓鱼，乘其不备，樊十点枪将海宁阿立时打毙，卓青阿、黄帼有帮同抬尸抛弃江中灭迹。其与王伸汉谋害李毓昌一案情节相似，骸骨漂流更为惨酷，果不出朕所料，可见听讼必须细心。设竟如晋昌等初奏颟顸率结，使正凶漏网，奇冤莫雪，成何事体？乌尔图身系职官，伙同贼犯越边偷窃，已行同盗贼，因海宁阿持正不依，遂商同致毙。樊十本系贼犯手戕职官，该二犯情罪重大，俱着即行处斩，于行刑时先重责四十板。樊十并着枭首江干示众。乌尔图之子不论几人，俱着发往伊犁，以示重惩。黄帼有先有划破海宁阿脚心之语，已有谋害之心，卓青阿虽曾将人命事大之言向乌尔图劝阻，然仍持竿赚海宁阿至江边钓鱼，后复帮同弃尸。该二犯均属同谋加功，着即照谋杀人从而加功律，问拟绞监候，赶入本年秋审情实。其余罪名，着军机大臣会同行在刑部再行核议具奏。海宁阿以防御微员，于佐领乌尔图纵贼出边，屡加阻斥，其拿获黄帼有等之后，不肯徇情赎放，乌尔图分给马匹，又拒不收受，并备呈欲行控揭，守正不阿，以致被害，实堪嘉悯。海宁阿着加恩照三品参领阵亡例，给予恤典，并着该将军查明伊现有几子，或无子嗣，并查明兄弟几人，是否有子，堪以立继，覆奏到日，再行降旨施恩。寻奏上，得旨：海宁阿长子双英赏给骁骑校。

是日，驻跸大新庄行宫。

嘉庆二十一年（1816年）

《清实录·仁宗睿皇帝实录》卷之三百十五，嘉庆二十一年正月十九日：

己亥，上御山高水长，赐王、公、大臣、蒙古王、贝勒、贝子、公、额驸、台吉及外藩使臣等食。

谕内阁：理藩院转奏，据喀喇沁王满珠巴咱尔陈奏秋情形十二条一折。满珠巴咱尔系行围领纛大臣，且系围长，行围事宜，理应条奏。且所奏十二条，均系援引旧例，所奏甚是。其所奏支搭看城人等，不许前一日出卡伦，仍照旧例，于是日三更出卡伦支搭。其芟割大营地基野草之绿营兵丁，亦于是日一同前往。至朕行围到大营驻跸后，严禁附近围场擅放鸟枪打牲三条，俱照所请行。如有违者，应如何治罪，及其余九条，并着总理行营王大臣公同理藩院一并议定章程具奏。

嘉庆二十三年（1818年）

《清实录·仁宗睿皇帝实录》卷之三百四十八，嘉庆二十三年十月十日：

乙亥，皇后千秋节，宫内行礼如仪，停止筵宴，及在外公主福晋命妇行礼。

缓征齐齐哈尔、黑龙江、墨尔根、打牲乌拉四处贫民旧借口粮。

是日，驻跸烟郊行宫。

嘉庆二十四年（1819年）

《清实录·仁宗睿皇帝实录》卷之三百五十三，嘉庆二十四年正月二十三日：

丙辰，孝圣宪皇后忌辰，遣官祭泰东陵。上诣恩慕寺、恩佑寺行礼。

谕内阁：富俊奏，议定添派官兵看守吉林乌拉围场，轮流坐卡巡查一折。所议是。即照富俊所奏，除吉林乌拉围场周围旧有之卡伦八处外，再添卡伦三处，共为十一处，添派官兵，分为两班，轮流巡查。由该处领催前锋内选派六人，仍食原饷，与原设守卡官员一体轮流当差，仍交管理围场协领管束。并派佐领二员，作为左右两翼翼长，不时严加巡查。如拿获携带鸟枪匪徒，即照前案发遣。

《清实录·仁宗睿皇帝实录》卷之三百五十五，嘉庆二十四年三月四日：

丙申，谕内阁：盛京、吉林、黑龙江三省自国初以来本无官拴马匹，上年朕亲诣陪都，亦未见该处有缺马情形。迨回京后，经诚安奏称，伊奉使吉林，与赛冲阿、松宁会商，东三省马匹短少，欲恳请添设官马，以裕差操。赛冲阿等未及具折，伊特于召对时面陈。其时适有年班到京之将军德宁阿、禄成等，或生长其地，或莅官其省，经朕详加询问，并向籍隶东三省之侍卫等逐加体访，或以为应行加设，或以为无庸增添，其说不一。随降旨令赛冲阿、富俊、松宁三人酌议。嗣据赛冲阿奏请盛京各城添设马一千匹，松宁奏请黑龙江添设马二千匹，富俊奏称吉林兵丁皆有孳生马匹，打牲为业，并无不能骑马之人。朕以三省所议两歧，令富俊再议，富俊始有裁彻大凌河马群分拨各处之议。察富俊之意，亦明知大凌河马群为不可裁，强为此说，其意仍主于无庸增设，因交军机大臣与英和、松筠、和宁会同兵部妥议具奏。兹据托津等十二人会议奏称：东三省添立官马，惟有添至数万匹，庶可布置周妥，而经费有常，断难轻议。若但抽添三四千匹，兵多马少，实属无益，不若仍循其旧。朕因明亮、和宁俱曾任东三省将军，且历练营务，复加面询，伊二人俱以为添马事属难行，即戴联奎、曹师曾亦面奏不如仍旧。惟松筠单衔奏请盛京添棚马一千匹，吉林添棚马六百匹，黑龙江添棚马四百匹，较赛冲阿等请添马数更少，亦于操练何裨？朕办理庶政，执两用中，善钧从众，所有东三省官拴马匹一事，竟可无庸办理，仍循旧章，以安本俗。将此明白宣谕赛冲阿、富俊、松宁知之。

《清实录·仁宗睿皇帝实录》卷之三百五十七，嘉庆二十四年闰四月十七日：

戊申，上诣时应宫昭显庙拈香。

还宫。

命肃亲王永锡，祭宣仁庙。

谕内阁：松宁等奏，审明故杀佐领，复挟恨解尸人犯，定拟具奏请旨一折。爱图保派随同旗佐领讷依保打牲，受其约束，即与本管官无异，乃逞凶将讷依保殴毙，复触起妒奸夙嫌，将尸身支解，凶残已极。松宁等乃谓讷依保亦系犯奸之人，援引本管官犯罪之例，将爱图保定拟斩枭，奏明请旨。试思讷依保所犯之罪，不过革职，而爱图保支解本官，情罪重大，此而不即行正法，则王命旗牌，设之何用？松宁何糊涂背谬，至于如此之极？着传旨严加申敕，爱图保着即行处斩枭示。

以祈雨三坛，斋戒一日。

《内阁大库档案》，嘉庆二十四年五月十二日：

刑部移会稽察房，黑龙江将军松宁奏披甲爱图保因打牲起衅，故杀佐领讷依保身死，复触起妒奸夙嫌，起意解尸，审实例无专条，相应请旨将其枭首示众。

《清实录·仁宗睿皇帝实录》卷之三百六十五，嘉庆二十四年十二月二十三日：

辛亥，上御抚辰殿大幄次，赐蒙古王、贝勒、贝子、公、额驸台吉及回部郡王、伯克、外藩使臣等宴，并赏赉有差。

谕内阁：前经降旨，各处应修工程，均令钦派勘估大臣，带领钦天监官，前往相度方向，应否修造，奏明分别办理。惟是钦天监官员，本属无多，若各处岁修工程，逐一派往，该衙门素本清苦，恐资斧不无赔累。因思每年修造，宜忌皆有一定方向，协纪辨方所载，本极详明。着钦天监按照书内，将次年宜修造系何方向，不宜修造系何方向，详细胪列，奏明刊刻印本，于每年颁发时宪书时，一并发给。各该处有应修工程，查明书内本年方向，不宜即暂入缓修，无庸具奏。嗣后钦天监官员，停止派往，以归简易。其明年宜修不宜修方向，该监即详查刊刻，补行颁给，俾各祇遵。

又谕：本日召见盛京副都统富祥，询及该处演围情形。据称：每值演围，派兵一千名随往。向例围毕每兵一名交鹿一只、鹿尾两个，兵丁等恐交不敷额，雇觅炮手数百人，用枪打逸出鹿只，卖给兵丁交纳。此项炮手均由将军衙门发给印票随往，以备枪打围外逸兽，如有虎、熊，亦用枪打等语。行围一事，原为满洲操演技艺而设。东三省满洲骑射本属优长，向以打牲为业。今吉林、黑龙江兵丁行围，仍于马上射兽，盛京兵丁竟致雇觅炮手，用枪击打杀虎，亦不用枪刺，只用鸟枪，其技艺迥逊于前，已可概见。前以用鸟枪击虎，曾蒙皇考高宗纯皇帝虑及满洲等旧业废弛，特降谕旨训示，朕亦曾降旨敕禁。今日久懈生，不惟用枪击兽，甚至杀虎亦雇觅炮手施放鸟枪。若不严禁，日后不惟马上技艺废弛，并恐该兵丁等既不能施放鸟枪，亦不能执用长枪，则满洲之技艺失矣。况兵丁等雇觅炮手，即属私弊，若由将军衙门发给印票，岂非该将军、大臣等通同作弊耶？松筠甫经到任，富祥亦系初次行围，此弊非始于伊等，任内无庸治罪。即着交松筠彻底查明，任听兵丁等雇觅炮手给票之事，始自何任？将军明年行围时，着严行禁止，务令派出行围兵丁等亲自打牲，以期技艺精熟，酌议章程具奏。

《打牲乌拉志典全书》卷一，委官：

嘉庆二十四年，吉林副都统兼乌拉总管事务吉禄奏：乌拉官员仍不敷用，请由白唐阿领催珠轩达内，加添委官二员等因。奉旨依奏。钦此。

嘉庆二十五年（1820 年）

《清实录·仁宗睿皇帝实录》卷之三百六十六，嘉庆二十五年正月二日：

己未，谕军机大臣等：前因盛京官兵演围，皆系雇人帮放鸟枪，降旨训敕。吉林、黑龙江人等，向以打牲为业，技艺较优。兹因年久打牲者渐少，官兵等或有竟不拴马者，遇有差使，雇借乘骑，此风若不禁止，则日久于一切行围马上技艺，必致生疏。总之，官兵等演习技艺，欲致熟练，必须人各有马，差使既不致遗误，且行围亦自勇健。着寄谕吉林、黑龙江将军等，转敕该管官员，务各令兵丁熟练马上技艺，遵习旧业，俾各有勇。勉之！

《清实录·仁宗睿皇帝实录》卷之三百六十七，嘉庆二十五年二月五日：

辛卯，又谕：松筠遵旨覆奏，查看盛京官兵演围情形一折。据称盛京官兵，每次皆行二十余围，官兵等恐应交鹿尾，不符原额，因于兴京等城闲散满洲内，挑选数百名随带，于围外帮放鸟枪。自系该处官兵技艺平常，始借闲散之力打牲，嗣后行围，若将闲散裁汰，则所获牲兽必少。着传谕松筠，将盛京官兵等妥为训练，务期人各精锐，将技艺平常者渐次革退，于余丁内挑选技艺优长者充补，则行围自可得力。然必令用箭射兽，不准施放鸟枪，如遇熊虎，着仍照旧例专用长枪，倘地势险峻，再用鸟枪，断不可雇觅民人放枪打兽。

第六章　清宣宗道光时期

道光元年（1821 年）

《清实录·宣宗成皇帝实录》卷之二十二，道光元年八月六日：

癸未，上诣皇太后宫问安。

又谕：富俊等奏，双城堡随缺地亩，请加展生息银两，以资佃垦一折。双城堡三屯协领以下官兵，虽经拨有随缺地亩，因无力开垦，不能得益。富俊等请添给牛具等项银两，着照所请，三屯官兵随缺地二分，共六千五百六十晌，每地十晌，赏给牛黎等项银十两，先于抵补费用参余项下动支。其前经奏准发商生息银二万两，准其加展生息三年，所得息银七千二百两，除归补参余银六千五百六十两外，其余银六百四十两，即准其添补中屯农器。富俊等即责令该员弁等赶紧佃垦，勒限三年，一律开齐，如有推延，分别参办。其另片所奏建盖房屋之砍木兵，亦着照所请，将原派之阿勒楚喀拉林兵二百名内减派百名，于吉林伯都讷乌拉共派兵百名，宁古塔三姓共派兵百名，递年与原派兵百名合二百名，轮流赴山砍伐，以均劳逸。其所移驻在京闲散给车借饷事宜，俟届时该将军等再行具奏，另降谕旨。将此谕令知之。

《清实录·宣宗成皇帝实录》卷之二十三，道光元年九月二十六日：

癸酉，定围场偷打牲畜罪名仍照旧例。谕内阁：庆惠奏围场偷打牲畜罪名请照旧例问拟一折。木兰围场中偷打牲畜及偷砍木植罪名，屡经奏改。兹据庆惠奏，偷牲与偷木情同事异，一概计赃定罪，未免无所区别。着照所请，除盗砍木植仍照现例分别赃数定拟外，其偷打牲畜之犯，改照嘉庆九年旧例，不论赃数，初犯杖一百、徒三年，再犯发新疆等处种地，三犯发新疆等处给兵丁为奴。旗人犯者，销除旗档，照民人一律办理。蒙古人犯者，初次照现例枷责，再犯、三犯亦照旗民一体治罪。均面刺盗围场字样，为从及未得赃者，各减一等。刑部即载入则例遵行。

谕军机大臣等：庆惠奏围场情形并会议巡防章程一折。围场设立官弁兵丁巡防，原以禁止偷窃，俾牲畜蕃滋。今据庆惠等所查情形，数年以来，巡查殊未周密，不可不严加整顿。庆惠与满珠巴咱尔会商，请将偷打牲畜罪名仍复旧例，并严定内外卡伦分巡会哨各章程，所办俱是。已敕刑部将偷打牲畜罪名改复嘉庆九年所定旧例矣。庆惠即敕知西琅阿督率该管兵实力巡查，毋得视为具文。其随缺地亩佃户，亦随时查察，不准借词影射。至附近围场地面，有窝留贼人处所，专窃茸角，代为销赃，此系朕所素知，尤当设法严拿究办，并严查官弁兵丁串通包庇。能将此弊革除，则一二宵小无所容身，哨内偷窃之风自当渐戢也。将此谕令知之。又谕：庆惠奏围场内达彦梁后高宗纯皇帝圣制古长城说碑台石栏柱俱有损伤坍卸等语，着派嵩年等于明岁前往该处敬谨勘估具奏，俟道光三年春间兴工修理，以昭整肃。将此传谕知之。

又谕：满珠巴咱尔奏，此次巡查围场，孳生牲畜未见繁多等因一折。哨内行围，原为操演满蒙官员兵丁技艺所系綦重，故原定防禁偷盗牲畜贼匪旧例，甚属严密，自宜永远奉行。兹据满珠巴咱尔奏称，巡查围场各类牲畜，孳生较前短少，亦未能将贼匪尽行拿获，皆由屡次更改定例，盗贼不知儆惧，肆行犯法。业经另降谕旨，着照庆惠所奏，将围场内偷盗牲畜罪名仍照旧例办理外，着寄知满珠巴咱尔，嗣后巡查围场，务须会同围场总管西琅阿严密巡查，尽除围内偷盗牲畜贼匪实心办理，断不可视为具文，负朕委任之意。

以故甘肃土指挥同知何大臣子瑆袭职。

《清实录·宣宗成皇帝实录》卷之二十五，道光元年十月二十日：

丁酉，谕内阁：朕恭阅皇考仁宗睿皇帝前降谕旨，打牲乌拉、采珠河自嘉庆五年至七年停采三年，至今又阅十九年矣。每年劳打牲人力，而亦多伤蚌命。兹朕仰体皇考好生至仁之心，所有打牲乌拉、采珠河自次年起停止三年，以资长养，三年后该将军再行具奏请旨。此朕恤节人力、爱惜物命之意，非爱珠也。毋使官停私采，以负朕矜恤众生至意。当此停歇之际，着吉林、黑龙江将军等于水陆隘口设卡，严行查拿偷采，断毋疏忽。

道光二年（1822年）

《清实录·宣宗成皇帝实录》卷之二十九，道光二年二月十日：

丙戌，谕内阁：军机大臣等议驳诚安奏请添设东三省官马一折。东三省向无官拴马匹，诚安等曾于嘉庆二十四年奏请添设官马，当交大学士托津等会议，以事属无益，业经奉旨敕驳。兹该都统复请于江宁等处驻防及江浙等八省绿营抽拨马匹，交东三省立棚喂养，江浙等省陆路差防亦资马力，旧制本属无多，加以近年屡经议减，岂可复议裁拨？至荆州等驻防兵丁皆系满洲、蒙古，旧设马匹即无敷余，若遽行抽拨，该兵丁转无以备骑操之用。至东三省前锋马甲不下四万余名，向系自行立马当差，今若仅添官马数千匹散交各城，不惟分布难周，且恐无马之兵遇差推卸，如专在省城合棚喂养各城散处兵丁，取给未便，仍于骑操无益。且喂养马匹若不设立专营，添派管辖官员，则事无专责，诸弊丛生，于马政必致有名无实。该都统所奏着无庸办理。

又谕：龄椿等奏请将候补知州留于奉天委用等语。前任奉天宁远州知州孙锡，系奏准捐复之员，应即敕令赴部候补。龄椿等所请留于奉天差委遇缺补用之处，着不准行。再，片内有来奉、在奉字样，将奉天二字省文书写，殊不成文。着传旨申敕，嗣后如遇此等地名，均著书写全文，毋得概从节省。

谕军机大臣等：据伯麟奏，会议诚安条奏东三省添马事宜，已另折议驳。因询悉黑龙江所属打牲索伦、达呼尔，每年例交貂皮，全资马力。近日无力买马，艰于射猎，所有例交貂皮，往往折银购买，甚为拮据。请仍照雍正年间成案，由大凌河酌拨孳生马匹，为打牲之用。倘该处另有别项情形，窒碍难行，亦须另筹他策，妥为调剂等语。索伦、达呼尔等处，每年按丁交纳貂皮，由来已久。其呈进时，沿途既有例支口粮，拣验后复给与价银，何致遽行苦累？至该索伦、达呼尔向有给与孳生马匹，嗣因陆续倒毙，责令赔补，力有不逮，经都尔嘉等奏请将现有马匹全行变价。是当时裁去该处孳生马匹，原为调剂伊等赔累起见。今伯麟以索伦、达呼尔生计拮据，每年有例交貂皮之累，复以添立孳生马匹为调剂，是否今昔情形果有不同，抑仍有窒碍难行之处，着松箖秉公详察，据实覆奏。伯麟折着钞给阅看。将此谕令知之。

《清实录·宣宗成皇帝实录》卷之三十四，道光二年四月二十八日：

壬申，上诣皇太后宫问安。

谕军机大臣等：向来黑龙江及索伦达呼尔、呼伦贝尔、打牲乌拉地方，俱有承袭世职官员。着松箖将此项人员内现在食俸者若干员，不食俸者若干员，当差者若干员，不当差者若干员，其索伦达呼尔例贡貂皮无饷之丁若干，有何得项，一并详悉查明确数，开单具奏。将此谕令知之。寻奏上，下部核议。户部奏：据原奏，齐齐哈尔、黑龙江、墨尔根、呼兰四城世袭官共五十四员，每次承袭均食全俸；呼伦贝尔世袭官六十二员，每次承袭均食半俸；布特哈世袭官一百零二员，初次承袭食半俸，二次袭后无俸；雅法罕、鄂伦春、毕喇尔世袭官不当差者共九员，无饷丁五百九十七名。该丁呈贡貂皮，拣不入等者无赏，拣入头等者赏银四两，二等赏银三两五钱，三等赏银三两。布特哈、索伦达哈尔例贡貂皮，无饷丁二千六百四十七名；墨凌阿、鄂伦春例贡貂皮，无饷丁六十二名。此二项向无赏银，亦无另有得项等语。查各城承袭官员食俸不食俸，均系酌量该处情形、官差轻重，经嘉庆八年奏定，永远遵行，自应照旧办理。至打牲丁所纳貂皮，自康熙三十五年议定章程，分别有赏无赏，历久遵行，亦未便另增赏项，以节糜费。从之。

《清实录·宣宗成皇帝实录》卷之三十八，道光二年七月十一日：

癸未，户部议奏：黑龙江布特哈世职人员，请仍遵嘉庆八年谕旨，初次承袭，准食半俸；二次承袭，不支俸禄。其各处无饷打牲丁呈贡貂皮，有无赏项，均照旧章，无庸议增。从之。

《内阁大库档案》，道光二年七月十一日：

户部片覆，为户部奏调任黑龙江将军松箖奏，查明黑龙江及索伦达呼尔、呼伦贝尔、打牲乌拉，俱有承袭世职官员食俸不食俸，打牲丁有赏无赏，分别开单事。

《内阁大库档案》，道光二年七月十八日：

户部移会稽察房。户部奏：查布特哈四项人等充当打牲丁，准其打牲度日，所纳貂皮实与内地丁银无异。惟凭理藩院转据该将军咨请，分别有赏无赏，按年题报，历久遵行。国家经费有常，自未便另增赏项。

《清实录·宣宗成皇帝实录》卷之四十二，道光二年十月一日：

壬寅朔，享太庙，上亲诣行礼。

又谕：松箖等议奏齐齐哈尔城操练鸟枪，毋庸挑取甲兵，拨归火器营专管一折。所议是前因奕颢等奏黑龙江各城操练章程，请于齐齐哈尔八旗甲兵内挑取四百五十名，拨归火器营，专事操练鸟枪。经朕降旨，令松箖等悉心妥议。兹据该将军等奏称，齐齐哈尔城八旗额设甲兵，平时以务农打牲为业，遇有巡查边界、坐卡运粮各差使，轮流派委。所有额设鸟枪四百五十杆，向由甲兵内挑拨，于春秋例操时演放，并令兼习骑射，仍归各旗一律当差。若拨归火器营专管，各兵别无长技，于差遣恐致不敷，自属实在情形。东三省官兵首重骑射，鸟枪为行伍利器，均宜练习。惟历来俱系匀派操演兵丁，兼攻群艺，于武备自有裨益，又何必更改成规，转致有名无实。该将军等务督敕该管员弁，随时认真训练，分别劝惩，俾各兵弓马既能娴熟，即施放鸟枪亦多中准，洵可成劲旅而资捍卫。奕颢等请挑甲兵拨归火器营之处，着毋庸办理。至黑龙江、墨尔根城、呼伦贝尔原设鸟枪三处，亦着照旧制行。

给盛京、广宁属小黑山、白旗堡被水灾民一月口粮。

道光三年（1823年）

《清实录·宣宗成皇帝实录》卷之六十三，道光三年十二月三十日：

甲子，谕军机大臣等：本日据伦图善等奏，请敕催各省动拨未解银两。道光四年分，东三省需用官兵春秋二季俸饷等款，因库存不敷，准其在浙江、湖南、山东、山西、九江关、浒墅关等处，凑拨银一百一十万两，俾得豫备支放。兹该副都统等称，接到部文之后，三次飞催，迄今尚未解到。现将乌拉打牲应领俸饷，全行发给，吉林、黑龙江应领俸饷，均先发给一半，以资来岁春季散放之需。此外尚有采买直隶粮米，及应给盛京春季各城秋季俸饷等项，需用甚急等语。着各该抚监督等接奉此旨，即查明前此敕拨之款，曾否全数批解，如尚未起解，着迅即委员照数解往盛京。并着知会沿途经过各地方，妥为接护，催令趱程前进。一到直隶，蒋攸铦即加派妥员，同解往盛京交收，毋稍延宕，致误要需。将此谕知各该抚，传谕监督等，并谕蒋攸铦知之。

道光四年（1824年）

《清实录·宣宗成皇帝实录》卷之六十五，道光四年二月十四日：

戊申，又谕：松筠等奏，调剂三姓参务一折。吉林三姓地方，每年额放参票，常不足数。该城除烧锅之外，并借贩买皮张，各商通融津贴，以资接济。惟该商等应交貂皮税银，向在吉林完纳，程途较远，恐滋偷漏。兹松筠等奏，请令就近于三姓副都统衙门纳税。着富俊到任后，体察情形，悉心筹议，据实具奏。

《清实录·宣宗成皇帝实录》卷之七十一，道光四年闰七月二十二日：

壬子，谕内阁：禄明奏操练情形，请量为变通一折。青州驻防兵丁操练各项技艺，所有鸟枪甲兵向在该城河沟沙滩地方演放，该处逼近民田，于施放铅子未能得力。兹据该副都统奏称，该营南门外旧设教场，系操练阵式之地，颇属近便。着照所请，嗣后鸟枪兵丁即移赴该处演习。该副都统务当按期督操，俾技艺益增练熟，毋得有名无实，以肃营务。

又谕：禄成等奏，打牲处捕夫所进貂皮，请照从前赍送一折。从前打牲处捕夫应进貂皮，如遇临幸热河之年，即由驿站乌拉赍送；如遇送京之年，打牲处出派官兵七十余名，自备资斧赍送。惟捕夫均赖种地捕猎为生，若俱令其自备资斧送京，不惟一切糜费，而往返半年之期，于伊等捕猎生计亦甚无益。着交禄成等，嗣后如遇貂皮赍京之年，即照赍送热河之例，派官三员、兵十名，由驿站乌拉照料赍送，无庸纷纷多派官兵。

《清实录·宣宗成皇帝实录》卷之七十四，道光四年十月十七日：

丙子，上诣皇太后宫问安。

缓征黑龙江、齐齐哈尔、墨尔根、打牲等处旗人上年续借口粮银。

展缓湖南澧州被水各垸，新旧下忙钱粮，并本年借给耔种银。

道光五年（1825年）

《清实录·宣宗成皇帝实录》卷之九十一，道光五年十一月二十九日：

实授长龄伊犁将军，庆祥喀什噶尔参赞大臣兼镶黄旗汉军都统。

三姓副都统扎坦保缘事降调，以齐齐哈尔协领吉勒通阿为三姓副都统。

以拿获深入红桩偷打牲畜贼犯，赏马兰镇总兵官庆惠花翎。

《清实录·宣宗成皇帝实录》卷之九十二，道光五年十二月二日：

甲寅，上诣皇太后宫问安。

严定私入陵寝重地偷牲失火例。先是，马兰镇总兵官庆惠奏，酌议私入红桩偷打牲畜，失火延烧，分别拟罪。得旨，军机大臣会同刑部核议。至是，议奏：凡私入红桩火道以内，偷打牲畜，为首者枷号两个月，满日改发极边烟瘴充军；为从枷号一个月，杖一百，徒三年。若因偷牲失火，以致延烧草木，为首者枷号两个月，满日发遣新疆，酌拨种地当差；为从枷号一个月，杖一百，徒三年。如延及殿宇墙垣，为首者绞监候；为从杖一百，流三千里。从之。

调仓场侍郎博启图为工部左侍郎，仍在御前侍卫上行走。吏部右侍郎百春为仓场侍郎，兵部右侍郎贵庆为吏部右侍郎，盛京刑部侍郎武忠额为兵部右侍郎。以都察院左副都御史多山为盛京刑部侍郎。

《内阁大库档案》，道光五年十二月：

兵部移会稽察房庆惠奏：贼犯杨得山等均在陵寝重地附近居住，辄敢起意纠约伙众深入红桩以内，私带鸟枪肆行弋猎，并失火延烧荒草，实属玩法。相应恭请将杨得山等解交刑部审讯。

道光六年（1826年）

《清实录·宣宗成皇帝实录》卷之九十六，道光六年三月十一日：

壬辰，孝贤纯皇后忌辰，遣官祭裕陵。

谕内阁：已革外委崔思通，有巡查地方之责，辄嘱令兵丁招引匪徒，偷入红桩以内，打牲分肥，情尤可恶。崔思通着发往新疆，酌拔当差，仍照偷牲本例，在犯事附近地方，先行枷号两个月，以示惩儆。其偷牲为从罪应满徒各犯内，何洪、李起怀、张秉和三名，虽据供亲老丁单，着不准留养在逃。兵丁崔得玉及首犯李五并各逸犯李四等，仍着马兰镇总兵并直隶总督一体赦属严缉，务获归案审办。

以陕西延榆绥道颜伯焘。为按察使。

《清实录·宣宗成皇帝实录》卷之一百九，道光六年十一月一日：

又谕：富俊奏吉林协领请给路票，欲赴京控告该将军各款，旋复自行认错，求撤呈词一折。吉林休致协领和绷额所控富俊出示容留流民一款，据该将军声称，系嘉庆二十一年乌拉总管申报有流民潜住，当派员会同该总管、翼长等驱逐于封堆以外。因委员等禀系空荒，未知与禁山相近，曾准居住。现查该流民自嘉庆元年以后，陆续潜往等语。是该流民往霍兰等处居住，并非专由富俊容留而起。现经该将军据实查明，奏请驱逐。将来结案时，历任将军皆有应得处分，该协领何得妄控？又拣选主事以不合例之驿站官忠福徇情拟正，闻有八旗人员赴京叩阍一款，此案忠福之例准升补与否，尚须交部核议，倘与例不符，即应议驳，并非一经拣选奏入，即得朦混邀允。且据该将军敕令八旗协领等查明，并无欲行京控之人，出具切结，该协领亦不得借词妄控。惟所控该流民等曾经同知设立保甲，收纳地丁烟税，不报升科一款，该将军折内所称亦未明晰，着据实明白回奏。至该协领和绷额既以富俊种种不合，请给路票赴京呈控，何以给领路票之时，又复认错撤呈，起灭自由，实属刁健？和绷额着即解交刑部严审定拟具奏。寻富俊覆奏：吉林同知卡伦外，并无设立保甲纳粮丁户。至税局所收烟税，系客商上税注册报销，并非于种烟民户名下征纳税课。和绷额俟拿获到日，解交刑部收讯。下部知之。

道光七年（1827年）

《清实录·宣宗成皇帝实录》卷之一百十四，道光七年二月二十四日：

庚午，春分，朝日于东郊，遣定亲王奕绍行礼。

谕内阁：富俊奏，查明围场以内私放民人、砍伐树木各员，分别定拟请旨一折。围场一带卡伦，原为禁止偷打牲畜、砍伐树木而设，乃卡官晋海、领催委官锡永保希图行窃之富起，馈送柴薪小利，辄敢私放民人、砍伐树木、惊散牲畜，殊属不堪。晋海、锡永保俱着革职，在围场枷号一月示众。翼长兼佐领伊郎阿管围十六年之久，并不严加约束，转为民人富起喂养牛只，在卡伦房内堆积柴薪，以致砍伐许多树木，殊属目无法纪，有玷厥职，伊郎阿着交部严加议处。协领济龄阿虽于上年甫在围场上行走，并未拿获一贼，亦属非是，济龄阿着交部议处。

谕军机大臣等：本日据富俊参奏，围场内私行放入民人偷砍树木之员，已分别议处。盛京、吉林围场每年猎杀牲兽，原为我满洲官兵操演技艺而设，向来牲兽甚多。兹据富俊奏称，上年行围猎打数围，未获一鹿，且围场内时有贼人支搭寮棚，成何事体？似此每年派往官兵多人常川住守，所办何事？况此次所获数名贼匪外，围场内有无贼匪，折内亦未声明。着富俊委派干员前赴围场各处周查，如有贼匪潜居在内者，即多派官兵尽行驱逐，倘有抗拒，即按法从重惩治，不准容留一名潜住，仍严敕卡伦官兵时时留心巡查。经此次查办，从如围场内复潜居贼匪，定将该卡伦官兵从重惩处，决不姑贷。将此谕令知之。

以故广西南宁府属果化土知州赵启贤子廷枢袭职。

以督催海运商船出力，奉天防守御集成等，下部议叙。

《清实录·宣宗成皇帝实录》卷之一百十五，道光七年三月十一日：

丙戌，孝贤纯皇后忌辰，遣官祭裕陵。

谕内阁：道光元年曾降谕旨，着将打牲乌拉采珠处所停止三年采取，俾蛤蚌得以长大。兹该将军等所进之珠颗粒甚小，多不堪用，若历年如此采取，不惟多伤蛤蚌，且于该官兵等交送亦属过为费力。着富俊等再行停止三年，凡有水陆隘口，按照从前办理，安设卡伦，务将私行偷采之人严加查拿，毋得有名无实。

《清实录·宣宗成皇帝实录》卷之一百二十，道光七年六月九日：

癸未，上诣绮春园问皇太后安。

又谕：本日富俊参奏稽察围场私带鸟枪之协领吉凌阿，已降旨照所参，将吉凌阿降三级调用矣。查定例，稽察围场不准稽察之员携带鸟枪者，实因围场之内，恐其滥打牲畜。惟围场丛林之中，不惟藏伏大兽，且有持枪贼匪，若不准携带鸟枪器械，不但无防大兽之具，偶遇贼匪追纵，亦不能张其声势，于防捕何益？着寄知富俊，嗣后应如何办理，方能使该官兵等不任意惊扰牲畜，查拿贼匪得力之处，务须体察情形，妥议章程具奏。

《清实录·宣宗成皇帝实录》卷之一百二十三，道光七年八月十日：

癸未，万寿节，遣官祭太庙后殿。

谕内阁：富俊奏拿获朝鲜国越界偷捕牲畜人犯。此案朝鲜国越界人犯延必元、韩贞昌二名，讯据供系奉伊本地州官派捕鹿茸，在不知地名山坡偷越，因失迷路径，不能回归。虽讯无为匪不法别情，恐在该国另有负罪潜逃情事，已经该将军咨送盛京礼部转解该国收审。着礼部檄谕该国王，令其严究确情，自行惩办，并敕该国王严禁属下人等，嗣后不得私行越界打牲伐木，以肃边境。该部拟定檄谕奏明后，再行缮发。

移达尔欢霍洛卡伦于珲春西南四道沟，从前任吉林将军富俊请也。

《清实录·宣宗成皇帝实录》卷之一百二十四，道光七年八月十九日：

壬辰，谕军机大臣等：奕颢奏访查刨窀鹿窖、偷砍木植情形。边门外私窀鹿窖，现于围场以南已查出鹿窖二百余处之多，拿获刨窖、砍木、偷参、打牲贼犯六十余起，其北路一带尚未清查完竣，想似此者亦复不少，实属废弛已极。据奏所窀鹿窖附近参营，非仅流民，亦难免窀参人夫恃有腰牌从中影射舞弊，现已获犯多名，必须向该犯等逐细严究，查拿净尽，使围场参营一律肃清。该将军于十月间应赴围场，着即就近周历查勘，边门外原设各卡伦是否皆系要隘，抑或相距寫远，查察难周，应如何设法办理，稽查周密，不致仍前偷越影射，再滋弊端，务当悉心妥议，奏明办理。至官兵携带炮手，询系传集八旗善打鸟枪闲散壮丁入围帮打鹿只，并非雇倩民人，惟既有此项壮丁娴于技艺，何不将伊等挑取差使，转使无能者坐食钱粮，及至行围时又传令壮丁前往帮办，其故令人不解。着该将军于赴围时留心察看，如果属实，应如何裁汰拔补，并将查办情形据实具奏。将此谕令知之。

调盛京刑部侍郎多山为盛京工部侍郎，盛京工部侍郎海龄为盛京刑部侍郎。

《清实录·宣宗成皇帝实录》卷之一百三十，道光七年十一月十七日：

戊午，又谕：奕颢奏，查明围场情形，并参办失察员弁，请更定私入围场偷牲伐木条例一折。盛京防御乌金保不遵该将军晓示，辄雇倩炮手台丁随围捕牲，殊属不合，着交部议处。大荒沟卡官骁骑校凌保所管围场内鹿只甚稀，且有贼匪搭盖窝棚，实属疏玩，着即照溺职例革职。失察偷窑鹿窖之守卡官，非寻常疏防可比，着该将军查明，敕取各该员职名送部，分别严加议处。至私入围场，旧例罪名本重，嗣因从轻改定，致奸匪毫无忌惮，着刑部将越边私入围场参山偷牲砍树，及刨窑鹿窖、贩卖茸角各犯，应如何严定科条，悉心妥议具奏。寻议：嗣后私入木兰等处围场，及南苑偷窃菜蔬、柴草、野鸡等项者，初犯枷号一个月，再犯枷号两个月，三犯枷号三个月，满日各杖一百。若盗砍木植、偷打牲畜者，初犯杖一百，徒三年，再犯、三犯及虽系初犯而偷窃木植至五百斤以上，牲畜至十只以上，或身为财主，雇倩多人者，改发极边足四千里充军。为后及偷窃未得者，各照为首及已得减一等，贩卖者又减一等。旗人销除旗档，照民人一体办理。兵丁俱先插箭游示，加一等治罪。受贿故纵者，与犯同罪。失察者杖一百，再犯折责革伍。该管员弁失于觉察者，交部议处。察哈尔及扎萨克旗下蒙古私入围场，盗砍木植，偷打牲畜，亦照此例办理。蒙古人犯应拟徒罪者，照例折枷；应充军者，发遣湖广、福建、江西、浙江、江南交驿充当苦差。以上盗围场人犯，均面刺盗围场字样；偷盗未得之犯，均面刺私入围场字样。其每年有无贼犯偷入围场之处，该总管于五月内、热河亦于六月内循例具奏。从之。

谕军机大臣等：据奕颢等奏：奉天旗民私造私藏鸟枪，请予限半年，令其赴官呈缴，核给例价，勿使隐匿。其应备守御鸟枪，报明地方官，发给执照，编号注册，不准私造。所需收缴鸟枪例价银两，即由参余项下动支，核实报销。请敕吉林将军一体遵办等语。奉天所属地方，近年流寓民人甚多，往往私藏鸟枪，越边偷打牲畜，肆无忌惮，自应严行禁止。至各旗闲散壮丁，学习武备，是其本务。东三省近山居住旗人，向赖打牲为业，是以鸟枪一项未经禁止。若因流民偷打牲畜，并将旗人所藏鸟枪一概查缴，日久各旗丁壮必不能学习鸟枪，皆成无用，岂不因噎废食？所关匪细，何念不及？此应如何酌定章程办理之处，着奕颢、博启图等会同妥议具奏，奏到再降谕旨。将此各谕令知之。

又谕：奕颢奏查明围场情形一折，所奏详明积弊，皆出可嘉之至。已明降谕旨，将失察员弁惩处，并敕刑部妥议私入围场参山罪犯科条矣。至围场以南，前已查出鹿窖二百余处，兹复在嵌石岭以北查出九百余处，统计一千一百余处，获犯一百一十余起之多。前任将军可称木偶，究竟起自何时，不难向现获各犯切实严究。着奕颢等根讯明确，并查明历任将军在任月日，据实具奏。至原设卡伦是否皆系要隘，该将军于来年春融后亲往周历查勘，应如何那改布置，悉心酌议，奏明办理。其奉天围场与吉林围场毗连，奸徒趋利若鹜，积弊自亦难免，除另降谕旨，令博启图一体拿禁外，着该将军出示晓谕，申明例禁，毋得复罹法网，俾围场参山一律肃清。将此谕令知之。

又谕：据奕颢奏，查明围场积弊情形，历次查出私它鹿窖一千一百余处，拿获打牲砍木偷参人犯一百一十余起之多，废弛已极，亟应严行敕禁。奉天围场与吉林围场毗连，刨窖偷牲等弊恐亦不免，原设卡伦是否稽察周密，有无此等弊窦，着博启图不动声色，细加察访，明年春融后亲往周历履勘，如有前项弊端，即当查拿惩办，据实具奏，勿稍徇隐。将此谕令知之。

《打牲乌拉志典全书》卷二，采捕东珠：

道光七年二月二十日，准工部谨题，为打牲乌拉采捕东珠照例赏赉事。查例载吉林等处采捕东珠，上三旗五十九珠轩，每珠轩额征东珠十六颗，共应征东珠九百四十颗。头等东珠每颗准抵五颗，二等东珠每颗准抵四颗，三等东珠每颗准抵三颗，四等东珠每颗准抵二颗，五等东珠每颗仍以一颗计算。如额外多得一颗者，将多得东珠之牲丁赏给毛青布二匹。缺少东珠一颗者，将缺少东珠之牲丁鞭责一十。计各珠轩应得额数满足者，其总管、翼领、骁骑校毋应赏罚。

道光八年（1828年）

《清实录·宣宗成皇帝实录》卷之一百三十二，道光八年正月二十四日：

甲子，谕内阁：兵部将失察偷乞鹿窖之前任盛京将军晋昌等议处一折。盛京将军有统巡围场之责，每年十月例应行围打牲，周历巡视，非副都统并不行围可比。晋昌在任较久，围场偷乞鹿窖并非起自近年，已有失察之咎。上年虽经派员查出，又未敕拿要犯究办，因循废弛，不胜将军之任，着回京另赏差使。其部议罚俸一年之处，着改为罚俸二年。妥福在任未久，着照部议罚俸一年，俱不准其抵销。

《清实录·宣宗成皇帝实录》卷之一百三十三，道光八年二月十五日：

乙酉，又谕：奕颢等奏，会议查禁民人私藏鸟枪，并请将杂项壮丁私藏鸟枪一律禁止一折。前据奕颢等奏，奉天旗民私造私藏鸟枪，应立限赴官呈缴，并请敕吉林将军一体照办。朕以该处近年流寓民人甚多，往往私藏鸟枪，偷打牲畜，自应严行查缴。至旗人操练技艺，借资得力，岂得因流民有偷打牲畜之事，并见旗人所用鸟枪一概禁止？当经降旨，令奕颢、博启图等会同妥议章程。兹据奏，八旗满洲、蒙古、汉军及正身旗丁学习武备，原不在禁止之列。奕颢等前奏未经声叙明晰，其各边门额设兵丁，如有自备鸟枪守御者，亦可酌留。惟八旗兵丁所用鸟枪，应查明数目，錾刻旗佐花名，编号注册，如有损坏，报明该管官发给执照，持赴枪炉销毁，照式更换等语。旗丁操演鸟枪，总以勤加训练为重。若均须持照赴炉，打造枪上，錾刻旗佐花名，徒滋纷扰，具文有名无实，必致将操练废弛，岂不因噎废食？所奏着无庸议。该将军等当严敕该管官，于围场、参山一带，认真稽查，如有越边偷打牲畜者，拿获治罪。仍随时密派员弁访查，倘该管官并不实力查禁，及得贿纵放诸弊，严行参办。至所奏杂项壮丁等，与正身旗人不同，所有私藏鸟枪，自应与民人一律禁止。着自奉旨之日为始，予限半年，凡土著、流民及杂项壮丁等私藏鸟枪，一概赴官呈缴，给予例价银两。盛京由参余银内动支，吉林于税银内发给，核实报销。余俱照所议办理。

《清实录·宣宗成皇帝实录》卷之一百三十七，道光八年六月二十七日：

乙未，谕内阁：博启图等奏年满仓官渎禀入选，请予惩处一折。吉林管档主事例不补用汉军人员，乌尔登额系汉军仓官，期满自有升阶，乃牵缀例案，叠次在该将军等前渎禀，殊属不合。乌尔登额着交部议处。

《清实录·宣宗成皇帝实录》卷之一百四十三，道光八年九月二十一日：

戊午，上恭诣昌陵，行大飨礼，王以下文武大臣官员均随行礼。

以黑龙江各属被旱歉收，免呼兰官庄屯兵应交钱粮，并展缓齐齐哈尔、黑龙江、墨尔根、打牲、乌拉四处兵丁旧借粮银。

是日回銮，驻跸秋澜行宫。

《清实录·宣宗成皇帝实录》卷之一百四十五，道光八年十月二十七日：

癸巳，上诣皇太后宫问安。

谕内阁：博启图等奏，查明命案堂稿并未画押，请将刑司各员议处一折。吉林刑司专派协领等官承办一切命盗案件，所有文移稿案，自应详慎办理。兹据该将军等查明，协领扎隆额、佐领永奎，于呈堂稿案均未画押，有三案之多，且于各案过司堂时，该员等并未到司，实属任意疏懈。扎萨额、永奎俱着交部议处，以示惩儆。

又谕：奕颢奏，参派委察边官员巡察不力一折。盛京东边内外，山界辽阔，每季派员巡察，甚关紧要。本年秋季，派委察边佐领富成等，并未缉获贼匪一名，显系巡察不力，殊属怠玩。即照奕颢所奏，佐领富成，防御吉顺，骁骑校陈世庆、庆禄等，俱着交部议处，以昭炯戒。

以吉林军政年逾六十，官七员，精力未衰，命留任。

贷齐齐哈尔、黑龙江、额裕尔、墨尔根、博尔多、打牲乌拉等处歉收旗营官庄人等银粮有差。

《清实录·宣宗成皇帝实录》卷之一百四十七，道光八年十一月二十四日：

庚申，谕内阁：博启图等奏，驰驿员弁经过首站，请给廪粮一折。吉林各站，凡遇过往驰驿各项差务，俱照勘合火牌应付车马廪粮，惟首驿乌拉站，向例仅止应付车马，不给廪粮，事属两歧。着照所请，嗣后凡遇都京及黑龙江驰驿过往吉林首站，即照盛京首驿新定之例，一体给予廪粮，以归画一。如系自吉林城驰驿赴京各项差使，及差竣抵省者，仍照旧毋庸支给廪粮。其每年所需银两，着归入驿站题销钱案内，造册报部查核。该部知道。

道光十年（1830年）

《清实录·宣宗成皇帝实录》卷之一百七十六，道光十年十月四日：

戊子，以盛京工部侍郎富呢扬阿为浙江巡抚，未到任前，命浙江布政使庆善护理。

缓征齐齐哈尔、黑龙江、墨尔根城、打牲乌拉四处水旱歉收旗民新旧借欠银谷，贷黑龙江、墨尔根城、打牲乌拉旗民仓谷。

道光十一年（1831年）

《清实录·宣宗成皇帝实录》卷之二百一，道光十一年十一月十九日：

丁卯，冬至，祀天于圜丘，上亲诣行礼。

谕内阁：富俊等奏，拿获朝鲜国越界偷捕牲畜、空参人犯一折。吉林地方拿获朝鲜国越界人犯张高丽，据供上年带同伊子张丫头，由本地偷越至吉林地界空参，并捕得牲畜，将参枝与于蒿等易换衣服，后因迷失路径，未能回归，旋被缉获。恐该犯等在该国另有滋事不法、脱逃别情，着即解交该国查明，治以越界之罪。山东民人于蒿及伊侄于幅谦，将张高丽父子领至窝棚，给与衣服换参，复令至城窝藏，并不首报，实属大干法纪。富俊等将于蒿拟以满流，于幅谦拟以满徒，着照所拟办理，即解交山东巡抚，分别定地发遣。琉徒曾给张高丽等剃发之逸犯李曰名，着该将军等严行敕严缉拿，获日照例惩办。并着礼部敕知该国，严禁属下，嗣后毋得再行越界，以肃边境。

又谕：富俊等奏拿获朝鲜偷参人犯，据协领穆隆阿等佥称，两次具禀，福克精阿敕令监禁，未经办理等语。福克精阿于此等越界打牲偷参人犯，何以延不具奏？着该旗传到该革员确切讯明，录取供词具奏。

《清实录·宣宗成皇帝实录》卷之二百一，道光十一年十一月二十一日：

己巳，谕内阁：前因富俊等奏福克精阿前在吉林将军任内拿获朝鲜打牲偷参人犯，延不具奏，降旨交该旗传该革员询问。兹据文孚等讯供具奏，该革员于拿获朝鲜越界人犯时，因言语不能明晰，两次敕令收禁，此等越界人犯一经拿获，即应奏明解交该国，乃于上年十二月拿获，辄行羁禁数月之久，设该犯等瘐毙狱中，不能解至该国，令该国王查明治罪，外藩未免怀疑，尚复成何事体？是福克精阿办理此事，不但具奏迟延，且于外藩大有关系。福克精阿业已另案革职，着俟伊子承袭世职后，罚职任俸一年，以示惩儆。

《清实录·宣宗成皇帝实录》卷之二百一，道光十一年十一月二十九日：

丁丑，以恭修孝东麦隆恩殿成，遣官告祭如仪。

谕军机大臣等：禧恩等奏，据黑龙江呈进貂贡之副总管富星等呈称，现在打牲乌拉无饷之打牲人夫，将及二千四百名之多，力皆疲乏，恐日后不得貂鼠，有误贡项。其无饷之打牲人等所交貂贡，或准其豁免，或准数人合交一张，转行请旨一折。此事必能经久行之，不致另生弊端，方为合宜。着将禧恩等所奏原折，钞录一分，交富僧德、硕德阅看。现在该处交貂鼠人数，究有几千，副总管富星等呈请之处，究竟是否可行，着妥拟章程具奏，俟奏到时，再降谕旨。

《清实录·宣宗成皇帝实录》卷之二百二，道光十一年十二月四日：

壬午，谕军机大臣等：富俊奏，请酌拟条例，以裕生计而重武备一折。吉林旗人，非内地环居乡村可比，均沿江倚山，星散而居，距城二三百里或四五百里不等，向俱于不碍围场，禁山外捕打牲畜，演习枪马，习与性成，不待官为操练，自已精熟，一经挑差，即可得力。自英和等奏改逃旗定例，该管官自顾考成，照例查禁，旗人亦虑被销旗档，不敢远出。复经奕颢等以该处围场鹿只稀少，查禁鸟枪，凡购买鹿茸、皮张、筋角者，经由沈阳立即截拿究办，以致商人裹足，旗人无处销售，渐不学习枭枪，非特生计日绌，于武备亦大有关碍。富俊请酌拟条例，自系实在情形。嗣后吉林所属旗人，初次逃走，仍照旧例，被获者鞭一百，一年以内自行投回者免罪，一年以外投回者鞭六十，其二次逃走者，无论投回拿获，俱营销档为民，俾旗人得以从容操演鸟枪，赴山捕行，克成国家劲旅。此为吉林酌改办理，他省不得援以为例。其吉林所属闲山，并准旗人等于左近山内随时捕打，所得牲畜，听其售卖，所买之人，给与照票，无庸查禁，惟恐不肖之徒，偷越围场。着宝兴、倭楞泰查明吉林所属界址，何地准其打牲，何地不准打牲之处，妥议章程具奏。将此谕令知之。

《清实录·宣宗成皇帝实录》卷之二百二，道光十一年十二月十一日：

己丑，谕内阁：福克精阿前在吉林将军任内，种种乖谬，任意妄为，经朕派富俊等前往审明具奏，当经降旨革职。嗣以拿获朝鲜打牲偷参人犯，延不奏办，复降旨令俟伊子承袭世职后，罚职任俸一年。今朕访闻该革员在吉林时，声名甚属狼藉，若仍令伊子照例承袭世职，不足以儆官邪。福克精阿之子着不准承袭，所遗世职交该旗另选应行承袭之人带领引见。

《内阁大库档案》，道光十一年十二月十六日：

刑部移会稽察房。署吉林将军、协办大学士、工部尚书富俊奏：朝鲜国越界人犯张高丽等私自越界挖参，捕打牲畜，旋被缉获，应将该犯等解交该国查明办理。

道光十二年（1832年）

《清实录·宣宗成皇帝实录》卷之二百四，道光十二年正月二十一日：

己巳，孝穆皇后忌辰，遣官祭殡宫。

谕内阁：户部奏议覆杨遇春请将留驻肃州听差官兵支给盐菜口粮，并调赴肃州听差官弁支给盘费二款，该部并未办有成案，难以核准，请旨定夺。此项官弁兵丁，既据该督声称调赴肃州差遣，距本营较远，兵丁自须给予盐菜口粮，其官弁皆系微末之员，力难自给，亦须给予盘费，均着加恩准其支销。

又谕：宝兴等奏，筹议吉林旗人捕打牲畜地界章程一折。前据富俊奏，吉林旗人向以捕打牲畜为业，演习枪马，请酌改逃旗条例。当经降旨，嗣后吉林所属旗人，初次逃走，仍照旧例，被获者鞭一百，一年以内自行投回者免罪，一年以外投回者鞭六十，其二次逃走者，无论投回拿获，俱营销档为民，俾旗人得以从容操演鸟枪，赴山捕打牲畜，克成国家劲旅。此为吉林酌改办理，他省不得援以为例。其吉林所属闲山，并准旗人于左近山内随时捕打，所得牲畜，听其售卖，所买之人，给与照票，无庸查禁。并令宝兴等将何地准其打牲，何地不准打牲，查明妥议具奏。兹据奏称，吉林捕打进贡牲畜围场，并打牲乌拉、采捕蜂密场，及松花江西岸、辉法河北岸一带，向系封禁，业经设有卡伦官兵防守，毋庸另议。其余闲旷山场，均设有卡伦，请仍循旧例，凡旗人携枪出卡捕打牲畜者，毋庸查禁。如有携带民人不领照票，偷宅人参，私砍木植者，严行查拿治罪等语。着照所议办理，责成该将军等随时严敕各卡伦官兵认真稽查，每年吝派协领、佐领等官，带同兵役春秋巡查二次，倘有偷越人犯，严拿惩治，并将坐卡伦官兵暨携带之旗人一并参办。其认买鹿角、筋皮商人，敕令报验，给发路票，知照盛京将军、府尹、山海关副都统等衙门，毋庸截拿。该将军等即通行所属各城一体遵办，以示朕轸念旗人生计、修明武备至意。

《清实录·宣宗成皇帝实录》卷之二百五，道光十二年二月十日：

丁亥，祭先师孔子遣协办大学士吏部尚书文孚行礼。

谕军机大臣等：前据富僧德奏，查明打牲处所，无饷牲丁拮据情形，请将历年应交貂皮五千余张内，量减一千余张，以纾丁力，当交军机大臣议奏。兹据奏，该将军所称，于无饷牲丁二千七百余名内，拣择一千二百名，责令与食饷牲丁一体捕貂，每年即可减交貂皮一千余张等语，殊未明晰。着富僧德将现在应交貂皮之食饷牲丁若干名，及入册无饷牲丁若干名，现年应交貂皮五千有零计数若干张，可减貂皮一千有零计数若干张，详细查明具奏，俟奏到再降谕旨。将此谕令知之。赏都察院左都御史，升寅花翎。

移建南河山盱厅信坝于夏家桥，从河道总督张井请也。

修安徽无为州铜陵县江坝，从巡抚邓廷桢请也。

《清实录·宣宗成皇帝实录》卷之二百十六，道光十二年七月十九日：

癸亥，上幸万寿山，诣广润祠拈香。

谕内阁：特登额奏，拿获私入风水禁地，偷打牲畜，遣大烧荒之贼犯，请解交刑部审办一折。陵寝重地，理宜敬谨，小心守护，何至任听该犯袁九等私入红桩火道以内，偷打牲畜，遗失火种，以致延烧？实为从来未有之事。且该犯等胆敢携带鸟枪，擅入风水禁地，尤为藐法，可恶已极。其全案人犯共二十一名，获犯仅止七名，该管各官形同木偶，所司何事？所有现获之袁九、张三、李自有、冯老、刘廷俊、张二、刘泳和七犯，俱着解交刑部严行审讯。除兵丁彭惠、艾文春业已责革外，千总王勾、外委高登举俱着革职，勒限一个月严拿。逸犯朱益琢等十四犯务获，解部究办。其中军游击塔克兴阿、右营守备陈椿标，俱着先行交部严加议处。所有逸犯限内全行拿获，着奏明请旨。倘逾限不获，必将特登额交部严议，王勾等从重治罪，决不宽贷。

《清实录·宣宗成皇帝实录》卷之二百十八，道光十二年八月二十二日：

丙申，谕内阁：特登额奏偷牲案内逸犯限满未能全获，自请严议，并请将革弁等交部治罪一折。此案该犯袁九等胆敢携带鸟枪，擅入风水禁地，偷打牲畜，实属藐法。全案人犯共二十一名，其袁九等七名并从犯聂伊头等四名，业经交刑部审办。兹又据续获张杰、史发二犯，着一并解交刑部，归案审办。其逸犯朱益琢等八名，限满尚未全数弋获，特登额着交部严加议处。已革千总王勾、已革外委高登举，着再勒限一个月，严拿逸犯朱益琢等，务须赶紧侦缉全获，归案究办。倘仍逾限不获，从重治罪，不能再邀宽贷。寻议上，得旨：特登额着加恩改为降四级留任。

《内阁大库档案》，道光十二年八月二十六日：

刑部移会稽察房。刑部奏为贼犯袁九纠伙携带鸟枪私入风水禁地偷打牲畜，致听纠之张三遗失火种，延烧荒草一案。查该犯等已入红桩以内，自应按例问拟，袁九、张三均依例于附近犯事地方枷号两个月，改发极边烟瘴充军。

《内阁大库档案》，道光十二年九月十三日：

刑部移会稽察房议覆：马兰镇总兵特登额奏续获偷牲逸犯张杰、史发一案，张杰、史发、朱益琢、季文考均系随同袁九私入风水禁地偷打牲畜之犯，并无为匪别情，张杰等均合依私入红桩火道以内偷牲遗失火种、延烧草木例，各枷号一个月，杖一百，徒三年。

《清实录·宣宗成皇帝实录》卷之二百二十，道光十二年九月二十八日：

辛未，谕内阁：特登额奏，偷牲案内逸犯尚有一名未获，请将革弁治罪一折。此案续获之聂俊恒即聂得忠、聂三即聂得旺、小张三等三名，均系听从袁九、张三擅入风水禁地，偷打牲畜之犯，着即解交刑部审办。其逸犯张凉儿限满未获，着再勒限一个月，敕令已革千总王匀、已革外委高登举赶紧侦缉，务获归案究办。倘仍逾限不获，从重治罪，不能再邀宽贷。

《清实录·宣宗成皇帝实录》卷之二百二十二，道光十二年闰九月二十六日：

己亥，上御洞明堂，勾到浙江、安徽、江苏情实罪犯停决，浙江斩犯四人、绞犯二人，安徽斩犯三人，江苏斩犯二人、绞犯四人，余四十七人予勾。

再停吉林采捕东珠三年。

《内阁大库档案》，道光十二年十二月二十九日：

刑部移会稽察房注销热河都统保昌汇奏蒙古民人伙同私入围场偷打牲畜、砍伐木植贼犯起数、名数等因一折，奉朱批：知道了。

道光十三年（1833 年）

《清实录·宣宗成皇帝实录》卷之二百四十，道光十三年七月八日：

丙子，上御勤政殿听政。

又谕：宝兴等奏，请将垦荒租息分拨给赏，以资津贴一折。乌拉凉水泉开垦荒地，据该将军等查明，共七万三千九百余晌，着准其自二道河以东拨出二万晌，以七成赏给乌拉总管衙门，三成赏给协领衙门，招佃收租，以为该两营津贴官差、奖赏兵丁之费。其余五万三千余晌，著作为官荒，将来吉林如需拨用，再行三明办理。该将军等即责成该营随时严查，倘有私行侵占，惟该总管、协领等是问。

《内阁大库档案》，道光十三年七月三十日：

刑部为内阁抄出热河都统保昌奏一年内围场拿获偷打牲畜、盗砍树木贼犯数目等因清字一折，奉朱批：知道了。钦此。相应抄录清字原奏，移会稽察房注销。

《内阁大库档案》，道光十三年十月二十五日：

户部移会稽察房打牲总管奏，带领官兵采捕鳇鱼一折。

《清实录·宣宗成皇帝实录》卷之二百四十五，道光十三年十一月十四日：

庚辰，谕军机大臣等：前据特依顺保等奏请弛商民贩运鹿茸之禁，纳税以资河工修费一折，当交大学士、军机大臣议奏。兹据奏称：伊犁锡伯等四爱曼所获鹿茸，售与商民，转贩内地。其在章程未定之先，商民自知私贩鹿茸，违禁犯法，不敢向蒙古勒买。既经奏定之后，即与奉官收买无异，辄向各爱曼减价收买。日久或带同猎户私打牲畜，侵夺蒙古食用之资，亦不可不防其渐等语。事关蒙古生计，着特依顺保、布彦泰覆加详核，果能永无流弊，不至有苦累四爱曼蒙古之处，据实覆奏，再行核议。将此谕令知之。

《内阁大库档案》，道光十三年十二月五日：

户部山东司内阁抄出吉林将军等奏请将打牲乌拉逾岁协领乌林太补行军政一折，道光十三年十二月初三日奉朱批：另有旨。钦此。又同日钦奉清字谕旨一道。

《内阁大库档案》，道光十三年十二月：

户部移会稽察房，吉林将军等奏，请将打牲乌拉逾岁协领乌林太补行军政一折。

道光十四年（1834年）

《清实录·宣宗成皇帝实录》卷之二百四十九，道光十四年二月二十四日：

己未，上诣绮春园问皇太后安。

谕内阁：特依顺保奏，遵旨详查弛禁鹿茸并无流弊一折。前因特依顺保等奏请弛商民贩运鹿茸之禁，纳税以资河工修费，当交大学士、军机大臣议奏。曾经降旨，令该将军等覆加议核，果能永无流弊，不至有苦累四爱曼蒙古之处，即着据实覆奏。兹据奏称：四爱曼蒙古等多以打牲为业，如蒙弛禁，将来所获鹿茸，即可随时赴城售卖，自无从前讹诈之弊，实于蒙古生计有益。至各爱曼向不准商民前往贸易，定例极严，将来所获鹿茸，系各蒙古携至城中交易，且既系奉官不禁，亦不肯被商民减价收买。商民向不准私赴各爱曼猎户，更不敢私打牲畜。是弛禁鹿茸之事，于蒙古等生计尚无流弊，着即依议办理。经此次议准之后，该将军等务当严敕各领队大臣、理事、抚民同知，认真稽查，毋致日久生懈。如查有商民等减价收买及私打牲畜等事，着即随时惩办，断不准回护原奏，意存消弭，致滋流弊。

《清实录·宣宗成皇帝实录》卷之二百五十，道光十四年三月二十一日：

丙戌，谕内阁：鄂山奏前后藏堪布进京，在途屡被抢劫，遵旨酌议行走章程一折。据称：西藏喇嘛遣使堪布入都进贡，向不由川省地方经过，其失事之区，每在西宁所辖通天河一带行劫之贼，往往系川省果洛克贼番所为，亦有甘肃西宁不安住牧之番众出而肆抢，历经按起敕获赃贼，奏明惩办。果洛克无业番民，每因打牲远出游奕，该堪布等贪图便捷，揽带客货，由小路行走，以致屡有抢失之事。若由川省遣派官兵，长途探护，不特并糜帑饷，且恐徒费周章。着即责成三果洛克之该管土千百户，多派土目，按户严行管束，结力稽查，不准各番民借打牲为名，远离巢穴。并严敕该管镇将，转敕该管土千百户，严束番众，倘有抗违远出，准令该土司指拿送究，尽法惩治。倘土司徇庇纵容，即由该镇将禀请参办。仍于每年责成该管参将，选拨勤能妥弁，严密稽缉，俾各番夷愈知儆畏。其川省阜和协属之挖树、色尔塔、格尔次等处，距通天河较果洛克稍近，着该督严敕阜和协副将，一体稽查，钤束办理。并着驻藏大臣、西宁大臣、陕甘总督，审量地方情形，如何责令该堪布不得额外揽带货物，及照例由大道行走，作何照科防范，悉心核议具奏。至该堪布等此次被抢包驮，前据呈报，系被果洛克贼番所抢，并称盗首系阿崇旂等番人。现据该督奏称，敕查川省并无前项番夷部落，是否西宁所辖纠结伙抢。着即敕催该镇将，派委熟悉夷务员弁，缉追正贼真赃，务获严审究办。

《内阁大库档案》，道光十四年六月：

户部所有内阁抄出吉林将军奏打牲乌拉年满仓官果勒□请以骁骑校候补一折，奉朱批：依议。相应抄录原奏，移会稽察房查照。

《清实录·宣宗成皇帝实录》卷之二百五十五，道光十四年八月五日：

丁酉，祭先师孔子，遣大学士潘世恩行礼。

又谕：保昌奏，吉林地方被水情形，并漂失官船一折。本年六月间，吉林地方江水陡发，沿江旗民房地均被淹浸，并水手营额设粮船二只，桨船四只，亦被漂失。经该将军等派员履勘，并据该营员等呈请，将漂失船只赔补。吉林水手营四品官张政等，于所管船只，因江水骤至，致被漂失，尚属有因。现据该员等呈请赔造，所有应得处分，着加恩宽免。仍着该将军敕令赶紧赔造，完竣后切实验收。其打牲、乌拉等被灾处所，应否蠲缓接济之处，着迅速查明，核实具奏。

《内阁大库档案》，道光十四年八月五日：

兵部移会，为奴才保昌奏报吉林地方沿江一带，江水陡发漫溢，两岸低洼，田庐间被冲淹，并漂失官船情形。奉上谕：所有应得处分，着加恩宽免。仍着该将军敕令赶紧赔造，完竣后切实验收。其打牲乌拉等被灾处所，应否蠲缓，着查明具奏。

《清实录·宣宗成皇帝实录》卷之二百五十七，道光十四年九月二十九日：

辛卯，孝敬宪皇后忌辰，遣官祭泰陵。

贷打牲乌拉被水旗民仓谷。

《清实录·宣宗成皇帝实录》卷之二百五十八，道光十四年十月六日：

丁酉，上诣安佑宫行礼。

蠲缓吉林十旗打牲、乌拉八旗被水地亩新旧额赋有差，给旗民口粮及房屋修费徐水冲地一顷十三亩额赋。

《内阁大库档案》，道光十四年十月二十二日：

户部为内阁抄出打牲乌拉总管托奏起程捕打鳇鱼一折，奉朱批：知道了。钦此。除行文外，相应抄录原奏，移会稽察房查照。

道光十五年（1835年）

《内阁大库档案》，道光十五年正月二十九日：

刑部移会稽察房热河都统嵩溥奏道光十四年分审结过私入围场打牲砍木贼犯数目等因一折，奉朱批：知道了。

《清实录·宣宗成皇帝实录》卷之二百七十二，道光十五年十月十日：

乙丑，皇太后六旬圣寿节，遣官祭太庙后殿、奉先殿。上率王公大臣诣寿康宫行庆贺礼，众官及朝鲜国使臣于午门外行礼。

贷齐齐哈尔、黑龙江、呼兰、打牲、乌拉、墨尔根城灾户口粮，并展缓应缴前借银谷。

道光十六年（1836 年）

《内阁大库档案》，道光十六年正月二十九日：

刑部移会稽察房，热河都统嵩溥奏审结过道光十五年私入围场打牲砍木，问拟徒罪之蒙民王宽及民人小儿等共十四案，人犯二十一名，循例岁底汇奏一折。

《内阁大库档案》，道光十六年六月十三日：

刑部移会稽察房围场总管奏本年拿获围场偷打牲畜、偷砍树木贼犯，造册送部等因清字一折，道光十六年五月二十八日奉朱批：知道了。钦此。

《清实录·宣宗成皇帝实录》卷之二百九十，道光十六年十月四日：

甲寅，谕内阁。总管内务府大臣禧恩等奏遵审失火延烧九洲清晏等处之首领太监黄喜等，按律定拟。得旨：园庭重地，该太监等应何等小心谨慎，乃平日疏懈，以致失火延烧，获罪甚重，本应照原拟办理，量予从宽，所有太监韩进玉着改为绞监候，秋后处决，与原拟绞监候之太监袁进喜一并赶入本年朝审情实。已革首领太监黄喜、刘文得俱着发往打牲乌拉，给官员为奴，遇赦不赦。内殿八品首领太监王得太着革去首领，仍罚月银十年。圆明园六品总管太监赵喜、七品总管太监王进朝均着革去顶带，仍罚月银六年。已革圆明园六品总管太监张二汉统辖日久，失于查管，亦难辞咎，着罚月银三年。内殿总管太监王常清革去顶带，仍罚月银六年，以示薄惩。寻以太监袁进喜当差年分较浅，情节尚轻，命免死，发给打牲乌拉官员为奴，遇赦不赦。

命惠郡王绵愉带领侍卫十员往奠故庆郡王绵慜茶酒，赏银四千两治丧，予祭葬，谥曰良。

《内阁大库档案》，道光十六年十月二十六日：

刑部移会稽察房，内阁抄出，奉旨：太监袁进喜当差，年分较浅，情节尚轻，着免死，发给打牲乌拉官员为奴，遇不赦。该部知道。钦此钦遵。抄出到部，除将太监袁进喜咨送兵部转发外，相应移会注销。

《清实录·宣宗成皇帝实录》卷之二百九十二，道光十六年十二月十一日：

庚申，谕军机大臣等：热河围场系秋讲武之所，例应严肃申禁，俾树木葱郁，物类蕃滋。朕闻近来颇有偷砍木植、私打牲畜之事，并闻该处车迹纵横，可见例禁废弛，怠玩已极。着嵩溥严行申禁，非围场内当差之人，不得擅入肆行践踏。所有该围场内树木牲畜，毋得私自戕伐猎取，以昭慎重。倘该总管等查禁不严，致滋各弊，着嵩溥即行参奏惩处，毋稍瞻徇。将此谕令知之。

《内阁大库档案》，道光十六年十二月十九日：

户部移会稽察房，所有内阁抄出署吉林将军宗室祥康奏打牲人等捕获各色鲟、鳇鱼丈尺数目，开单呈览一折，奉朱批：知道了。

道光十七年（1837年）

《内阁大库档案》，道光十七年正月：

兵部移会稽察房，马兰镇总兵容照奏为匪犯刘从等竟敢纠伙三人，执持鸟枪，潜入椿界，偷打牲畜，实属胆玩藐法，相应奏明将刘从等三犯解交刑部审办。

《内阁大库档案》，道光十七年六月二十三日：

刑部移会稽察房直隶司案呈内阁抄出围场总管额勒恒额奏拿获围场偷打牲畜、盗砍木植贼犯数目等因清字一折，道光十七年五月二十七日奉朱批：知道了。钦此。

《内阁大库档案》，道光十七年九月十三日：

户部移会稽察房，盛京将军等奏库存俸饷杂银仍需六十万两，吉林并所属之打牲乌拉约需银三十四万两，黑龙江约需银三十二万两，大制钱一千六百余串，共需一百二十六万两。除大制钱，其余三省需银请准拨给一折。道光十七年八月二十八日奉朱批：户部议奏。钦此。

《清实录·宣宗成皇帝实录》卷之三百二，道光十七年十月二十四日：

戊辰，内务府大臣奏：遵议逃走太监治罪章程，太监逃至河南、山东、山西及东三省，枷号一年，发往黑龙江，给官员为奴，遇赦不赦。如逃至各省，即系越省远扬，永远枷号禁毙，另有案情，从重办理，仍将容留之人治罪。如止逃回顺天、直隶本籍者，照旧例办理。逃往别州县，离本籍五百里以外，枷号六个月，发往打牲乌拉，给官员为奴，三年释回。如复行逃走，即照逃往河南、山东、山西、东三省之例治罪。从之。

道光十八年（1838年）

《内阁大库档案》，道光十八年正月：

户部移会稽察房打牲乌拉总管托克通阿，奏因年老，恳请开缺。

《内阁大库档案》，道光十八年二月：

户部移会稽察房翼长德楞额补放打牲总管，钦奉清字谕旨一道。

《清实录·宣宗成皇帝实录》卷之三百七，道光十八年三月二十七日：

己亥，上诣永慕寺元灵宫行礼。

诣关帝庙拈香。

谕内阁：京师南苑，为我朝肄武之地，皇子皇孙亦于此讲武习勤，操练弓马，家法相承，垂诸久远，断不可废之典。乃近年来围场牲畜，甚属廖廖，此皆管理不善之故。试思牲畜以草木为渊薮，若丛林丰草，翦伐过甚，既无藏匿养育之所，又有盗贼偷窃之虞，必至围猎之时，一无牲畜，尚复成何事体？且扈从各官，有例应携带鸟枪者，此外影射偷打牲畜，必有其人，藐视法度，可恶之至。即皇子跟随人等所带枪数，向来亦无定限，难以查考。嗣后苑内草木，应如何禁止砍伐，扈从各官及皇子跟随人等，应如何设法稽查，酌定限制，着御前大臣、军机大臣会同管理奉宸苑大臣，妥议章程具奏。

四川总督鄂山奏遵议缉私章程，得旨：以实以久，务当认真。又批：所议尚妥，惟在实力奉行。若一奏了事，何益之有？勉之！

是日，驻跸旧衙门行宫。

《清实录·宣宗成皇帝实录》卷之三百九，道光十八年闰四月十三日：

甲申，上诣绮春园问皇太后安。

谕内阁：前降旨敕令御前大臣等会议南苑章程，兹据该大臣等妥议具奏。嗣后凡遇临幸之时，除健锐、火器二营派出进班兵一百名，仍照例携带排枪一百杆外，所有御前乾清门侍卫内兼御鸟枪者，准各带鸟枪一杆，统于派出随围后查明确数，先行知照御前大臣、总理行营大臣等，以备稽查。虎枪营之御鸟枪十人，仍准各带鸟枪一杆，向有猎打牲畜、野鸭之事，着一并禁止，以杜影射。此外扈从官员人等，概不准携带，届期由御前大臣、总理行营大臣详细稽查。倘查有私带鸟枪之员，立即指参惩办。至阿哥等学围时应用鸟枪，及谙达所带鸟枪，每阿哥名下只准各带五杆，仍由该门官兵稽查，并责成随往之总谙达散秩大臣、管理南苑大臣随时查察。所有随带人等均不准施放火枪、滥射牲兽，倘闻有施放枪声，实时查拿究办。苑内开垦地亩过多，豢养草束不敷刈割，着该管大臣将现种地亩详查四至丈尺有无浮开等弊，仍责成三旗苑丞、总领、章京及九门章京率同兵丁查有私扒根楂之人，立即惩办。并着随时酌量有可抛荒之地，陆续抛荒，以符旧制。至禧恩此次莅任未久，从前管理多年，朕曾屡加面谕，认真整顿，自应力挽积习，经理妥协，乃漫不经心，废弛疏懈，咎实难辞。禧恩着不必管理奉宸苑事务，仍革去三眼花翎，赏戴双眼花翎，革去紫缰，仍交部议处。经此次训谕整敕之后，该王大臣等务当认真经理，力挽积习，以复旧规。勉之。

谕军机大臣等：向年南苑行围，獐鹿繁多，近二十年来，獐只稀少。着盛京将军于每年解送鹿只之便，将活獐十余只或二十余只一并解交。将此谕令宝兴知之。

《内阁大库档案》，道光十八年七月：

刑部移会稽察房围场总管额奏，拿获私入围场偷打牲畜贼犯数目一折。

《内阁大库档案》，道光十八年七月三十日：

刑部移会稽察房：热河都统奏为拿获私入围场偷打牲畜贼犯数目等因清字一折，道光十八年七月初三日奉朱批：知道了。钦此。

《清实录·宣宗成皇帝实录》卷之三百十四，道光十八年九月四日：

壬寅，青海大臣苏勒芳阿覆奏：踏勘留住青海玉舒、雍希、叶布等族番牧地，设立鄂博，分定界址，详查户口实数，议立章程：一、该番等安插后，宜遵照界址住牧，不得搬移侵占别旗地方，致滋争端。一、青海野番每出抢劫，该番等远出打牲，恐不肖番子勾引，应着落该百户、百长、番目人等递相管束，免致勾结。仍令该郡王不时稽察，俾蒙、番均得安居乐业。一、该番等宜照现在清查户口住牧，不准任意招引玉舒各族番子续行前来取据，该百户等不致再行招引甘结。仍令该郡王不时稽核，倘日后查出续来番户，定将该郡王、百户等严惩不贷。一、该番等每年原有交纳贡马银两，近年以来，因被抢穷蹙，拖欠未交。今既住牧有所，生业稍资，自应照旧按年输纳，其从前拖欠银两，分年清厘，以免积欠；一、该番等应照依蒙古易粮之例，按季赴青海大臣衙门请领照票，易买粮茶，以免私贩接济；一、该番等既住蒙古界内，自应与蒙古一律防范游牧，如遇番贼行抢，协同蒙古兵堵御，倘能缉获贼赃，奋勇出力，随时量为奖赏，以示鼓励；一、该番等既已留住青海地方，应即令该郡王认真稽察，倘有不安本分情事，除将不肖番民按例惩办，并将该郡王治以应得之咎；一、该番等甫经安插定地，应加体恤，除例应承纳贡马，暨应当兵差外，倘有苛派差徭，暨不肖章京等苦累番民，除将该章京惩办，并将该郡王暨该百户、百长、番目等，按以苛派之例，严行究治。得旨：依议妥行。

道光十九年（1839 年）

《内阁大库档案》，道光十九年正月二十九日：

刑部移会稽察房，热河都统惠吉奏审结过道光十八年私入围场打牲砍木，问拟徒罪之蒙古傅伦及民人李太等三十八起，共计六十七名，循例岁底汇奏。

《内阁大库档案》，道光十九年：

兵部移会稽察房，为议覆祥康奏打牲乌拉协领果兴阿等因失察奸民潜入官荒，搭棚垦地，请准降调一案，应将该员等降调，毋庸查加级议抵。

《清实录·宣宗成皇帝实录》卷之三百二十七，道光十九年十月二十二日：

甲申，谕内阁：昨据祥康等奏参失察奸民搭棚垦地各员，当经降旨交部分别惩处。打牲乌拉凉水泉官荒隙地久经封禁，自道光十三年前任将军宝兴查办后，迄今甫及数年，即有奸民潜入封禁官荒内私垦地亩之事，可见该管员弁查察不严。向来每届年终由该总管、协领各委员弁往查，仅以并无越界偷垦加结具报，亦属具文。嗣后着该将军等仍遵前旨，责成该营随时严查，毋许疏懈。至每届年终应如何查办以期周密之处，着祥康等妥议章程具奏。

《清实录·宣宗成皇帝实录》卷之三百二十八，道光十九年十一月二十九日：

辛酉，谕内务府大臣等：嗣后宫内圆明园各处应挑首领之太监，着该总管等详加查核，如有曾经发遣吴甸、打牲、乌拉、黑龙江释回者，概不准列名挑选。并着总管内务府衙门详加查对，如有曾经发遣朦混挑选者，指名参奏。

停阅八旗冰技，仍给半赏。命内务府三旗照例豫备。

除江苏上元县滨江坍折田地四顷九亩有奇额赋。

道光二十年（1840年）

《清实录·宣宗成皇帝实录》卷之三百三十，道光二十年正月二十四日：

乙卯，上诣绮春园问皇太后安。

谕内阁：祥康等奏，筹议严查凉水泉封禁官荒章程一折。打牲乌拉凉水泉封禁官荒隙地，屡有奸民潜入搭棚开垦，皆由该员弁等查察不严所致。嗣后着于每年芒种之时，责成乌拉总管亲往周查一次；秋成之时，责成乌拉协领亲往周查一次。仍不时密派妥干员弁往查，毋许疏懈。并着该将军、副都统等，遇有公事之便，随时亲往查察。如所派员弁等奉行不力，及该总管、协领等有瞻徇回护之处，即着严行参办，并着每届年终具奏一次。

《内阁大库档案》，道光二十年二月十六日：

户部移会稽察房：吉林将军宗室祥康奏，请补放打牲乌拉总管一折。

《内阁大库档案》，道光二十年十月二十六日：

户部移会稽察房打牲乌拉总管奇成额奏捕打鳇鱼起程，将总管关防交翼长署理一折，奉朱批：知道了。

《清实录·宣宗成皇帝实录》卷之三百四十一，道光二十年十一月一日：

丁亥朔，免黑龙江、墨尔根城两处被水屯丁应交粮石，并贷口粮、给房屋修费。展缓黑龙江、墨尔根城、打牲乌拉、齐齐哈尔等处站丁旧欠银粮。

《清实录·宣宗成皇帝实录》卷之三百四十三，道光二十年十二月二十五日：

辛巳，孝庄文皇后忌辰，遣官祭昭西陵。

谕内阁：惟勤等奏，拿获越界夷人一折。吉林拿获朝鲜国夷人三名，讯系不谙路径，误越境界。着惟勤等派委妥员，将该夷人三名解交盛京礼部，转解凤凰城，交该国接收，查明办理。

又谕：惟勤等奏，吉林将军有食租地六十八晌，副都统有食租地二十四晌，无案可稽等语。此项地亩，着即赏给吉林将军、副都统，作为随缺之地，以资办公。

又谕：惟勤等奏，确查凉水泉禁荒一折。打牲乌拉凉水泉封禁官荒隙地，前经降旨严查，奸民潜入搭棚开垦。兹据该署将军等查，有民人李永发，在封堆外侵占官荒六千一百五十余晌，招佃开垦，系由乌拉总管衙门发给印照招募。又民人王梦基，在封堆外侵占官荒一千一百晌，招佃开垦，系由乌拉协领衙门发给印照招募。越界开垦，久干例禁，叠经降旨敕查，何以仍有李永发等私垦地亩之事？其该民人等所执印照，究系发自何人？着该署将军等彻底清查，严行参办。

《清实录·宣宗成皇帝实录》卷之三百四十三，道光二十年十二月二十六日：

壬午，又谕：阿勒清阿奏，查围官兵请酌设鸟枪以备巡防等语。查围兵丁例不准携带鸟枪，原以防微杜渐，乃近年匪徒偷打牲畜，一遇官兵，辄敢点放鸟枪，是该匪有拒捕之器，官兵转无御敌之资，自应酌量添设。所请将添设鸟枪分贮该翼长、防御等公所等语，俱着照所议办理。至兵丁随时巡查，亦应派官一二员带领，不得私交兵丁携带，其应如何核实巡查之处，着督同围场总管妥议章程具奏。寻奏：围内向设赛罕莫多、努肯格尔、哈拉海吐三拨，嗣后四月至十月，围场总管每月敕令三拨，翼长、防御等带兵携枪出拨，周历正、二、三、十一、十二等月，每月十日出派防御、骁骑校各一二员，带兵携枪梭缉一次。得旨：依议，认真查缉。又批：不必永远拘定十日之说，迟早互有方好。

《内阁大库档案》，道光二十年：

刑部移会稽察房：署热河副都统阿奏，查明围场内外偷打牲畜贼犯数目等因一折。道光二十年六月十四日奉朱批：知道了。钦此。

道光二十一年（1841年）

《清实录·宣宗成皇帝实录》卷之三百六十三，道光二十一年十二月七日：

丙戌，荆州右翼副都统穆精阿因病休致，以打牲索伦总管德龄阿为荆州右翼副都统。

《内阁大库档案》，道光二十一年十二月二十四日：

刑部、直隶司热河奏，拿获私入围场偷打牲畜贼犯数目一折。奉朱批：知道了。

《打牲乌拉志典全书》卷二，添裁俸饷：

道光二十一年正月内，准将军衙门咨开：兹准部文将吉林、黑龙江、打牲乌拉总管等衙门，应领俸饷银两，每千两应扣平余银二两六钱。其打牲乌拉俸饷银两应扣除平余银两，有该衙门自行坐扣，径行报部，等因在案。

道光二十二年（1842年）

《清实录·宣宗成皇帝实录》卷之三百六十八，道光二十二年二月二十五日：

甲辰，清明节，上诣安佑宫行礼。

又谕：经额布奏，查出朦混拨地并册改委员禀单各员，请分别革职解任审办一折。前因惟勤等奏，查明擅给印照越界垦荒一案，恐仍有不实不尽之处，当经降旨，交经额布确切查明，严行究办。兹据奏称，查出凉水泉荒地，除拨给打牲乌拉总管及乌拉协领津贴兵丁地二万晌外，另有拨给玛延官庄地下千晌之事。并据委员依禄禀称，主事巴克唐阿将伊查荒禀词内所叙玛延官庄地一千晌语句涂删，询之原派拨地之委员永山、扎克当阿，则称原札遗失，遍查并无案据。所有钞存之札档，仅系拨给乌拉总管等二万晌，并无拨给玛延官庄地之文，其中显有情弊。佐领永山、扎克当阿着即革职，主事巴克唐阿着解任，交该将军严行审讯，彻底根究。仍检寻拨地原稿务获，并委员指明地段，确切丈量，毋任稍有隐饰。

《清实录·宣宗成皇帝实录》卷之三百七十，道光二十二年四月十日：

戊子，谕内阁：前有旨谕令德兴、马兰镇应交小鹿六十只，着于明年秋间送交奉宸苑衙门，并着于六七月间先行添交三十只。兹据该总兵奏称，山鹿产羔须在小满以后，迨至喂养成活已届八月中旬，非至寒露霜降节候不敢送交。从前圈内积年余鹿尚多，先于二月、四月送交二十只，近因捉捕较稀，圈内仅存余鹿九只，除先行交送外，所有添交鹿只翏极力多为捉捕，届期尽数呈进等语。此项鹿令系恭备祭祀之用，必须豫为备办，以免临时不敷。惟所称捉捕喂养情形既难先期送交，着准其先将余鹿九只送交奉宸苑，其余无庸限定月分，统俟茁壮后随时察看，再行运送，断不准稍有缺额，以致临期贻误。

谕军机大臣等：禧恩等奏，遵议分别禁止捕打鹿茸章程一折。奸民偷窃鹿窖，捕打鹿茸，于围场大有关系。前据耆英奏请，吉林与奉天一体敕禁，当交该将军等会议具奏。兹据奏称，吉林旗人兵丁归屯后，向以务农打牲为业，且可熟习技艺，未便一并禁止。着照所议，所有吉林禁山以外，仍照道光十一年奏定章程，准令旗人打牲，习练技艺。惟奸宄渔利之徒，借名影射，不可不严行查禁。着经额布即敕守卡官兵，实力巡查，如有偷窃鹿窖、捕打鹿茸匪犯，立即严拿惩办。至奉天边外围场，自应一体敕禁，着禧恩严敕边卡各官，与吉林地方会哨梭巡，勿容奸匪偷入禁山，捕打牲畜，以收实效。如该官弁等查缉疏懈，或有得规纵庇情事，着即据实严参，毋稍回护。将此各谕令知之。

道光二十三年（1843年）

《内阁大库档案》，道光二十三年正月：

户部移会稽察房，查照吉林将军经额布奏打牲人等二次捕获鲟鳇鱼丈尺数目，开单呈览一折，奉朱批：知道了。钦此。

《内阁大库档案》，道光二十三年四月二十八日：

户部移会稽察房，吉林将军经额布奏请补放打牲乌拉总管员缺一折。

《内阁大库档案》，道光二十三年六月：

刑部移会稽察房注销围场总管贵奏拿获私入围场偷打牲畜贼犯数目等因一折，奉朱批：知道了。钦此。

道光二十四年（1844 年）

《内阁大库档案》，道光二十四年四月十三日：

户部移会稽察房吉林将军奏打牲乌拉年满仓官六德在本处候补骁骑校一折，道光二十四年三月二十二日奉朱批：依议。该衙门知道。钦此。

《内阁大库档案》，道光二十四年四月二十九日：

户部移会稽察房打牲乌拉总管舒腾阿奏采捕东珠起程日期，并派员署理员缺等因一折。奉朱批：知道了。

《内阁大库档案》，道光二十四年十月十一日：

户部移会稽察房，户部议覆：盛京将军宗室禧恩奏请领乙巳年东三省官兵俸饷，盛京约需银五十万两，吉林并所属打牲乌拉约需银二十九万余两，黑龙江约需三十万余两。除黑龙江应领制钱仍由盛京金银库拨给外，计共需银一百一十万余两，照例奏请拨给一折。

《内阁大库档案》，道光二十四年：

兵部咨：稽察房黑龙江将军棍楚克策楞奏，打牲正红旗索伦公中佐领富尔登额酒醉，与该无服叔拉木布善相斗殴，请将富尔登额革职，从重发往乌鲁木齐充当苦差等情。

道光二十五年（1845 年）

《内阁大库档案》，道光二十五年四月三十日：

户部移会稽察房吉林将军经额布奏，采捕东珠出派官兵陆续起程等因一折。奉朱批：另有旨。又打牲乌拉总管舒腾阿奏，采捕东珠起程日期，并派员署理员缺。奉朱批：另有旨。又钦奉清字谕旨一道。

《内阁大库档案》，道光二十五年四月三十日：

户部移会稽察房，吉林将军经额布奏打牲乌拉左翼翼长嘉善年老残疾，不能当差，呈请休致一折。奉朱批：依议。

《内阁大库档案》，道光二十五年六月：

刑部移会稽察房围场总管奏，拿获私入围场偷打牲畜贼犯数目等因一折，奉朱批：知道了。

《内阁大库档案》，道光二十五年十一月十一日：

户部移会稽察房打牲乌拉总管舒腾阿奏，本年采捕鳇鱼起程日期一折。

道光二十六年（1846年）

《内阁大库档案》，道光二十六年五（闰）月：

刑部移会稽察房：热河围场总管贵奏，拿获围场偷打牲畜贼犯数目等因清字一折。

《清实录·宣宗成皇帝实录》卷之四百三十四，道光二十六年九月五日：

丁亥，谕内阁：常清奏职官呈请捐制跳机鸟枪以资操演一折，镶黄旗佐领多绅保呈请情愿照吉林打牲枪式捐制鸟枪四百杆，着准其依式制造，工竣照数查收，如果试放便捷合式，再行奏请奖励。

又谕：奕湘奏筹款奖励兵丁等语。盛京、满洲、蒙古、汉军八旗官兵，每年操演技艺，自应赏罚严明，以昭激劝。该处赏项并无正款，着准其将征收旗人房园税契银两，作为每年春秋二季操演兵丁奖赏之需。倘有不敷，着即于教演长矛公费内，每年抽拨制钱一千串，以资贴补。仍将动用数目，年终照例报部查核。

《内阁大库档案》，道光二十六年九月十三日：

工部移会稽察房。青州副都统常清奏职官呈请捐制跳机鸟枪以资操演一折，奉上谕：厢黄旗佐领多绅保既据呈请情愿照吉林打牲枪式捐制鸟枪四百杆，着准其依式制造，工竣照数查收，如果试放便捷合式，再行奏请奖励。

《内阁大库档案》，道光二十六年九月二十日：

户部移会稽察房，为青州副都统常清奏镶黄旗佐领多绅保呈请情愿仿照吉林打牲枪式，捐资制造跳机鸟枪四百杆，以备急用，洵属黾勉急公，请旨可否准其捐制。

《内阁大库档案》，道光二十六年十月十八日：

户部移会稽察房，内阁抄出打牲乌拉总管舒腾阿奏起程采捕鳇鱼、交卸印务日期一折。奉朱批：知道了。

道光二十七年（1847年）

《内阁大库档案》，道光二十七年八月：

户部移会稽察房，吉林将军经额布等奏：道光丁未年，吉林连打牲乌拉应领俸饷等项，由京领来十万两，遵照部咨，于开放吉林各城俸饷时，每十两坐扣平余银二两六钱，计扣存银二百六十两。

《清实录·宣宗成皇帝实录》卷之四百四十七，道光二十七年九月十九日：

乙未，上御洞明堂，勾到四川情实罪犯停决，斩犯十七人，绞犯二人，余六十九人予勾。

谕内阁：经额布谢恩折内，将吉林地方官兵入山打牲，演习技艺，并移驻双城堡旗人弓马情形附奏一折。吉林为根本重地，该官兵等演习技艺，均属分内之事，该将军自应将官兵弓马及一切技艺，不避嫌怨，认真指教。至双城堡移驻旗人，现在渐知学习弓马，尽力农田，生计较前亦有起色，实属满洲世仆，克守旧业。嗣后着该将军随时操练，务期各臻娴熟，不可徒事虚名，始勤终惰。

道光二十八年（1848 年）

《清实录·宣宗成皇帝实录》卷之四百五十二，道光二十八年二月十八日：

壬戌，又谕：太监郭洪鹏逃走四次，曾经发打牲乌拉为奴，期满释回后，仍敢潜逃在外，持刀伤人，怙恶逞凶，不法已极，着发往黑龙江给官兵为奴，遇赦不赦。嗣后遇有在逃太监在外滋事，除伤人至死按律问拟外，但有执持金刃伤人确有可据者，俱着照此办理。至鸦片烟案内在逃之高老，着步军统领、顺天府五城暨直隶总督一体敕拿，务获归案究办。

道光三十年（1850 年）

《内阁大库档案》，道光三十年九月：

户部移会稽察房庆锡奏：东陵风水地面辽阔，打牲贼犯由王平石大山迳入，前经奏请筹拨公费，建立拨房，派员带兵轮流驻守。兹拨房建造妥当，已派拨弁兵前往驻守。

第七章　清文宗咸丰时期

咸丰元年（1851年）

《内阁大库档案》，咸丰元年八（闰）月二十五日：

户部山东司吉林将军固庆等奏本年放剩参票送部，并三姓地方刨夫照例借支接济银两。又奏吉林所属各处二麦收成分数。又奏打牲总管舒腾阿因病不能当差，呈请休致。

《内阁大库档案》，咸丰元年九月二十一日：

户部为内阁抄出吉林将军固庆奏打牲总管舒腾阿因病不能当差，呈请休致一折，钦奉清字谕旨一道，抄出到部。除行文外，相应恭录朱批，抄录原奏，移会稽察房查照。

《内阁大库档案》，咸丰元年十二月二十一日：

户部移会稽察房新放打牲总管花良阿奏起程进京请训一折。

咸丰二年（1852年）

《清实录·文宗显皇帝实录》卷之七十七，咸丰二年十一月二十四日：

庚午，上诣寿康宫，问皇贵太妃安。

谕内阁：昨日兵部带领引见之齐齐哈尔镶黄旗协领巴扬阿、黑龙江镶红旗协领富尼雅纲阿、墨尔根城镶白旗协领经文、齐齐哈尔镶红旗协领福祥、黑龙江镶红旗佐领拜尔胡兰、墨尔根城镶红旗佐领那丰阿、齐齐哈尔镶红旗佐领伯起、打牲正红旗佐领和山、黑龙江正蓝旗佐领乌里布、黑龙江正红旗防御富勒德恩布、黑龙江镶黄旗防御富兴、黑龙江镶红旗骁骑校阿勒精阿、打牲镶黄旗骁骑校海全、打牲正白旗骁骑校勒庆阿、打牲正黄旗骁骑校业普铿额等十五员，均着交琦善带往河南差遣委用。

《清实录·文宗显皇帝实录》卷之七十七，咸丰二年十一月二十八日：

甲戌，上幸瀛台。

谕内阁：固庆奏，遵旨保举吉林各城堪资军营差遣人员一折。拉林协领兼云骑尉台斐音保，乌拉镶红旗佐领奖赏蓝翎台禄，宁古塔镶白旗佐领常升，伯都讷镶白旗佐领辑顺、镶蓝旗佐领金山，吉林正蓝旗防御开奇哩，宁古塔正蓝旗防御忠春，三姓正红旗防御庆春，拉林正黄旗防御恩林，吉林蒙古镶白旗骁骑校哈勒洪阿，三姓正黄旗骁骑校巴图噜、正红旗骁骑校奖赏花翎苏隆阿，阿勒楚喀镶蓝旗骁骑校永祥，并降调之前任正黄旗副都统兼呼伦贝尔总管德昌，着该将军即派令管带前备吉林马队精兵二千名，配齐军装器械，候旨调拨，均无庸送部引见。

咸丰三年（1853年）

《打牲乌拉志典全书》卷二，采捕东珠：

再查咸丰三年以前，出派捕珠牲丁一千零四十七名，势必将该丁等春秋两季饷银十二两合并一季全放，接需各丁置买衣装、盐酱、铁木器械，及按驲路前往爱珲各处沿途盘费等项。应放饷银一万二千五百六十四两，并置买船、锅、布帐、器械需项，二共必需实银二万五千一百五十七两五钱，可能周转。

咸丰四年（1854年）

《打牲乌拉志典全书》卷二，协领衙门　附金川、巴里昆、察哈尔兵：

咸丰四年五月十一日，准将军衙门咨文，内开：本年四月二十七日，据乌拉署协领事务佐领书和禀称，案查乌拉协领所属兵丁，现奉谕旨调遣，陆续派出领催、甲兵四百六十名，现剩兵二百四十名。案查与总管衙门合并，捕打进贡差有五项，惟东珠一项，于咸丰二年遵旨暂行停止，毋庸采捕，遇有采捕之年，应派兵一百二十四名外，尚有捕打细鳞鱼、鲭鳇鱼、五色杂鱼、松子、蜂蜜等差四项。每年共应派兵三百零四名。惟鳇鱼等项，系属本衙门应进贡鲜，曷敢违误。于去岁秋间，皆因无兵捕打，是以移咨总管衙门，垦为多派丁役，暂行代为捕打，俟军务告竣后，再行派兵捕打呈交，以归原制等因。允准在案。

咸丰五年（1855年）

《清实录·文宗显皇帝实录》卷之一百八十四，咸丰五年十一月二十五日：

甲申，上诣寿康宫前殿行礼。

诣寿安宫西所，问如皇贵太妃安。

谕军机大臣等：奕格等奏，请将打牲八旗官兵及鄂伦春人等收取器械，分户管束，并请暂缓进贡貂皮一折。原为防备俄夷起见，但此时俄夷虽有诡诈情状，尚未敢显然违悖，只可暗地设防。若将打牲官兵及鄂伦春人等一概收回管束，并将鸟枪等械查取存官，恐迹涉张皇，倘使该夷闻知，转启猜疑之意。况此项人等村居野处，专以打牲为业，亦不可令其失业，致形苦累。即进贡貂皮一节，现在黑龙江并无别项事故，何以无端免贡？明年若仍令进贡，又将何以为词？所请分户管束及免贡貂皮之处，均属室碍难行。着该将军即将此项人等如何设法稽查，加意防范之处，另议章程具奏。总宜示以镇静，不可先露防备情形，亦不可使鄂伦春人等失业，方为妥善。另折奏，官兵捐饷，添备军械。甚属踊跃可嘉。惟念该官兵现年俸饷既未关领，补放之饷又行扣捐，未免太形拮据。该将军等业已动用，亦只可照议办理，已令盛京将军于船规项下照数拨还。着奕格等俟盛京解到时，即将此次捐款按名赏还，以示体恤。将此谕令知之。

咸丰六年（1856 年）

《清实录·文宗显皇帝实录》卷之二百十一，咸丰六年十一月四日：

戊午，展缓吉林打牲乌拉，被淹旗地积欠额赋，并赈给饥民口粮。

咸丰七年（1857 年）

《清实录·文宗显皇帝实录》卷之二百三十六，咸丰七年九月二十二日：

庚子，谕军机大臣等：寄谕吉林将军景淳等：奕山等奏，遵旨晓谕俄夷情形一折。普提雅廷由天津折回，尚无消息，其会勘乌特河地界一节，据称尚待回国请示伊主，奕山自未便在彼久候。惟界址未经议定，而海兰泡、阔吞屯等处，早有搭盖房屋，乌鲁苏木丹卡属西尔根奇、海兰通两处左岸，近复添设窝棚，并有火轮船驶出黑河口。至薛尔古左岸停泊之事，夷目央丧枯幅，既故意推诿，木哩斐岳幅又擅敢驳回文书，肆行无忌，情甚可恶。惟有严加防范，断其接济，禁止沿海打牲人等贪利容留，私与交易，使其日久无利，或可消占踞之谋，而亦不至骤开边衅，着该将军等妥筹办理。本日已谕理藩院咨行萨纳特衙门，查询普提雅廷于来春何时到黑龙江，以便奕山届期驰往会勘地界。惟夷情诡诈，反覆多端，且看其回文有无别生枝节，届时再行相机酌办。将此谕令知之。

盛京将军庆祺等奏：遵旨查勘吉林与奉天河道，东股既不能通，西股上游又非产粮之区，请仍照旧办理。得旨：水运不如陆运之便，自应仍旧贯也。

咸丰八年（1858 年）

《清实录·文宗显皇帝实录》卷之二百六十五，咸丰八年九月二十四日：

丙申，又谕：魁玉奏，请将亏短米折银两之佐领革职监追一折。京口佐领瑞灵，承办米折银两，并不认真催解，积欠数至逾万，并滥用银一千九百余两。前经和春派员讯明，勒限赔缴，逾限半年，完不足数，实属胆玩。瑞灵着即行革职监追。历任掌理右司关防协领等官，未能随时觉察，着查取职名，交部议处。

谕军机大臣等：各省军营需用马队，盛京、吉林、黑龙江等处均已无可调拨。前据瑛棨奏请于黑龙江添设余丁，已照部议，准其添设一千名，原以备缓急不时之用。朕闻各该处向多猎户，平日练习马上枪箭，专以打牲为业，其胆气素壮，若招募随征，必当可用。着玉明、景淳、奕山各就地方情形，酌量察看，该猎户等如果技艺娴熟，情愿充当兵丁，即着择其乘骑便捷，枪箭有准者，挑募若干，作为余丁，随时训练，既可以备本地边防，兼可以资他省调拨之用。若此项人等专以打牲为业，生计攸关，不愿应募远行，并着据实具奏，毋庸勉强。将此各谕令知之。

咸丰九年（1859年）

《清实录·文宗显皇帝实录》卷之二百九十四，咸丰九年九月十三日：

又谕：景淳、特普钦奏，会筹保护参山，借杜夷人侵越一折。绥芬、乌苏里等处山场，向禁居民潜往，地方空旷，以致俄夷人船得以闯入。该将军等奏称，参山开采，需费较繁，惟令揽头招募人夫，前往保护，听其自谋生计。该处地广山深，伐木打牲，采菜捕鱼，均可获利，明春并可布种口粮，以资接济。似此厚集人力，渐壮声威，夷人当不俟驱逐而自退等语。以中国之旷土，居中国之民人，利之所在，自必群相保卫，可杜夷人强占之计，不烦兵力而足御外侮，因地制宜，所筹不为无见。惟既议招募，自必多多益善，此项人夫，非尽驯良，设以聚集较众，别生事端，亦属可虑。况夷情诡诈，于该处人夫等，或饵之以利，或胁之以威，恐为该夷所用，亦不可不豫为防维。景淳、特普钦现已催调揽头，赶紧劝办，着再悉心筹划，务使招集人夫，以后仍官为钤束，勿至散而无纪，转贻后患。并如何杜绝夷人句结，均当于立法之初，严定章程，确有把握，方为妥善。至开采升科等事，着俟招募得有头绪，再行筹办。该夷占居各处，始自何年，并内地民人有无潜通煽诱等情，仍着严密访查，据实具奏。将此由五百里各谕令知之。

《打牲乌拉志典全书》卷一，三品总管：

于咸丰九年三月二十一日准奉省文，将军景纶奏明，三年任满，赴京陛见。请将将军任务着交副都统普钦署理，其副都统任务着交乌拉总管禄权署理，其总管任务着翼领富有署理。又于本年九月初一日准奉省文，吉林副都统特普钦署理江省将军任务。其副都统任务仍着前署吉林副都统乌拉总管禄权署理，仍办理乌拉捕务一切事宜。

咸丰十年（1860年）

《清实录·文宗显皇帝实录》卷之三百七，咸丰十年二月三日：

戊戌，祭大社，大稷，上亲诣行礼。

谕内阁：瑛棨等奏军营伤病人员难期速痊，请遣撤回旗等语。吉林协领穆腾额等，或临阵受伤，或伤病举发，一时未能就痊，自应酌量遣撤，俾资调理。吉林协领黑龙江墨尔根城佐领穆腾额，齐齐哈尔佐领、委参领富顺，乌拉防御吉林骁骑校、委参领富呢雅杭阿，防御尽先佐领奇成额，黑龙江拉林防御尽先佐领、委参领乌勒喜春，齐齐哈尔骁骑校、委防御恭楚克扎普布特哈，骁骑校、委参领明升，墨尔根城佐领吉林乌勒防御、委参领成顺，均着暂行开缺，遣撤回旗。明升、富呢雅杭阿叠在运营出力，奇成额、成顺受伤较重，年力均属衰老，着加恩各照原衔赏给半俸，俾资养赡。穆腾额、乌勒喜春、富顺年力正强，尚堪起用，均着俟病痊后送部引见。

《清实录·文宗显皇帝实录》卷之三百七，咸丰十年二月六日：

辛丑，又谕：景淳等奏，俄夷携带牲畜食粮，运入乌苏里，强占卡伦，派员前往筹办一折。俄夷侵入乌苏里，建房安炮，种种妄为，已属骄横。去冬复拉牲畜，装载食粮等物进口，兹复撵逐官兵，强占卡伦，实属凶横已极。惟该夷所占卡伦，距三姓远近，道里若干，并景淳等所派西丹一千名，赴黑河口一带设伏，其地距乌苏里所设卡伦，道里若干，并未详细声明，着该将军等绘图贴说，详细具奏。至刨夫徐得林，情甘应募，保护山场，毋须给发器械，实属好义，如有罪名，亦应宽免。该将军等已发给腰牌二十面，令其前往招募，以助兵力。该刨夫等既乐为我用，所招人夫，是否随同官兵相机剿击，抑仅自卫山场，并着景淳等将该刨夫如何布置抵御情形，照前奏揽头设营处所，亦绘于图内，据实具奏。俄夷既有春暖进城之说，究系何城，亦当详审，如其得步进步，肆行滋扰，该西丹及刨夫等当必与之抵御。西丹既改装易服，作为打牲捕鱼之人，即与民团无异，届时官为调处，使木酋知所畏忌，而又不露官为起衅。此外仍敕各处举行团练，以备姑时接应，是为至要。将此由五百里密谕知之。

咸丰十一年（1861年）

《清实录·穆宗毅皇帝实录》卷之七，咸丰十一年十月十八日：

癸酉，又谕：前因太监杜双奎有与肃顺结交情事，交慎刑司审讯。兹据总管内务府大臣督敕该司员等审明定拟，并究出太监袁添喜等均有与肃顺往来之事，一并定拟罪名具奏。此案座钟处太监杜双奎擅往肃顺私寓修理钟表，甘心服役，得受钱粮，实属大干例禁，虽经将肃顺交存钟表自行呈出，未便稍从末减，杜双奎着从重发往黑龙江给官兵为奴，遇赦不赦。总管太监袁添喜因地亩之事向肃顺托情，并于杜双奎进京时属令探听风气，意图干预外事，亦属有违例禁，着革去总管，从重发往黑龙江给官兵为奴。总管太监王喜庆与肃顺交往，馈送食物，收受银两，迹涉交结，着革去总管，发往打牲乌拉给官兵为奴。太监张保桂、刘二寿送给肃顺食物，并得受赏银，实属不合，均着发往吴甸，一年期满，札发顺天府安插为民。至肃顺交结近侍，心存叵测，该太监等迫于威焰，意存迎合，均属罪由自取，现已将杜双奎等从重惩办，足以示儆，此外自无庸再事诛求，以昭宽大。该太监等惟当益加驯谨，勤慎当差。朕鉴其服役劳苦，自必时加体恤，倘敢不知远嫌，再有干预外事及与廷臣交结情弊，亦必重治其罪，不能宽贷，其各懔遵。着内务府大臣即将此旨传谕总管太监等知之。

《内阁大库档案》，咸丰十一年十一月二十五日：

全庆，镶红旗满洲都统、尚书。谨将本旗世管佐领二缺，骁骑校、西安协领、盛京骁骑校各一缺，拣员拟定正、陪。又补行引见盛京协领德印、吉林打牲乌拉防御英春，开单咨报内阁验放。

《内阁大库档案》，咸丰十一年十二月九日：

总管内务府本府所属打牲乌拉咨送到四品虚衔翼领一缺，续出五品虚衔委署翼领一缺，东陵内务府咨送到员外郎一缺，共三排三缺六人，相应将该员等衔名咨送贵衙门查照办理。

《内阁大库档案》，咸丰十一年十二月十一日：

总管内务府本府所属打牲乌拉咨送到四品虚衔翼领一缺，续出五品虚衔委署翼领一缺，东陵内务府咨送到员外郎一缺，共三排三缺六人，相应将该员等衔名咨送贵衙门查照办理。

《清实录·穆宗毅皇帝实录》卷之十四，咸丰十一年十二月三十日：

癸未，又谕：官文奏楚军自攻克安庆后，筹策东征步军酌量添募，现在存营马队实形单薄，因请酌调珲春、宁古塔、伯都讷等处马队三百名，并打牲乌拉壮丁五百名，派员管带赴楚，由该大臣酌备行装银两，委员随解前往等语。吉林马队最利驰逐，现在官文等筹议东征已抵无为，必须添调马队。打牲乌拉壮丁熟习鸟枪，从前出师金川甚为得力，军兴以来，该处壮丁未经征调，若能从征有功，即当照向例准入八旗当差，谅该壮丁无不踊跃。着景纶酌量情形，如能挑选珲春、宁古塔、伯都讷等处马队三百名，并打牲乌拉壮丁五百名，即于官文解到行装银两后，派委明干之员管带前赴湖北，倘不能如数调拨，亦着斟酌办理。将此由五百里谕令知之。

第八章　清穆宗同治时期

同治元年（1862年）

《清实录·穆宗毅皇帝实录》卷之十六，同治元年正月二十日：

以倡捐办防，赏吉林总管禄权副都统衔。

《清实录·穆宗毅皇帝实录》卷之十七，同治元年正月二十四日：

丁未，上诣观德殿几筵前供奠。

又谕：据乐斌奏，撒回纠众复出滋扰，调兵堵剿，并自请议处，及将前保出力文武先行撤销等语。览其所奏，实因西、碾二邑士庶呈控，探知沈兆霖等业已入奏，不能复为隐讳，其居心甚属巧诈。该督贻误地方至此，岂议处所能了事？所有乐斌奏称撒回复扰碾伯，及派兵前往堵剿各情形，即着沈兆霖查明筹办。回民起衅根由，据乐斌奏称，因西、碾士民总以须尽剿灭为词，该县民团无端将巴燕戎格打牲回民杀毙三人，又与番僧勾结，称欲净洗米拉沟回民，以致回民纠合撒回，互相争斗。虽所言未必尽实，第汉、回不和，到处皆然，均系国家赤子，必得查明曲直情由，秉公办理，不可稍存汉、回之见，致有偏倚，方能折服其心。乐斌所调官兵如不得力，即着沈兆霖再行酌调，倘官兵不能操必胜之权，稍有挫失，贻患更多。此事关系紧要，沈兆霖现署督篆，责无旁贷，务当通盘筹划，计出万全，方无流弊。崇实由川到甘，尚需时日，着于到甘后，将撒回各情会商办理，毋得草率了事，致滋贻误。原折发给阅看。将此由四百里各谕令知之。

《清实录·穆宗毅皇帝实录》卷之二十九，同治元年五月二十二日：

癸卯，添调吉林打牲乌拉壮丁五百名赴湖北剿贼。

《内阁大库档案》，同治元年八（闰）月：

仁寿、托云、文谦管理镶红旗满洲都统事务，和硕睿亲王、副都统、署副都统、本旗打牲骁骑校永明之转缺，以骁骑校用，顶带图记、花翎领催花尚阿拟正，尽先骁骑校、顶带图记、蓝翎领催金德拟陪，保送前来，相应咨行内阁验放。

《打牲乌拉志典全书》卷一，三品总管：

于同治元年正月二十九日准奏省文，将军景纶具奏，乌拉总管禄权率领翼领等官，劝谕弁丁，筹助防卫，尚属出力，请旨着赏加副都统衔。其余翼领等官，着该将军自行奖励。钦此。

同治二年（1863年）

《清实录·穆宗毅皇帝实录》卷之六十九，同治二年六月九日：

甲申，上诣奉先殿寿皇殿行礼。

遣官祭文宗显皇帝暂安寝殿。

又谕：前因袁甲三奏调东三省马队赴豫防剿，当以该处官兵叠经和军营调拨，存营无多，谕令官文于荆州旗营内挑选赴豫。本日又据袁甲三奏，苗逆句结捻匪，日肆鸱张，颍、亳一带，唐训方鞭长莫及，豫省归、陈防剿吃重。僧格林沁以剿办东省股匪，未克南征，而豫军兵力不敷，万难分拨，非于皖、豫之闲另一军不可。现在鄂省能否调拨，尚未可知，且亦为数无多，不能自成一队。该前督素知东三省不独正额官兵健勇无前，即吉林、黑龙江余丁，亦皆骑射雄健，远过他处。吉林人又多以打生汉籍，按打生当为打牲之误为业，枪箭命中，尤属异常。请敕挑余丁二千名，交记名副都统善庆、协领穆克德布统带来豫，并于吉林招募打牲人二千，作为马勇，由该二员并带赴豫等语。豫省归、陈逼接皖疆，现在苗、捻纷乘，该处地当其冲，防剿均关紧要。吉林、黑龙江余丁为数无多，因恐该省空虚，久停征调。惟现在豫省情形实属非常紧要，该将军等务当设法通融，以济其急。着景纶、特善钦迅即各挑余丁一千名，交善庆、穆克德布统带，克日起程赴豫，以资得力。至该前督所称吉林打牲之人私入围场，例有明禁。此时若指明招募围场，必至弛禁。请令该将军等以招募马勇为名，选其骑射娴习者收录，一有成数，克日起程。其整装等项，均照正兵发给。如一时无此巨款，或先给一半，俟到豫再行补足。沿途盘费，亦照正兵由经过地方应付等语。所奏是否可行，并着景纶斟酌相机办理。将此由六百里各谕令知之。

以镶黄旗汉军都统春佑署正黄旗蒙古都统。

拨绥远城、察哈尔牧群马各一千匹，候调赴河南军营备用。

《清实录·穆宗毅皇帝实录》卷之八十六，同治二年十一月二十六日：

己巳，赈吉林打牲乌拉被灾旗丁，并缓额征谷石。

《清实录·穆宗毅皇帝实录》卷之八十七，同治二年十二月一日：

癸酉朔，谕内阁：载肃奏，交审案件，请添派大员会审一折。盛京刑部司员纵放盗犯戴维邦一案，阅时甚久，且有贿纵重情。着添派宝善会同载肃，严敕所属，缉获要犯，赶紧审讯完结，毋再宕延。

又谕：官文奏，乌拉壮丁征剿出力，援案恳请归入吉林旗档一折。前因楚军征剿吃紧，当派乌拉打牲壮丁等六百名，赴湖北随营调遣。

兹据官文奏称，该壮丁等到楚后，均能奋勇出力，自应量予恩施。着照所请，所有此项壮丁六百名户口，一并永远归入吉林各旗册档，与各旗丁一体挑补甲缺当差，以示矜恤而昭激劝。

同治三年（1864年）

《内阁大库档案》，同治三年九月十六日：

总管内务府咨内阁：本府现悬堂主事、堂委署主事、打牲乌拉咨送到年满仓官□陵，内务府咨送到六品千总等五排四缺，共八人，相应将文铦等衔名开单咨送。

《内阁大库档案》，同治三年十一月二十二日：

理藩院移会内阁，本院有应行验放黑龙江打牲遵旨承袭世管佐领一员，又补放公中佐领一缺，共二排三员，相应开单移会，奏派验放。俟定有验放日期，务祈先行知照。

同治四年（1865年）

《清实录·穆宗毅皇帝实录》卷之一百三十九，同治四年五月十二日：

丙午，谕军机大臣等：皂保奏，遵旨挑兵赴直，应否拨给马匹一折。前因北路防剿紧要，谕令皂保、特普钦于吉林、黑龙江挑选马队各五百名，驰赴直隶，听候调遣。兹据皂保在于吉林乌拉等处挑选官兵五百名，派委协领瑞征等管带，定于五月十四日起程，赶紧赴直。惟该官兵等均无马匹，不足以资冲击，自应酌量拨给。盛京、大凌河所蓄马匹，孳生甚多，尽可拨用。此起吉林官兵道出盛京，即着玉明恩合查明应需马匹，就近在大凌河牧群内挑选，分给该官兵等乘骑，不得以疲弱充数。皂保即敕令该官兵等克期遄行，毋许逗遛骚扰。再，吉林尚有调拨神机营操练官兵五百名，并黑龙江亦有调往直隶及神机营官兵各五百名，各该起官兵恐马匹不敷应用，均着玉明恩合先期选备，将来如须拨用，即可照数给予乘骑，以利军行。将此由五百里各谕令知之。

《内阁大库档案》，同治四年十一月二日：

理藩院移会内阁，打牲正红旗索伦应行验放补行引见副总管一员，俟定有验放日期，务乞先行知照，以便传知该员预备。

同治五年（1866年）

《清实录·穆宗毅皇帝实录》卷之一百六十七，同治五年正月三十日：

庚寅，谕军机大臣等：富尔荪奏剿办马贼情形，请敕奉省官军夹击等情一折。马贼垂涎吉林，逼近省会，经佐领常喜等督带马队并炮手步勇一千八百名，在乌拉迤北双阳通地方力行堵遏，虽将贼匪击败，而后股愈来愈众，尚在白旗屯、嘎牙河一带，直至巴彦鄂佛罗边门内外盘踞。富尔荪续带马队二百名驰往乌拉援剿，该处山径丛杂，贼众兵单，兼顾为难，又有小股匪徒两路窥探，希图绕越僻径，诈袭省会。现在该逆虽向巴彦鄂佛罗边门窜遁，难保不去而复来，着富尔荪严督兵勇加意堵遏，以防回窜，并着德英严防省会，毋稍松懈。宝善前派赴援吉林之黑龙江兵一千名，务当懔遵叠次谕旨，严催速赴吉林，富尔荪俟此项马队到时，即与德英商酌分拨应用。匪徒倘被吉林兵剿退，势必复向奉省回窜，文祥、福兴现已派兵出边赴吉林援剿，着即敕令定安等视贼所向，相机堵截，毋令贼踪回窜。至贼匪老巢多在围场大山之中，非设法搜捕不能立清盗源，并着文祥、福兴敕令定安等与富尔苏所部兵勇联络声势，严密搜捕。所请筹办搜捕围场兵饷及专员办理饷糈之处，著文祥等斟酌情形办理。富尔苏原折着钞给文祥、福兴阅看。将此由六百里各谕令知之。

又谕：富尔苏奏，请调参将李其昌带勇赴吉林剿贼等语。奉天马贼窜入吉林，肆行抢掠，署副都统富尔苏现在带兵剿办，兵力尚嫌单薄。据奏，参将李其昌前在山东统带勇丁，俱持长竹竿标枪，颇称利器。该员现在是否仍在山东军营？着阎敬铭即敕李其昌挑选直、东壮勇一千名，并由山东备齐一丈五六尺长竹竿标枪以及旗帜等项，交该员管带，克日起程，驰赴吉林，限于三月间赶到，听候富尔苏调遣。此项勇丁，务须责令认真挑选，毋使游匪混迹其闲，沿途严加钤束，迅速遄行。应需行粮，并着阎敬铭筹款发给，俾无缺乏。将此由五百里谕令知之。

《清实录·穆宗毅皇帝实录》卷之一百六十八，同治五年二月八日：

谕军机大臣等：伯彦讷谟祜奏，剿办马贼，生擒匪首，并请禁滥抚，暨请将黑龙江马队千名先归统带各折片。文祥奏，派兵援剿吉林一折。贼匪大股虽渡江东窜，而辽河东西两岸，尚有小股多起，沿村裹胁，随在抢掠。经伯彦讷谟祜督带蒙古官兵，驰往昌图，派兵在辽阳窝铺一带追剿，杀贼数十名，并将贼首王洛疙疸等三名生擒正法。搜获贼匪三十余名，内有贼首隋同令等十七名，一并正法。该亲王现已驰抵八面城，筹划前进，着即督带所部赴援吉林。惟当详慎布置，不可轻率从事，致有疏虞。黑龙江马队千名，已据宝善奏报起程，仍着署将军严催速进。现在贼股窜至乌拉，距吉林仅数十里，该处情形紧急，自应令黑龙江马队就近由德英调遣防剿，以救眉急，未便再令绕赴八面城一带，归该亲王统带。所有昭乌达盟蒙古官兵，即着伯彦讷谟祜严行檄催，迅赴军营，归该亲王调遣。应需军饷，仍着文祥筹拨，源源接济。伯彦讷谟祜所称贼匪不可轻议招抚，实属深悉弊源，着文祥、福兴、德英、宝善详审情形，斟酌办理，不可轻率收降，致滋后患。原片均着钞给阅看。博崇武、定安等军已陆续由长春厅进援吉林，着即与伯彦讷谟祜及黑龙江马队三面会剿，迅殄贼氛。八面城一带余匪，俟刘荣合马队到奉后，即敕令赴昌图一带驻扎，搜捕乌拉贼股。前据富尔荪奏称，被官兵击退。此股贼匪系王洛七为首，现在情形若何，有无分散回窜之处，着文祥探明具奏。本日据德兴阿奏，联捷军营撤回马队，官兵多有嗜好，不自爱惜，并闻黑龙江兵丁近多吸食洋烟者，传染日深，关系非细，请敕禁止等语。着宝善于所属各城严加禁止，务期一兵得一兵之用，不至日就颓废。奉天、吉林官兵内如有沾染恶习者，亦着福兴、德英一体严禁，有犯必惩，俾得振刷精神，悉成劲旅。将此由六百里各谕令知之。

《内阁大库档案》，同治五年五月四日：

总管内务府、东陵内务府咨送到现悬郎中、员外郎、主事，打牲乌拉咨送到现悬四品虚衔翼领等缺，共六排六缺十二人。相应将该员等衔名缮写排单，咨送内阁。

《清实录·穆宗毅皇帝实录》卷之一百八十九，同治五年十一月十一日：

丙寅，谕军机大臣等：前据都兴阿奏请领东三省丁卯年官兵俸饷一折，当经谕令户部速议具奏。兹据户部奏称：奉省丁卯年俸饷除抵用外，并照奏案将杂款每银一两折放实银八钱，实需银四十五万四千四百两。复将该省各项税课钱银等项详细查核，共抵银五十三万七千余两。除拨抵俸饷银四十五万四千余两外，余剩银八万二千六百余两，即留抵该省缉捕经费之用。吉林省按八折计算，实需银七万五千三百余两，应于荒地租钱项下抵银十万两，余剩之数并应征土税钱一万吊存储，另候提拨。其打牲乌拉计需银四万四千七百余两，毋庸折扣。黑龙江除提拨荒地租钱合银一万两外，实应拨银二十五万一千六百两，其应领制钱一千七百串，仍由盛京户部金银库拨给。以上打牲乌拉、黑龙江共应拨银二十九万九千三百余两，拟令直隶、长芦并山东、河南等省迅速拨解各等语。所筹尚为周妥。即着刘长佑于长芦丁卯年盐课内拨银十四万九千三百四十六两零，阎敬铭、丁宝桢于山东地丁项下欠解咸丰十一年京饷内拨银五万两，李鹤年于河南地丁项下欠解同治四年京饷内拨银五万两，刘长佑于丁卯年旗租内拨银五万两，迅即咨员径解盛京户部交纳，毋许迟误。俟解到后，即由都兴阿、富明阿、特普钦各按部议折放章程核实报销，余剩银两留充下年俸饷，抵拨各项即照该部所议办理。原折着钞给都兴阿阅看。另片奏各省欠解东三省甲寅等年俸饷，除报解外，尚欠银一百五十五万八千九百九十余两之多，请敕速解等语。奉天等省现在办理防剿，需饷孔殷，即着刘长佑、阎敬铭、丁宝桢、李鹤年、乔松年、刘蓉严敕藩运各司，赶紧将积欠银两陆续委解，以济要需。倘仍前延宕，即着该部查明参奏。原片着钞给刘长佑等阅看。将此由五百里谕知都兴阿、富明阿、特普钦、刘长佑、阎敬铭、李鹤年、乔松年、刘蓉，并传谕丁宝桢知之。

同治六年（1867年）

《清实录·穆宗毅皇帝实录》卷之一百九十四，同治六年正月十五日：

庚午，上诣大高殿寿皇殿行礼。

御保和殿，赐王以下文武大臣、蒙古王、贝勒、贝子、公、额驸、台吉暨朝鲜使臣等宴。

奉慈安皇太后、慈禧皇太后幸漱芳斋，侍午膳。

谕军机大臣等：丁宝桢奏，遵议招募东省壮丁训练马队章程，开单呈览一折。所筹俱臻妥协。现在捻逆恃马奔突，官军疲于追剿，非有得力马队，无以制贼死命，而东三省劲旅，万难再行征调。丁宝桢因筹及招募壮丁三千名，训练成军，实能洞中窾要。即着特普钦于黑龙江所属乌拉打牲人内多行招募，如募不足数，再于别处拣选。并着富明阿于吉林所属酌量招募，务取言貌拙朴，不得以内地客民充数。并须查明取保，造册咨送阎敬铭等稽核，不准稍涉冒滥。该两省曾经出师回旗之员，如副都统萨萨布等，打仗素称奋勇，此外谅不乏人。并着富明阿、特普钦调派管带，分起训练入关，赴山东听候阎敬铭、丁宝桢调遣。丁宝桢即派妥员携带饷银赴吉林、黑龙江，会同该将军等派出之员，认真招募训练。所拟章程十四条，均着照所议办理，即钞给富明阿、特普钦阅看。其丁宝桢上年原奏，并着一并钞阅。至丁宝桢奏派员出口买马，请敕兵部于委员到时发给护照，并经过各关免其抽税，着兵部查照办理。将此由五百里谕知富明阿、特普钦、阎敬铭，并传谕丁宝桢知之。

《清实录·穆宗毅皇帝实录》卷之一百九十六，同治六年二月十一日：

乙未，孝康章皇后忌辰，遣官祭孝陵。

谕军机大臣等：前因山东议募黑龙江等处壮丁，谕令特普钦等遵照挑选。兹据特普钦、克蒙额奏，遵敕各属在于打牲人内选择挑备。即着俟山东委员携饷到日，敕令会同认真拣选，不得苟且塞责。所请援照征调西丹每名给整装实银二十一两，着阎敬铭、丁宝桢即敕该委员遵照办理；其每名月支养赡银一两，并着照所请，由特普钦按月发给。

将此由四百里谕知特普钦、阎敬铭，并传谕丁宝桢知之。

同治八年（1869年）

《内阁大库档案》，同治八年七月一日：

总管内务府咨内阁：本府现悬缎库郎中兼摄衣库员外郎、主事、淮关委员、笔帖式、打牲乌拉咨送到六品虚衔委署章京。以上五排五缺共九人，相应将该员等衔名咨送，查照办理。

《内阁大库档案》，同治八年十一月五日：

总管内务府咨：内阁现据打牲乌拉咨送到年满仓官一人一排，相应将该员衔名咨送贵衙门查照办理。

《清实录·穆宗毅皇帝实录》卷之二百七十，同治八年十一月十二日：

己卯，谕军机大臣等：户部奏遵拨东三省庚午年官兵俸饷，并请敕直隶等省筹解历年欠饷各折片。奉天、吉林、黑龙江三省庚午年应需俸饷，现经该部核议，除将各该省应征之款尽数抵充外，所有奉天余剩银十万五千六百余两，即着留为该省缉捕官兵经费。其指拨吉林之长芦庚午年盐课银七万二千二百七十二两，山东庚午年地丁银五万两，河南庚午年地丁银二万两；指拨打牲乌拉之长芦庚午年盐课银二万五千两，河南驿站存剩银一万七千二百九十八两；指拨黑龙江之长芦庚午年盐课银五万两，山东庚午年地丁银五万两，河南庚午年地丁银三万两，驿站存剩银四万五千两，直隶旗租银六万两。着曾国藩、丁宝桢、李鹤年按照各数迅速筹拨，派员解交盛京户部收纳。俟各该省银两解到，即着都兴阿等知照富明阿、德英派员前赴奉天关领，俾资散放。所有各项支放银两，该将军等务各遵照部定折放章程核实办理，并将用过银钱于奏销时照例题报，其余剩之银即着归于下年请领时声明备抵，毋稍浮冒。至直隶、山东、河南、陕西历年欠解东三省俸饷银共一百八十余万两，并着曾国藩、丁宝桢、李鹤年、刘典迅即督敕藩、运各司陆续筹解奉省交纳，不得仍前延欠，致误要需。原片着钞给曾国藩、丁宝桢、李鹤年、刘典阅看。将此各谕令知之。

《内阁大库档案》，同治八年十一月二十六日：

理藩院移会内阁，准黑龙江将军咨送打牲补行引见总管一员，咨院前来。相应开单片行，奏请钦派王大臣验放，俟定有具奏日期，务祈先行知照本院，以便传知该员预备。

《清实录·穆宗毅皇帝实录》卷之二百七十二，同治八年十二月五日：

壬寅，谕军机大臣等：都兴阿奏，举办冬围情形，请将协领等官分别惩处一折。东三省举行冬围，非徒为捕进口味，实以操练官兵技艺。本届奉天冬围，捕打鹿只未能足额，该官兵等平时技艺生疏，已可概见。且围场卡伦，均有官兵戍守，若非任令匪徒偷打牲畜，鹿只何至稀少？该管官员于兵丁不能认真训练，于围场不能严密稽查，实属不成事体。所有正围长协领恩龄、副围长协领德泰、翼长佐领伯林三音保，均着先行交部议处，仍责令在围场督率官兵演练巡缉，以观后效。记名副都统协领集尔哈布，料理围务，于鹿只未能足额，随同收纛回省，咎亦难辞，着交部察议。此次姑念停围年久，甫经举行，从宽办理，倘来年冬围仍复似此因循废弛，除将该管官从严惩办外，定将该将军一并惩处。将此谕令知之。

《打牲乌拉志典全书》卷一，学官：

查原设满教习，于同治八年九月十九日，准将军衙门咨文内开，将军富明阿奏，为整顿吉林清语骑射、调剂增设五城满、汉文教〔习〕缺额，以固根本。

同治九年（1870年）

《清实录·穆宗毅皇帝实录》卷之二百九十六，同治九年十一月一日：

壬辰朔，冬至，祀天于圜丘。

谕军机大臣等：户部奏，遵拨东三省辛未年官兵俸饷，并请敕直隶等省筹解历年欠饷各折片。奉天、吉林、黑龙江三省辛未年应需俸饷，现经该部核议，除将各该省应征之款尽数抵充外，所有奉天余剩银一万六千余两，即着留为该省缉捕官兵经费。短征船规并加税银七万二千余两，着都兴阿、额勒和布着落经征之牛庄防守尉、海城县知县等名下勒限赔补，并着查取职名，送部核议。其指拨吉林之长芦辛未年盐课银五万三千七百两，山东辛未年地丁银三万两，河南辛未年地丁银二万两；指拨打牲乌拉之长芦辛未年盐课银二万五千两，河南驿站存剩银一万四千一百三十六两；指拨黑龙江之长芦辛未年盐课银六万三千两，山东辛未年地丁银四万两，河南辛未年丁银三万两，驿站存剩银四万两，直隶旗租银五万两，着李鸿章、丁宝桢、李鹤年按照各数迅速筹拨，派员解交盛京户部收纳。俟各该省银两解到，即着都兴阿等知照德英、奕榕、毓福派员前赴奉天关领，以资散放。各项支放银两，该将军等务各遵照部定折放章程，核实办理，并将用过银钱于奏销时照例题报，其余剩之银即着归于下年请领时声明备抵，毋稍浮冒。至直隶、山东、河南、陕西历年欠解东三省俸饷银共一百九十六万余两，并着李鸿章、丁宝桢、李鹤年、蒋志章迅即督敕藩、运各司陆续筹解奉天交纳，不得仍前延欠，致误要需。将此各谕令知之。

又谕：前因有人奏吉林叶赫站马被抢，并五常堡马贼焚烧衙署各情，当经谕令毓福敕属严拿惩办。兹据毓福奏称，叶赫站于本年七月间，突有马贼八十余名闯入站街，施放枪炮，抢去孳生余马二十三匹，并向铺商逼索钱文，逃窜边外昌图地界。八月间，伯都讷界大岭、四合城等处，亦有盗匪聚众游赌，乘隙抢夺。五常堡隔河地面，复有盗首王淀英等各纠伙匪，忽聚忽散，该处官兵现在分护衙署钱库等语。吉林地方辽阔，匪踪出没靡常，搜捕岂容稍懈？风闻该处盗贼充斥，肆意横行，该护将军所奏站马被抢二十余匹之多，五常堡虽无衙署被烧之事，而贼匪聚众纠伙，来往自如，实属不成事体。虽经官兵拿获多名正法，而伏莽未净，滋扰时虞。着奕榕、毓福严敕所属及派出官兵实力严拿，务将著名各匪悉数歼除，不准一名漏网，并随时督敕各卡官兵设法稽查，毋令宵小混迹，仍按季派员前往奉省接壤处所巡查结报，务期肃清地面，以消奸宄而靖闾阎。至安荣等被参各款，着奕榕、毓福会同瑞联迅速秉公确查，从严参办，毋稍回护。将此各谕令知之。

同治十年（1871年）

《清实录·穆宗毅皇帝实录》卷之三百六，同治十年二月二十五日：

乙酉，又谕：德英奏，杜尔伯特蒙古招民开垦荒地，请敕严禁一折。黑龙江附近蒙古荒地，向为蒙古旗丁游牧打牲之所，不准招民开垦，例禁綦严。乃杜尔伯特协理台吉那逊乌尔吉等，擅将该蒙古旗荒招垦，经德英及该盟长叠次阻止，仍敢抗不遵办，实属大干例禁。着理藩院传知署哲里木盟长吉克丹旺固尔，严敕杜尔伯特贝子，将现在所招民众驱逐出境，妥为弹压，毋许逗遛滋事，嗣后不准再有招垦情弊，以靖地方。其擅议招垦之协理台吉那逊乌尔吉等，并着德英咨查严参惩办。

《清实录·穆宗毅皇帝实录》卷之三百十八，同治十年八月十八日：

丙子，又谕：都兴阿等奏匪犯私入围场，枪毙官弁，请敕吉林将军敕属查拿一折。据称协领玉奎带兵巡查围场，行至那丹阿木巴色合勒围内，领催凤林被贼枪毙，官兵拿获打牲人犯于帼汶一名。据供偷入围场捕鹿，其枪毙官兵之贼系窖鹿贼窝家路清，在吉林义通河勒克山居住，看守鹿窖之把头王大远、王二麻子、王三小子均居住义通河属小黑顶子地方，请敕严拿等语。围场重地，岂容匪徒潜入？都兴阿等务即督敕开原尉县及威远堡边门巡防各员，将此起匪犯认真访缉，毋任远飏。于帼汶一犯既知各匪姓名住址，自系同伙匪类，即着交盛京刑部严行讯办，并着奕榕分敕所属地方官及边界各官一体严缉，务将匪党路弋等按名弋获，毋令漏网。将此各谕令知之。

《清实录·穆宗毅皇帝实录》卷之三百二十四，同治十年十一月二十九日：

乙卯，谕军机大臣等：户部奏议拨东三省官兵俸饷银两，并请敕催各省历年欠解银两各折片。据称：奉天壬申年俸饷约需银八十五万两，除该将军奏明应抵用银三十三万三千两外，计需银五十一万七千两，按照章程折放，应拨实银四十一万三千六百两。复将奉天应抵各款详细查核，共抵银三十万五千一百两，尚应拨银十万六千两，即在该省应征海口船规项下提拨，有赢无绌。吉林俸饷约需银四十六万余两，除本省应抵各款外，应拨银九万一千八百两，照章折算，实需银七万三千四百四十两，并打牲乌拉应领银三万六千五百五十七两零，均应全数拨给。黑龙江俸饷应领三十五万二千两，照章折算，约需银二十八万一千六百两，除应抵各款外，应拨银二十四万五千八百两，其应领制钱一千七百一十串，由盛京户部金银库拨给等语。着照所议办理。所有吉林应拨银七万三千四百四十两，着提拨长芦壬申年应征盐课银三万三千四百四十两，山东壬申年应征地丁银二万两，河南壬申年应征地丁银二万两，打牲乌拉应拨银三万六千五百五十七两，着提拨长芦壬申年应征盐课银一万两；河南驿站存剩银二万六千五百五十七两，黑龙江应拨银二十四万五千八百两，着提拨长芦壬申年应征盐课银五万五千八百两；山东壬申年应征地丁银五万两，河南壬申年应征地丁银四万两，驿站存剩银五万两，直隶旗租银五万两。即着各该督抚按照户部指拨银数，吝委妥员，迅速解赴盛京户部交纳，毋许迟误。并着瑞联俟各该省解到时，即知照吉林、打牲、乌拉、黑龙江派员赴奉天领取，以资散放。仍由各该将军按照折放章程核实放给，不得稍有浮冒。并将奉省银价按月造报，及用过银钱各数目，于奏销时照例题报。如有余剩银两，于下年请领时声明备抵。至该三省节年俸饷银两，直隶、山东、河南、陕西等省积欠至一百八十八万余两之多，屡催罔应，实属延玩。着各该督抚严敕藩运各司，将前项欠解银两陆续筹款解赴奉省交纳，以济该三省俸饷要需。倘各该省仍复延不解交，即着户部指名严参。原片着钞给李鸿章、丁宝桢、文彬、李鹤年、翁同爵阅看。将此谕知李鸿章、都兴阿、瑞联、奕榕、德英、李鹤年、丁宝桢、翁同爵，并传谕文彬知之。

同治十一年（1872年）

《清实录·穆宗毅皇帝实录》卷之三百四十六，同治十一年十二月十日：

庚申以神灵显应，加河南正阳县城隍神封号曰昭应。

又谕：户部奏议拨东三省官兵俸饷银两，并请敕催各省历年欠解银两各折片。据称：奉天癸酉年俸饷约需银八十六万两，除该将军奏明应抵用银三十三万七千两外，计需银五十二万三千两，按照章程折放，应拨实银四十一万八千四百两。复将该省应抵各款详细查核，共抵银三十万六千八百三十两，尚应拨银十一万一千五百七十四两，即在该省应征海口船规项下照数提拨。吉林俸饷约需银五十万七千八百十两零，除本省应抵各款外，应拨银十三万二千五百五十两，照章折算，实需银十万六千四十两，并打牲乌拉应领银三万二千八百七十六两零，均应全数拨给。黑龙江俸饷应领银三十六万两，照章折算，实需银二十八万八千两，除应抵各款外，应拨银二十五万二千两，其应领制钱一千八百二十一串，由盛京户部金银库拨给等语。着照所议办理。所有吉林应拨银十万六千四十两，着提拨长芦癸酉年应征盐课银二万六千四十两，山东癸酉年应征地丁银四万两，河南癸酉年应征地丁银四万两，打牲乌拉应拨银三万二千八百七十六两零，着提拨长芦癸酉年应征盐课银一万两；河南驿站存剩银二万二千八百七十六两，黑龙江应拨银二十五万二千两，着提拨长芦癸酉年应征盐课银五万二千两；山东癸酉年应征地丁银五万两，河南癸酉年应征地丁银五万两，驿站存剩银五万两，直隶旗租银五万两。即着各该督抚按照户部指拨银数，吝委妥员，迅速解赴盛京户部交纳，毋许迟误。并着瑞联俟各该省解到时，即知照吉林、打牲乌拉、黑龙江派员赴奉天领取，以资散放。仍由各该将军按照折放章程核实放给，不得稍有浮冒。并将奉省银价按月造报，及用过银钱各数目，于奏销时照例题报。如有余剩银两，于下年请领时声明备抵。至该三省节年俸饷银两，直隶、山东、河南等省积欠至二百零七万两之多，屡催罔应，实属延玩。着各该督抚严敕藩、运各司，将前项欠解银两陆续筹款，解赴奉省交纳，以济该三省俸饷要需。倘各该省仍复延不解交，即着户部指名严参。原片着钞给阅看。将此各谕令知之。

展缓吉林三姓歉收地方未完仓谷暨折色银两。

同治十三年（1874年）

《清实录·穆宗毅皇帝实录》卷之三百六十四，同治十三年三月五日：

谕军机大臣等：荣全奏边务紧要，请调员差委一折。吉林尽先协领防御双玉、乌拉佐领春满、宁古塔佐领巴图里、宁古塔尽先协领骁骑校永海，着奕榕敕令驰赴荣全军营，听候差遣。并敕该员等各由本城吝带技艺娴熟、精壮得力官兵各二三十名，即行起程前往，毋稍迟缓。现在军务未蒇，亟应储备将材，并着奕榕查明该省如有久经战阵、谋勇兼优之宿将，据实酌保数员，用备任使。将此谕令知之。

《清实录·德宗景皇帝实录》卷之一，同治十三年十二月十一日：

吉林将军宗室奕榕等奏请展缓捕打东珠，并请筹拨乌拉欠饷。从之。月折。

第九章　清德宗光绪时期

光绪元年（1875 年）

《清实录·德宗景皇帝实录》卷之十三，光绪元年七月十日：

甲辰，孝懿仁皇后忌辰，遣官祭景陵。

又谕：军机大臣等奏，遵议东三省饷需一折。东三省为根本重地，现当整敕戎行之际，自应量加岁饷。着照所议，自明年为始，每年由部拨银七十万两，作为东三省的饷。其七十万两内，应归盛京俸饷若干，吉林、黑龙江打牲乌拉俸饷若干，着该将军于请拨明年俸饷案内，分别声叙。此项银两，仍着户部于各省盐关地丁项下，指款奏拨，令各该省督抚，如期筹解盛京户部，分别交纳支领。如有延欠，即由各该将军指名奏参，照迟延京饷例议处，以儆玩误。东三省自此次添给饷需后，该署将军等，务当共体时艰，撙节支放，实用实销，毋任稍有浮冒，以资饱腾。仍着体察情形，妥为筹划，将各城应征租课，暨海口船规等项，力求整顿，俾输将起色，则备豫有资，勿徒恃岁增俸饷，以为长策。其免扣俸饷，量减铺捐诸务，着俟库帑稍裕，拨款加增，再行随时酌办。将此由五百里各谕令知之。现月。

《清实录·德宗景皇帝实录》卷之十九，光绪元年十月十五日：

戊寅，谕军机大臣等：崇实等奏，请拨东三省来年俸饷，并请敕催欠饷一折。东三省官兵俸饷，前经军机大臣等奏准，自明年为始，每年由部拨银七十万两。其应分拨奉天等省数目，令该署将军等于请拨时分别声叙。兹据奏称，现届请拨之期，按照七十万两实数，分拨奉天银二十六万两，吉林银十三万四千六十二两零，并打牲乌拉银三万五千九百三十七两零，黑龙江银二十七万两。即着户部照数筹拨，令各该省赶紧解齐，以便散放明年春饷。并着崇实等咨明各该将军，如有延欠，遵照前旨，指名严参。直隶等省历年积欠银两，着李鸿章、刘坤一、吴元炳、裕禄、丁宝桢、谭锺麟、刘齐衔文琳，按照单开，设法筹措，务于年内解齐，以便散放。本年积欠各项要款，着各该省于报解时，分晰奉天、吉林、黑龙江三省款目，以免牵混。其黑龙江应领制钱，仍由盛京户部金银库拨给。崇实等原单，着分别钞给阅看。将此由四百里谕知李鸿章、崇实、岐元、刘坤一、吴元炳、裕禄、丁宝桢、谭锺麟，并传谕刘齐衔文琳知之。现月。

《清实录·德宗景皇帝实录》卷之二十一，光绪元年十一月一日：

甲午朔。

遣官祭先医之神，外起居注。

谕军机大臣等：前据崇实等奏请拨东三省来年俸饷银七十万两，当令户部照数筹拨。兹据户部奏称：奉天省应需俸饷银二十六万两，拟拨山东丙子年地丁银六万五千两，河南丙子年地丁银六万五千两，驿站存剩银二万两，两淮盐厘银六万两，扬州关丙子年常税银五万两；吉林省应需俸饷银十三万四千六十二两零，拟拨长芦丙子年盐课银二万四千六十二两零，山东丙子年地丁银三万两，河南丙子年地丁银三万两，东海关丙子年常税银五万两；吉林打牲乌拉应需俸饷银三万五千九百三十七两零，拟拨长芦丙子年盐课银一万五千九百三十七两零，江苏厘金银二万两；黑龙江应需俸饷银二十七万两，拟拨长芦丙子年盐课银三万两，福建丙子年盐课银四万两，安徽丙子年地丁银三万两，山东丙子年地丁银三万两，河南丙子年地丁银三万两，驿站存剩银三万两，直隶旗租银三万两，江苏厘金银二万两，淮安关常税银三万两，共银七十万两，请敕各省照拨等语。即着各该督抚等按照户部指拨银数，吝委妥员，迅速解赴盛京户部交纳，如有延欠，即由各该将军指名严参。并着岐元俟各该省解到时，即知照吉林、黑龙江各将军并打牲乌拉总管，派员赴奉天请领，各照折减章程支放，不得稍涉浮滥。其黑龙江应领制钱，仍由盛京户部查照向章，如数拨给，并着将奉省银价按月造报。其用过银钱各数目，仍着照例题报，如有余剩，于次年请饷时声明划抵，毋稍遗漏。现在奉天整顿操防，用费日增，该省应征各款，自应迅速催征，以抵俸饷之用。着崇实等敕令各属实力征收，毋任短欠。所征各款，除抵充俸饷外，其赢余之项，即着专款存储报部，划抵次年俸饷。至吉林、黑龙江两省，以此次指拨银两，合之该省应征各款，亦有赢余，并着各该将军存储备抵，以资应用。将此谕知李鸿章、崇实、岐元、庆裕、穆图善、丰绅、沈葆桢、刘坤一、李鹤年、吴元炳、裕禄、王凯泰、李庆翱、丁宝桢，并传谕刘齐衔文琳知之。现月。

《清实录·德宗景皇帝实录》卷之二十四，光绪元年十二月二十四日：

丁亥，谕内阁：惇亲王奏恳恩续假并请派署印钥一折，惇亲王着赏假一个月，安心调理。宗人府宗令着恭亲王署理，镶黄旗满洲都统着世铎署理。现月。

旌表打牲乌拉正白旗贞女赵吴氏。折包。

光绪二年（1876年）

《清实录·德宗景皇帝实录》卷之四十二，光绪二年十一月四日：

又谕：古尼音布、玉亮奏请敕催丙子年俸饷银两，并各省积欠俸饷，经户部指拨长芦盐课二万四千余两，山东地丁银三万两，河南地丁银三万两，东海关常税银五万两，打牲乌拉俸饷指由江苏拨银二万两，长芦拨银一万五千九百余两。现据奏称，本年俸饷除山东地丁应解之款业经解到外，余均未据报解，实属延玩。现届冬令，该省放款需用孔亟，着李鸿章、吴元炳、李庆翱、李元华即敕藩、运各司迅速筹拨，务于年内埽数解齐。其打牲乌拉本年欠饷及历年积欠银两，并着李鸿章、沈葆桢一并赶解，以济急需。

《打牲乌拉志典全书》卷二，协领衙门　附金川、巴里昆、察哈尔兵：

复于光绪二年六月十五日，准协领衙门移开，溯查本衙门前因频年奉调，剩兵无几，捕打贡物在乏兵，是以商恳前任总管禄权贴资代办之处，荷蒙恩施允准，按年本衙门贴帮资斧钱一千三百五十吊。……自光绪二年起，每年帮贴资斧钱一千八百吊，庶可稍纾亏累。及于八月初三日，复准将军衙门咨文内开，据乌拉协领报称，溯查本乌拉协领衙门，于乾隆五年安设。原有于同城总管衙门合并捕打贡物五项，就近呈交总管衙门。呈进应捕打长一丈至六尺鲟鳇鱼六尾，五色杂鱼二百五十尾，细鳞鱼一千五百余尾，松子二千八百斤，蜂蜜二千斤，按年出派官兵捕打，历有年矣。

光绪三年（1877年）

《清实录·德宗景皇帝实录》卷之五十二，光绪三年六月二十九日：

癸丑，上以孟秋享太庙，前期亲诣行礼。热河都统延煦奏围场新设同知、司狱、巡检各一员，酌拟应办事宜三条。下部议，朱批折奏。

又奏：贼犯私入围场打牲砍木，一年内拿获数目报闻。朱批折奏。

《清实录·德宗景皇帝实录》卷之六十二，光绪三年十一月十七日：

戊辰，谕军机大臣等：前据崇厚等奏请拨东三省来年的饷，当谕令户部照数指拨。兹据户部奏称：奉天应需银二十五万六千八百五十三两零，拟拨山东戊寅年地丁银八万两，河南戊寅年地丁银六万两，驿站存剩银一万六千八百五十三两零，两淮盐厘银八万两，淮安关常税银二万两；吉林应需银十三万两、四千六十二两零，拟拨长芦戊寅年盐课银二万四千六十二两零，山东戊寅年地丁银三万两，河南戊寅年地丁银三万两，东海关常税银五万两；打牲乌拉应需银三万九千八十四两零，拟拨长芦戊寅年盐课银一万九千八十四两零，江苏厘金银二万两；黑龙江应需银二十七万，拟拨长芦戊寅年盐课银三万两，福建戊寅年盐课银三万两，安徽戊寅年地丁银五万两，山东戊寅年地丁银三万两，河南戊寅年地丁银三万两，驿站存剩银三万两，直隶旗租银三万两，江苏厘金银一万两，临清关常税银三万两等语。即着各该督抚等严敕藩运各司及各监督，查照户部指拨各银数，迅速筹拨，委员分批径解盛京户部交纳。如有延欠，即由各该将军指名奏参，照迟延京饷例议处。并着岐元俟各该省解到时，分别知照，由各该处派员赴奉领回，以资发放。其黑龙江应领制钱，仍着岐元照章办理，毋稍浮冒。所有用过银钱数目，照例题报，如有余剩，于下年请饷时声明划抵，毋得遗漏。并将各该省州县应报银价，按月造报，以凭稽核。其应抵俸饷各款，并着崇厚、恩福遵照户部奏案，敕属上紧催征，务照定额收足，于下届核办俸饷时，即尽本省所征抵充足数。吉林、黑龙江应征租税并的饷银两，用有赢余，务当另款存储，报部候拨。嗣后该二省请领俸饷时，各将应征款项报明备抵，以重赋课而裕饷源。现在各省库款支绌，朝廷严敕各督抚等为东三省筹此专款，该将军等务当核实动用，并将地方一切事宜认真整顿，以期日有起色，毋得奉行故事，虚糜饷需。将此由五百里谕知李鸿章、崇厚、岐元、恩福、铭安、丰绅、沈葆桢、何璟、吴元炳、裕禄、李鹤年、涂宗瀛、文格，并传谕葆亨、广麟知之。现月。

光绪四年（1878年）

《清实录·德宗景皇帝实录》卷之八十，光绪四年十月二十二日：

戊戌，又谕：岐元奏请敕拨东三省来年的饷，并请催欠饷一折。东三省己卯年的饷七十万两，内应拨奉天银二十五万四千二百八十五两零，吉林银十三万四千六十二两零，并打牲乌拉银四万一千六百五十一两零，黑龙江银二十七万两，即着户部照数指拨，并令各该省督抚严敕各该司，按期如数批解，毋许仍前延欠，并于报解之时，分晰奉天、吉林、打牲乌拉、黑龙江各款目，以免牵混。至直隶等省欠解东三省本年的饷，着李鸿章、沈葆桢、何璟、吴元炳、裕禄、文格、涂宗瀛、李明墀、广麟按照单开，赶紧筹措，务于年前埽数解清，以济要需。岐元原单着分别钞给阅看。将此由五百里谕知李鸿章、沈葆桢、何璟、吴元炳、裕禄、文格、涂宗瀛，并传谕李明墀、广麟知之。现月。

《清实录·德宗景皇帝实录》卷之八十三，光绪四年十二月十一日：

丙戌，孝和睿皇后忌辰，遣官祭昌西陵。

谕军机大臣等：户部奏遵拨东三省己卯年官兵俸饷一折。据称：奉天需银二十五万四千二百八十五两零，拟拨山东己卯年地丁银八万两，河南己卯年地丁银六万两，驿站存剩银一万四千二百八十五两零，两淮盐厘银八万两，淮安关常税银二万两。吉林需银十三万四千六十二两零，拟拨长芦己卯年盐课银二万四千六十二两零，山东己卯年地丁银三万两，河南己卯年地丁银三万两，东海关常税银五万两。打牲乌拉需银四万一千六百五十一两零，拟拨长芦己卯年盐课银一万一千六百五十一两零，江苏厘金银三万两。黑龙江需银二十七万两，拟拨长芦己卯年盐课银三万两，福建己卯年盐课银三万两，安徽己卯年地丁银五万两，山东己卯年地丁银三万两，河南己卯年地丁银三万两，驿站存剩银三万两，直隶旗租银三万两，江苏厘金银一万两，临清关常税银三万两等语。即着该督抚、监督查照户部指拨银数，迅速筹拨，委员分批径解盛京户部交纳，不得解由部库转发，以致耽延。该督抚、监督务当如数筹解，如有延欠，即由各该将军指名奏参，照迟延京饷例议处。并着盛京户部于各该省解到时，分别知照该将军等派员领回，以资散放。其黑龙江应领制钱，仍着查照旧章办理，毋稍浮冒。所有用过银钱各数，照例题报，如有余剩，于下年请饷时声明列抵，并将应造银价清册按月照报，以凭稽核。各该省欠解东三省本年的饷，着该督抚、监督查照户部咨开数目，懔遵前旨，迅即埽数解清，毋得再有迟延。将此由五百里谕知李鸿章、岐元铭、安崇绮、丰绅、沈葆桢、何璟、吴元炳、裕禄、文格、涂宗瀛，并传谕李明墀、广麟知之。现月。

光绪五年（1879年）

《内阁大库档案》，光绪五年三（闰）月二十二日：

理藩院谨将应行验看塔子沟理事司员差之陈记名蒙古员外郎常谦等员，又应行验放黑龙江打牲副总管一缺二员等，一并开单移会内阁，奏请钦派王大臣验看验放。

《清实录·德宗景皇帝实录》卷之九十八，光绪五年七月二十九日：

又谕：铭安等奏请将休致协领起复录用等语。前乌拉协领、记名副都统常福，系在军营受伤，并染患病证，已成残废，经穆图善等奏请休致之员，应不准其起用。铭安等所请，着毋庸议。现月。

《清实录·德宗景皇帝实录》卷之一百二，光绪五年十月十九日：

己未，谕军机大臣等：户部奏部库需款浩繁，各省关欠解京饷，请旨严催一折。各省关欠解本年京饷，统限年内解齐，叠经严催，截至九月底止，除已经解到及报解启程外，尚欠解银二百九十一万余两。现在部库支绌，年内应放各款关系紧要，亟须各省关全数解到，以应急需，岂容任意延宕？着该将军、督抚、监督等各按照单开欠解数目，依限埽数解京，其已报起程各款，亦即赶催解部，毋任在途逗遛，倘敢诿卸拖欠，贻误要需，即着户部指名严参。原单均着摘钞给予阅看。将此由五百里谕知福州将军，直隶、两江、闽浙、湖广、两广、四川各总督，江苏、安徽、江西、福建、浙江、山东、山西、河南、湖北、湖南、广东各巡抚，并传谕粤海关监督知之：现月。

又谕：岐元奏，请敕拨东三省来年的饷，并请催欠饷一折。东三省庚辰年的饷七十万两，内应拨奉天银二十六万六百八两零，吉林银十三万四千六十二两零，并打牲乌拉银三万五千三百二十八两零，黑龙江银二十七万两，即着户部照数指拨。并令各该省督抚严敕各该司，按期如数批解，毋许仍前延欠。并于报解之时，分晰奉天、吉林、打牲乌拉、黑龙江各款目，以免牵混。至直隶等省欠解东三省本年的饷，并历年欠饷，着李鸿章、沈葆桢、何璟、吴元炳、裕禄勒方锜、周恒祺、涂宗瀛、广英，按照单开，赶紧筹措，务于年前埽数解清，以济要需。岐元原单，着分别钞给阅看。将此由五百里谕知李鸿章、沈葆桢、何璟、吴元炳、裕禄勒方锜、周恒祺、涂宗瀛，并传谕广英知之。现月。

出使俄国大臣崇厚奏：与俄外部议明交收伊犁，修定约章，计订约十八条：一、俄国许将伊犁交还中国，其七条所载伊犁西边及帖克斯川一带地方归俄管理；二、伊犁居民乞恩赦免；三、伊犁居民已入俄籍者，愿留愿迁，均听其便；四、俄人在伊犁所置产业，照旧管业；五、两月内将交收伊犁办竣；六、代收代守伊犁兵费暨补恤俄人之款；七、八分界之处有三：一、伊犁界，一、喀什噶尔界，一、塔尔巴哈台界，九、安设界碑之所，应两国会同勘定；十、添设领事；十一、领事与地方官往来礼节；十二、总论通商；十三、设立行栈等事；十四、陆路通商行走之路；十五、声明定章修改年分；十六、会定茶税；十七、更正旧约；十八、此约两国批准后，各将条约通行晓谕各处地方遵照。下所司议，并着咨行李鸿章、左宗棠、沈葆桢一并妥议具奏。寻总理衙门覆奏：兵费恤款，计尚不多，似可照议。通商各节，扩充既广，流弊易滋，且有碍华商生计。前李鸿章所陈捕救之法，是否确有把握，应由左宗棠等再行妥议。分界关系回疆全局，若任俄人侵占要隘，是名为收还伊犁，而准部与回疆形格势禁，反不如不收还之为愈，亦应由左宗棠等权其轻重利害，一一分晰具陈。折包。

《清实录·德宗景皇帝实录》卷之一百四，光绪五年十一月二十日：

己丑，谕内阁：御史戈靖奏宗支生计维艰，仕途未广，请量为变通一折，着宗人府会同该部议奏。现月。

谕军机大臣等：户部奏遵拨东三省庚辰年官兵俸饷一折。据称：打牲乌拉需银三万五千三百二十八两零，拟拨长芦庚辰年盐课银一万五千三百二十八两零，江苏厘金银二万两。

光绪六年（1880年）

《清实录·德宗景皇帝实录》卷之一百八，光绪六年正月二十一日：

己丑，孝穆成皇后忌辰，遣官祭慕陵。记注。

又谕：本日据王大臣等会议筹备边防事宜一折。此次俄国与崇厚所议条约章程多有要求，断难允准，已改派曾纪泽前往另议。惟该国未遂所欲，难保不伺隙启衅。东三省为根本重地，且吉林、黑龙江两面与俄接壤，俄人近在海参崴地方悉力经营，已成重镇，其意存窥伺可知，尤应规画防守，备豫不虞。奉天一省沿海口岸最关紧要，现已谕令涂宗瀛调宋庆一军前往该处择要驻扎，以为陪都，拱卫该省。所有制兵并着岐元与该提督随时会商，认真训练，务期有一兵得一兵之用。至金州海口关系紧要，应如何豫筹防守之处，着李鸿章、岐元会筹办理。吉林、黑龙江兵夙称勇敢，朴实耐劳，果能选择知兵将领训练策励，足成劲旅。其猎户人等枪枝最长，亦可募用。此外如招集打牲、索伦诸部落及办理垦荒、榷税各事宜，为就地取材之策。又金匪人众强悍，如能抚而训之，当不至为敌所诱。富和熟谙该省情形，着铭安督敕该副都统实力操练，期有实济。并令吴大澂前往吉林，随时帮办。该将军当与妥筹一切事宜，以冀日有起色。编修于荫霖折，于吉林情形言之甚为详晰，着钞给铭安阅看。所有珲春等三城及海参崴一带地势情形，并着绘图贴说具奏。松花江久为俄人窥伺，应如何制造战船，添练水师，并着该将军等察看情形，速筹办理。黑龙江地方应办防边、练军各事，着丰绅妥为筹划，次第举行。已革总兵陈国瑞，前在军营颇有战绩，现在黑龙江戍所是否堪以起用，着丰绅据实具奏。现在时艰孔亟，外侮凭陵，断不可稍涉因循，不思自强之计。况东三省势逼强邻，即使衅端不开，亦不可一日稍弛边备。所有该省应行办理各事宜，着各该将军等迅速筹办，限于一月内详晰具奏。将此由五百里各密谕知之。洋务。

赏河南河北道吴大澂三品卿衔，赴吉林随同铭安帮办一切事宜记注。

《清实录·德宗景皇帝实录》卷之一百二十二，光绪六年十月二十六日：

辛酉，谕军机大臣等：岐元奏，请敕拨东三省来年的饷，并请催欠饷一折。东三省辛巳年的饷七十万内，应拨奉天银二十五万六千三百二十三两零，吉林银十三万四千六十二两零，并打牲乌拉银三万九千六百十三两零，黑龙江银二十七万两。即着户部照数指拨，并令各该省按期如数批解，毋许仍前延欠。并于报解之时，分晰奉天、吉林、打牲乌拉、黑龙江各款目，以免牵混。至直隶等省欠解东三省本年的饷，并历年欠饷，着李鸿章、刘坤一、何璟、吴元炳、裕禄勒方锜、周恒祺、涂宗瀛、征麟，按照单开，赶紧筹措，务于年前埽数解清，以济要需。岐元等原单，着分别钞给阅看。将此由五百里谕知李鸿章、刘坤一、何璟、吴元炳、裕禄勒方锜、周恒祺、涂宗瀛，并传谕征麟知之。现月。

《清实录·德宗景皇帝实录》卷之一百二十四，光绪六年十一月二十八日：

壬辰，谕内阁，贝勒载滢之第一子，着命名溥伟。记注。

谕军机大臣等：户部奏遵拨东三省辛巳年官兵俸饷一折，据称：奉天需银二十五万六千三百二十三两零，拟拨山东辛巳年地丁银八万两，河南辛巳年地丁银五万五千两，驿站存剩银一万一千三百二十三两零，两淮盐厘银八万两，淮安关常税银一万两，江苏厘金银二万两；吉林需银十三万四千六十二两零，拟拨长芦辛巳年盐课银二万四千六十二两零，山东辛巳年地丁银三万两，河南辛巳年地丁银三万两，江海关洋税银二万两，临清关常税银三万两；打牲乌拉需银三万九千六百十三两零，拟拨长芦辛巳年盐课银一万九千六百十三两零，江苏厘金银二万两；黑龙江需银二十七万两，拟拨长芦辛巳年盐课银三万两，福建辛巳年盐课银三万两，安徽辛巳年地丁银五万两，山东辛巳年地丁银三万两，河南辛巳年地丁银三万两，驿站存剩银三万两，直隶旗租银三万两，江苏厘金银一万两，江海关洋税银三万两等语。即着该督抚、监督查照户部指拨银数，迅速筹拨，委员分批径解盛京户部交纳，不得解由部库转发，以致耽延。该督抚、监督务当如数筹解，如有延欠，由各该将军指名奏参，照迟延京饷例议处。并着盛京户部于各该省解到时，分别知照该将军等派员领回，以资散放。其黑龙江应领制钱，仍着查照旧章办理，毋稍浮冒。所有用过银钱各数，照例题报，如有余剩，于下年请饷时声明划抵，并将应造银价清册按月造报，以凭稽核。至所称黑龙江自光绪元年起至本年止，各省解到俸饷暨历年应征租税，计款甚巨，究竟放过新陈俸饷，几年未据报销，着定安迅即查明，分晰造册项目题销。各该省欠解东三省本年的饷并历年欠饷，着该督抚、监督查照户部咨开数目，迅即埽数解清，毋稍迟延。将此由五百里谕知李鸿章、岐元恩、福铭安、定安、刘坤一、何璟、吴元炳、裕禄、勒方锜、周恒祺、涂宗瀛，并传谕征麟知之。现月。

予故镶红旗蒙古副都统荣全祭葬，恤荫如都统例，赏银一千两，治丧。现月。

光绪七年（1881年）

《清实录·德宗景皇帝实录》卷之一百二十六，光绪七年正月二十九日：

壬辰，世祖章皇帝诞辰，遣官祭奉先殿。

伊犁将军金顺奏请以吉林乌拉正白旗佐领魁福署理古城领队大臣，荆州驻防正黄旗蒙古佐领恩泽署理巴里坤领队大臣。从之。折包。

《清实录·德宗景皇帝实录》卷之一百二十七，光绪七年二月十三日：

乙巳，谕军机大臣等：刘坤一奏，遵查招商局被参各款折；李鸿章奏，查明招商局员被参各款，并沥陈办理情形各折片。着户部会同总理各国事务衙门妥议具奏。洋务。

乌里雅苏台参赞大臣喜昌奏：奉命挑募吉军暨镇边各营，经与副都统依克唐阿将吉林、乌拉、阿勒楚民丁暨兵丹猎夫认真拣选，择精壮者为正兵，粗拙者为营夫，军火由铭安借拨，克期训练，冀成劲旅，并恭报成军起饷日期。下部知之。折包。

《清实录·德宗景皇帝实录》卷之一百二十八，光绪七年三月二十九日：

辛卯，谕内阁：景寿等奏请将匪犯交部惩办一折。匪犯杨二海即杨洪秀等在南苑偷打牲兽，经总领章京文喜等捕拿，胆敢施放火枪，将文喜打伤，藐法已极。杨二海即杨洪秀、王三儿着交刑部严行审讯，按律惩办。其在逃之王龄儿等三十五名，着步军统领衙门、顺天府、五城御史一体严拿务获，送部审办。现月。

《清实录·德宗景皇帝实录》卷之一百三十六，光绪七年九月二日：

辛卯，谕内阁：裕禄奏道员不洽舆情，请旨勒休一折。安徽徽宁池太广道恭鎧，沾染嗜好，乖戾任性，商民交怨，物议沸腾，着即勒令休致，以肃吏治。现月。

黑龙江将军定安等奏：江流泛涨，陡遇风雨，击坏水师营船，请照例免赔，仍将水师营四品官明福等交部议处。从之。折包。

又奏：呼伦贝尔兵丁应建营房，该处向系打牲游牧之地，惯于露居野处，现以房价改置毛毡蒙古包，以便居住。报闻。折包。

《清实录·德宗景皇帝实录》卷之一百三十八，光绪七年十月二十五日：

甲申，太宗文皇帝诞辰，遣官祭奉先殿。

谕军机大臣等：恩福奏，请敕拨壬午年东三省的饷，并请催各省欠饷一折。东三省壬午年的饷银七十万两内，应拨奉天省二十六万五百六十两零，吉林省十三万四千六十二两零，打牲乌拉三万五千三百七十六两零，黑龙江二十七万两，即着户部照数指拨，并令各该省如数分晰批解，毋许延欠。至各省欠解东三省辛巳年的饷暨历年欠饷，着各该督抚、监督按照单开，赶紧筹措，务于年前埽数解清，以济要需。原单着分别钞给阅看。将此由五百里谕知李鸿章、左宗棠、刘坤一、何璟、黎培敬、裕禄、岑毓英、任道镕、李鹤年，并传谕谭钧、培英、瑞知之。现月。

光绪八年（1882年）

《清实录·德宗景皇帝实录》卷之一百四十八，光绪八年六月二十四日：

戊寅，谕内阁，志和奏，酌拟整顿咸安宫官。

赏吉林乌拉正白旗佐领魁福副都统衔为古城领队大臣。外起居注。

《清实录·德宗景皇帝实录》卷之一百五十五，光绪八年十一月二十八日：

谕军机大臣等：崇绮等奏，奉天、吉林癸未年应需的饷，请敕部先行指拨，并请催各省欠饷一折。奉天、吉林癸未年的饷，除各该省应征各款抵充外，奉天尚需银二十六万两，吉林尚需银十一万九千三百两，打牲乌拉应需银三万五千二百七十两零，着户部照数指拨，并令各该省如数分晰批解，毋许延欠。其黑龙江应需饷数，且俟该省奏报到日，由户部再行核拨。至各该省欠解东三省壬午年的饷，暨历年欠饷，着该大臣、督抚、监督按照单开，赶紧筹措，务于来年埽数解清，以济要需。原单着分别摘钞，给与阅看。将此由五百里谕知李鸿章、左宗棠、张树声、何璟、卫荣光、裕禄、潘霨、李文敏、张兆栋、李鹤年、任道镕，并传谕英瑞知之。现月。

光绪九年（1883年）

《清实录·德宗景皇帝实录》卷之一百七十二，光绪九年十月二十一日：

戊辰，谕内阁：国子监司业潘衍桐奏请敕部将京员津贴款项作正开销一折，着户部归入盛昱所奏，一并议奏。

又谕：崇绮等奏请敕拨甲申年东三省的饷，并请催各省欠饷一折。东三省甲申年的饷，奉天需银二十六万两，吉林需银十四万五千二百三十两，打牲乌拉需银三万五千八百十六两零，黑龙江需银二十一万九千九百三十五两零，即着户部照数指拨，并令各该省如数分晰批解，毋许延欠。至各省欠解东三省癸未年的饷暨历年欠饷，着各该督抚监督按照单开数目赶紧筹措，务于年前解清，以济要需。原单着分别钞给阅看。将此由五百里谕知李鸿章、左宗棠、何璟、卫荣光、裕禄、潘霨、张兆栋、陈士杰、鹿传霖，并传谕恩林知之。

光绪十年（1884年）

《清实录·德宗景皇帝实录》卷之一百九十二，光绪十年八月二十五日：

丙申，颁古巴华商会馆关帝庙扁额，曰德义流行。随手。

谕军机大臣等：内阁学士尚贤奏，俄人日肆侵占，请敕认真办防一折。据称：阿勒楚喀、五常堡等处，西丹精壮可得数万，选补兵额，将各处分驻之兵调防，更番操练。此外台丁、站丁，亦可另编一队，并将珲春、绥芬河等处打牲炮勇，练成队伍，免为俄人收用等语。所奏是否可行，着希元酌度情形，妥筹覆奏。另片奏：吉林、黑龙江荒地甚多，拟将京师旗仆拨往屯垦，条陈办法，请敕查勘举行等语。着希元、文绪各就地方情形，悉心体察，妥议具奏。原折片着分别钞给阅看。将此由四百里各谕令知之。寻奏：拨旗开垦，诸多窒碍，究不如以兵屯田，较为便利。报闻。洋务。

《清实录·德宗景皇帝实录》卷之一百九十六，光绪十年十月二十六日：

丁酉，以黄河安澜，发大藏香十枝，交山东巡抚陈士杰祇领，虔诣河神庙祀谢现月。

谕内阁：致仕大学士文煜，恪慎持躬，老成练达，历受先朝知遇，由道员洊擢封圻。朕御极后，复加委任，晋陟纶扉，历管部旗事务，宣力有年，克勤厥职。前因患病，准予开缺调理。方期克享遐龄，长承恩眷，兹闻溘逝，轸惜殊深。着赏给陀罗经被，派载泽带领侍卫十员，即日前往奠醊，加恩赠太子少保衔，照大学士例赐恤。任内一切处分，悉予开复。应得恤典，该衙门查例具奏，用示笃念耆臣至意。寻予谥文达。现月档。

谕军机大臣等：庆裕等奏，请敕拨东三省来年的饷，并请催欠饷一折。东三省乙酉的饷，应拨奉天银二十六万两，吉林银十三万三千九百六十两，并打牲乌拉银三万一千八百十八两零，黑龙江银十八万六千二百六十七两零。即着户部照数指拨，并令各该省按期如数批解，毋许仍前延欠。并于报解之时，分晰奉天、吉林、打牲乌拉及黑龙江各款目，以免牵混。至直隶等省欠解东三省本年的饷，着李鸿章、曾国荃、杨昌濬、卫荣光、德馨、刘铭传、陈士杰、鹿传霖、卢士杰、刘瑞芬、恩林，按照单开数目，赶紧筹措，务于年前埽数解清，以济要需。庆裕等原单，着分别钞给阅看。将此由五百里谕知李鸿章、曾国荃、杨昌濬、卫荣光、德馨、刘铭传、陈士杰、鹿传霖，并传谕卢士杰、刘瑞芬、恩林知之。现月。

光绪十一年（1885年）

《清实录·德宗景皇帝实录》卷之二百十八，光绪十一年十月二十四日：

己丑，上御紫光阁阅侍卫等骑射。内起居注。

又谕：庆裕等奏，请敕拨东三省来年的饷，并请催欠饷一折。东三省丙戌年的饷七十万两，内应拨奉天银二十六万两，吉林银十一万五百九十两，打牲乌拉银三万二千一百四十五两零，黑龙江银十八万一千九百三十五两零。着户部照数指拨，并令各该省督抚严敕各该司，按期如数批解，毋许延欠。并于报解之时，分晰奉天、吉林、打牲乌拉、黑龙江各款目，以免牵混。至直隶等省欠解东三省本年的饷，暨历年欠饷，着李鸿章、曾国荃、杨昌濬、卫荣光、吴元炳、德馨、陈士杰、边宝泉、孙凤翔、明勋，按照单开，赶紧筹措，务于本年前埽数解清，以济要需。庆裕等原单，着分别钞给阅看。将此由五百里谕知李鸿章、曾国荃、杨昌濬、卫荣光、吴元炳、德馨、陈士杰、边宝泉，并传谕孙凤翔、明勋知之。现月。

光绪十二年（1886年）

《清实录·德宗景皇帝实录》卷之二百二十四，光绪十二年二月二十九日：

癸巳，上诣独乐寺拈香。

谕内阁：朕奉慈禧端佑康颐昭豫庄诚皇太后祗谒东陵，前经谕令总管内务府大臣严敕各总管太监，约束随从太监人等，不准稍有骚扰。昨据储秀宫首领太监赵福来称，四执事太监梁祥荣、邢有瑞在燕郊途次，有勒索草料、殴打差役之事，当经钦奉懿旨，重加板责，发往打牲乌拉，以示惩儆。我朝约束内侍，执法最严，偶有滋事，无不从重惩办。此次首领太监据实陈奏，立即严惩，各随从太监等自应知儆知惧。仍着总管内务府大臣及各总管太监沿途实力严查，倘再有借差滋扰情事，即着立时奏闻，定行严办，不得徇隐干咎。现月。

《清实录·德宗景皇帝实录》卷之二百二十九，光绪十二年六月八日：

庚午，钦奉慈禧端佑康颐昭豫庄诚皇太后懿旨：御史朱一新奏敬陈海军事宜一折，着该衙门议奏。现月。

吉林将军希元奏，请将乌拉总管衙门所设翼领等官委缺，改为实任食俸，如所请行。折包。

《清实录·德宗景皇帝实录》卷之二百三十四，光绪十二年十一月二日：

辛卯，谕军机大臣等：庆裕等奏请敕拨东三省来年的饷并请催欠饷一折。东三省丁亥年的饷应拨奉天银二十六万两、吉林银十一万七千八百零九两、打牲乌拉银三万六千零三十八两零、黑龙江银二十万零一千二百二十二两零，着户部照数指拨，令各该省督抚严敕各该司按期如数批解，毋许延欠，并于报解之时分晰奉天、吉林、打牲乌拉、黑龙江各款目，以免牵混。至直隶等省欠解东三省本年的饷四十四万二千余两，暨历年欠饷二百五十八万余两，着李鸿章、古尼音布、曾国荃、杨昌濬、崧骏、陈彝、阿克达春、德馨、张曜、边宝泉、明勋按照单开数目赶紧筹措，务于年前埽数解清，以济要需。庆裕等原单均着钞给阅看。将此由五百里谕知李鸿章、古尼音布、曾国荃、杨昌濬、崧骏、陈彝、德馨、张曜、边宝泉，并传谕阿克达春、明勋知之。现月。

光绪十三年（1887年）

《清实录·德宗景皇帝实录》卷之二百四十五，光绪十三年七月五日：

庚申，谕内阁。

谕军机大臣等：据景寿等奏，六月二十八日，南苑地方有贼匪二十余人，偷打牲兽，经官兵等捕拿，该匪等胆敢拒捕，札伤马甲德龄身死。并据该总领章京禀称，常有著名匪徒三十余人，越墙进苑等语。禁苑重地，竟有匪徒持械拒捕，尚复成何事体？着步军统领衙门、顺天府、五城御史迅即移咨奉宸苑，将著名贼匪姓名、住址，咨行各该衙门，按名密拿，严行惩办。原折均着钞给阅看。将此各谕令知之。现月档。

《清实录·德宗景皇帝实录》卷之二百四十八，光绪十三年十月三十日：

癸丑，世宗宪皇帝诞辰，遣官祭奉先殿。早事。

谕军机大臣等：庆裕等奏请敕拨东三省戊子年的饷，应拨奉天银二十六万两，吉林银五万一千三百十二两零，打牲乌拉银三万五千四百七十六两零，黑龙江银十七万八千五百九十五两零。着户部照数指拨，令各该省督抚等如数筹解，毋许迟延。并于报解之时，分晰奉天、吉林、打牲乌拉、黑龙江各款目，以免牵混。至直隶等省欠解东三省本年的饷暨历年欠饷，着李鸿章、曾国荃、杨昌濬、崧骏、陈彝、德馨、张曜、倪文蔚、世序，按照单开数目，赶紧筹措，务于年前解清，以济要需。原单均着钞给阅看。将此由五百里谕知李鸿章、曾国荃、杨昌濬、崧骏、陈彝、德馨、张曜、倪文蔚，并传谕世序知之。现月。

光绪十四年（1888年）

《清实录·德宗景皇帝实录》卷之二百六十一，光绪十四年十一月五日：

壬子，谕军机大臣等：庆裕等奏请敕拨东三省来年的饷并请催欠饷一折。东三省己丑年的饷，应拨奉天银二十六万两，吉林银七万九千二百两，打牲乌拉银三万三千六百八十两零，黑龙江银十七万七千一百九十二两零。着户部照数指拨，令该督抚等如数筹解，毋许迟延。并于报解之时，分晰奉天、吉林、打牲乌拉、黑龙江各款目，以免牵混。至直隶等省欠解东三省的饷暨历年欠饷，着李鸿章、曾国荃、卞宝第、崧骏、陈彝、德馨、张曜、倪文蔚、效曾按照单开数目，赶紧筹措，务于年内解清，以济要需。原单均着钞给阅看。将此由五百里谕知李鸿章、曾国荃、卞宝第、崧骏、陈彝、德馨、张曜、倪文蔚，并传谕效曾知之。现月。

光绪十五年（1889年）

《清实录·德宗景皇帝实录》卷之二百六十九，光绪十五年四月二十六日：

辛丑，以祈雨未应，上复诣大高殿祈祷行礼。诣宣仁庙拈香。

乌拉打牲总管云生奏，各省积欠乌拉饷银，请敕部催解。得旨：着户部查明，咨催各该省迅速拨解。折包。

《清实录·德宗景皇帝实录》卷之二百七十六，光绪十五年十一月五日：

丁未，谕内阁：豫亲王本格奏假期届满，病仍未痊，请开去差使，并请停俸一折。本格着再赏假两月，毋庸开去差使。现月

又谕：定安奏，请敕拨东三省来年的饷，并请催欠饷一折。东三省庚寅年的饷，应拨奉天银二十六万两，打牲乌拉银三万六千六百九十九两零，着户部照数指拨，令各该省督抚等如数筹解，毋许迟延，并于报解之时，分晰奉天、打牲乌拉各款目，以免牵混。至所奏吉林、黑龙江的饷，请俟各该省咨报到日，径行核拨等语，着户部速议具奏。其直隶等省欠解东三省本年的饷，暨历年欠饷，着李鸿章、曾国荃、卞宝第、刚毅、沈秉成、德馨、倪文蔚、奎斌、张曜、效曾，按照单开数目，赶紧筹措，务于年内解清，以济要需。原单均着钞给阅看。将此谕知户部，并由五百里谕知李鸿章、曾国荃、卞宝第、刚毅、沈秉成、德馨、倪文蔚、奎斌、张曜，并传谕效曾知之。

《清实录·德宗景皇帝实录》卷之二百七十七，光绪十五年十一月二十四日：

丙寅，谕军机大臣等：晋祺奏，本月十六日，有匪徒多名，进南苑施放火枪，偷打牲兽，当经官兵缉拿，该犯等胆敢抗拒，扎伤马甲。查各匪内有张三、张四、石三等三名，即系光绪十三年伤毙马甲德龄案内逸犯，请敕查拿等语。南苑重地，屡有匪徒偷打牲兽，聚众滋事，实属藐法已极，捕务废弛，即此已可概见。着步军统领衙门、顺天府

将张三等及其余各犯，严行缉拿，务获究办，不准一名漏网。并着顺天府敕令南路同知，拣派干役，随时就近访缉，以靖地方。原折均着钞给阅看。将此谕令知之。现月。

光绪十六年（1890年）

《清实录·德宗景皇帝实录》卷之二百九十一，光绪十六年十一月七日：

癸酉，谕军机大臣等：裕禄等奏，请敕拨东三省来年的饷，并请催欠饷一折。东三省辛卯年的饷，应拨奉天银二十六万两，吉林银十一万八千两，打牲乌拉银三万七千四十九两零。着户部照数指拨，令各该省督抚等如数筹解，毋许迟延。并于报解之时，分晰奉天、吉林、打牲乌拉各款目，以免牵混。至所奏黑龙江的饷，请俟该省咨报到日，径行核拨等语，着户部速议具奏。其直隶等省欠解东三省本年的饷，暨历年欠饷，着李鸿章、沈秉成、卞宝第、刚毅、德馨、裕宽、谭继洵、张曜、阿克达春、世纲，按照单开数目，赶紧筹措，务于年内埽数解清，以济要需。原单均着钞给阅看。将此谕知户部，并由四百里谕知李鸿章、沈秉成、卞宝第、刚毅、德馨、裕宽、谭继洵、张曜，并传谕阿克达春、世纲知之。现月。

光绪十七年（1891年）

《清实录·德宗景皇帝实录》卷之二百九十七，光绪十七年五月十二日：

又奏：额穆赫索罗地方紧要，官兵单微，不敷差遣，乌拉协领衔门距省最近，差务较简，请由该处拨领催四名，甲兵四十名，归额穆赫索罗挑放，并请添设防御一员，骁骑校一员，应支俸银，归吉林通省官兵俸饷项下支给，其佐领一缺，并恳赏加协领职衔，以资镇摄。下兵部议。折包。

《清实录·德宗景皇帝实录》卷之三百三，光绪十七年十一月一日：

辛酉朔，谕军机大臣等：裕禄等奏，请敕拨东三省来年的饷，并请催欠饷一折。东三省壬辰年的饷，应拨奉天银二十六万两，吉林银十一万八千七百四十四两零，打牲乌拉银四万四千四百七十一两零，黑龙江银二十七万三千八百两。着户部照数指拨，令各该省督抚等如数筹解，毋许迟延。并于报解之时，分晰奉天、吉林、打牲乌拉、黑龙江各款目，以免牵混。其各省欠解东三省本年的饷暨历年欠饷，着李鸿章、刘坤一、卞宝第、刚毅、沈秉成、德馨、裕宽、谭继洵、福润、世纲，按照单开数目，赶紧筹措，务于年内埽数解清，以济要需。原单均着钞给阅看。将此谕知户部，并由五百里谕知李鸿章、刘坤一、卞宝第、刚毅、沈秉成、德馨、裕宽、谭继洵、福润，并传谕世纲知之。

光绪十八年（1892年）

《清实录·德宗景皇帝实录》卷之三百十七，光绪十八年十月二十九日：

又谕：裕禄等奏，请敕拨东三省来年的饷，并请催欠饷一折。东三省癸巳年的饷，应拨奉天银二十六万两，吉林银十三万一千八百九十一两零，打牲乌拉银三万四千七百六十八两零，黑龙江银十九万两。着户部照数指拨，令各该省督抚等如数筹解，毋许迟延。并于报解之时，分晰奉天、吉林、打牲乌拉、黑龙江各款目，以免牵混。其各省欠解东三省本年的饷，暨历年欠饷，着李鸿章、刘坤一、谭锺麟、奎俊、沈秉成、德馨、裕宽、谭继洵、福润、常恩，按照单开数目，赶紧筹措，务于年内埽数解清，以济要需。原单均着钞给阅看。将此谕知户部，并由五百里谕知李鸿章、刘坤一、谭锺麟、奎俊、沈秉成、德馨、裕宽、谭继洵、福润，暨传谕常恩知之。现月。

光绪十九年（1893 年）

《清实录·德宗景皇帝实录》卷之三百二十九，光绪十九年十月二十八日：

丙子，谕军机大臣等：裕禄等奏请敕拨东三省来年的饷，并请催欠饷一折。东三省甲午年的饷，应拨奉天银二十六万两，吉林银十六万六千一百九两零，打牲乌拉银三万六千八百九十五两零，黑龙江银十七万九千八百两。着户部照数指拨，令各该省督抚等如数筹解，毋许迟延。并于报解之时，分晰奉天、吉林、打牲乌拉、黑龙江各款目，以免牵混。其各省欠解东三省本年的饷暨历年欠饷，着李鸿章、刘坤一、谭锺麟、张之洞、奎俊、沈秉成、德馨、裕宽、福润、常恩按照单开数目，赶紧筹措，务于年内埽数解清，以济要需。现月。

《清实录·德宗景皇帝实录》卷之三百三十一，光绪十九年十二月十九日：

丁卯，吉林将军长顺奏：乌拉兵额日减，无力帮捕东珠，恳准裁免以示体恤。允之。

蠲缓吉林柏都讷厅所属暨三姓等处被水地方银谷有差。现月。

光绪二十年（1894年）

《清实录·德宗景皇帝实录》卷之三百三十四，光绪二十年二月十日：

丁巳，祭先师孔子，遣大学士福锟行礼。

吉林将军长顺等奏：捕打东珠，必俟入伏水暖摸觅蚌蛤，秋分始能陆续旋回。请展缓两个月，期于九月交进。得旨：仍着设法及早捕打，迅速解京。

《清实录·德宗景皇帝实录》卷之三百三十七，光绪二十年三月十九日：

谕军机大臣等：本日云生奏，恭逢庆典，率属续行报效银两，并请来京祝嘏一折。览奏具见悃忱。惟念乌拉官员、牲丁等供应差务，情形清苦，本年兼有捕打东珠之差，所有此项该官兵等报效工需银两，着毋庸呈进，以示体恤。云生并着毋庸来京。将此谕令知之。现月。

《清实录·德宗景皇帝实录》卷之三百四十三，光绪二十年六月二十九日：

甲戌，谕军机大臣等：长顺、云生奏遵旨捕打东珠，开单呈览一折。此次呈进上三旗所捕东珠五百七十余颗，光采不齐，大珠尤觉色黯，着即转敕再行捕打，拣选颜色明亮者，同下五旗所捕各珠一并呈进，毋稍延误。将此谕知长顺，并传谕云生知之。现月。

《清实录·德宗景皇帝实录》卷之三百四十六，光绪二十年八月一日：

以兵丁殴毙洋人，不能约束革吉林练军马队营官乌拉正蓝旗佐领依升阿等职。并讯办。折包。

《清实录·德宗景皇帝实录》卷之三百五十二，光绪二十年十月二十七日：

谕军机大臣等：裕禄奏，请敕拨东三省来年的饷，并请催欠饷一折。东三省乙未年的饷，应拨奉天银二十六万两，吉林银十五万一千四百五十两零，打牲乌拉银三万八千七百四十五两零，黑龙江银二十万零八千一百两。着户部照数指拨，令各该省督抚等如数筹解，毋许迟延。并于报解之时，分晰奉天、吉林、打牲乌拉、黑龙江各款目，以免牵混。其各省欠解东三省本年的饷暨历年欠饷，着各该督抚、监督按照单开数目，赶紧筹措，务于年内埽数解清，以济要需。原单均着钞给阅看。将此谕知户部，并由五百里谕知直隶、两江、闽浙、湖广各总督，江苏、安徽、江西、湖北、河南、山东各巡抚，暨传谕淮安关监督知之。现月。

《清实录·德宗景皇帝实录》卷之三百五十四，光绪二十年十一月二十一日：

癸巳，打牲乌拉总管云生奏，请敕拨枪械办防。得旨：打牲乌拉向无请领军火之案，该处亦无防务，所请敕拨枪械，着毋庸议。折包。

光绪二十一年（1895 年）

《清实录·德宗景皇帝实录》卷之三百七十九，光绪二十一年十一月五日：

吉林将军长顺等奏：明年可否捕打东珠？得旨：毋庸捕打，明年再行奏请。

《清实录·德宗景皇帝实录》卷之三百七十九，光绪二十一年十一月六日：

壬寅，庄顺皇贵妃忌辰，遣官祭园寝。

谕军机大臣等：裕禄等奏，请敕拨来年的饷，请催欠饷一折。东三省丙申年的饷，应拨奉天银二十六万两，吉林银十四万二千七十两零，打牲乌拉银三万五千七百七十两零，黑龙江银二十万九千两。着户部照数指拨，令各该省督抚等如数筹解，毋许迟延。并于报解之时，分晰奉天、吉林、打牲乌拉、黑龙江各款目，以免牵混。其各省欠解东三省本年的饷暨历年欠饷，着各该督抚、监督按照单开数目，赶紧筹措，务于年内埽数解清，以济要需。原单均着钞给阅看。将此谕知户部，并由五百里谕知直隶、两江、闽浙、湖广各总督，江苏、安徽、江西、湖北、河南、山东各巡抚，暨传谕淮安关监督知之。现月。

光绪二十二年（1896年）

《清实录·德宗景皇帝实录》卷之三百九十七，光绪二十二年十一月十日：

辛丑，谕军机大臣等：依克唐阿等奏请敕拨东三省来年的饷并请催欠饷一折。东三省丁酉年的饷，应拨奉天银二十六万两，吉林银十二万五百四十三两零，打牲乌拉银四万三千四百七十四两零，黑龙江银九万八千三十一两零。除吉林、黑龙江有应抵各款由部核明扣除外，其余银两着户部照数指拨，令各该省督抚等如数筹解，毋许迟延。并于报解之时，分晰奉天、吉林、打牲乌拉、黑龙江各款目，以免牵混。其各省欠解东三省本年的饷及历年欠饷，着各该省督抚、监督按照单开数目，赶紧筹措，务于年内埽数解清，以济要需。原单均着钞给阅看。

将此谕知户部，并由五百里谕知直隶、两江、闽浙、湖广各总督，江苏、安徽、江西、湖北、河南、山东各巡抚，暨传谕淮安关监督知之。现月。

光绪二十三年（1897年）

《清实录·德宗景皇帝实录》卷之四百四，光绪二十三年四月八日：

打牲乌拉总管云生奏：上年秋歉，旗丁窘困，请拨仓谷接济。允之。折包。

《清实录·德宗景皇帝实录》卷之四百九，光绪二十三年八月十六日：

以剿办马贼出力予记名。副都统协领庆云等三员，仍以副都统记名简放。副都统衔乌拉协领凤翔等三员，军机处存记。现月。

《清实录·德宗景皇帝实录》卷之四百十二，光绪二十三年十一月十二日：

丁酉，上诣颐和园、乐寿堂，问慈禧端佑康颐昭豫庄诚寿恭钦献崇熙皇太后安。

谕军机大臣等：依克唐阿等奏，请敕拨东三省来年的饷，并请催欠饷一折。东三省戊戌年的饷，应拨奉天银二十六万两，吉林银十一万八千八百五两零，打牲乌拉银四万一千三百五十六两零，黑龙江银十九万三千四百十两。着户部照数指拨，令各该省督抚等如数筹解，毋许迟延。并于报解之时，分晰奉天、吉林、打牲乌拉、黑龙江各款目，以免牵混。其各省欠解东三省本年的饷暨历年欠饷，着各该督抚、监督按照单开数目，赶紧筹措，务于年内埽数解清，以济要需。原单均着钞给阅看。将此谕知户部，并由五百里谕知直隶、两江、闽浙各总督，江苏、安徽、河南、山东各巡抚，暨传谕淮安关监督知之。现月。

光绪二十四年（1898年）

《清实录·德宗景皇帝实录》卷之四百三十三，光绪二十四年十一月九日：

戊午，谕军机大臣等：依克唐阿奏请敕拨东三省来年的饷并请催欠饷一折。东三省己亥年的饷，应拨奉天银二十六万两，吉林银五万三千一百二十两零，打牲乌拉银三万八千二百五十二两零，黑龙江银二十六万一千两零。着户部照数指拨，令各该省督抚等如数筹解，毋许迟延。并于报解之时，分晰奉天、吉林、打牲乌拉、黑龙江各款目，以免牵混。其各省欠解东三省本年的饷暨历年欠饷，着各该督抚、监督按照单开数目，赶紧筹措，务于年内埽数解清，以济要需。原单均着钞给阅看。将此谕知户部，并由五百里谕知直隶、两江、闽浙、江苏、安徽、河南、山东各督抚，暨传谕淮安关监督知之。现月。

光绪二十五年（1899年）

《清实录·德宗景皇帝实录》卷之四百五十四，光绪二十五年十一月十二日：

丙辰，谕军机大臣等：增祺等奏请敕拨东三省来年的饷并请催欠饷一折。东三省庚子年的饷，应拨奉天银二十六万两，吉林银三万九千五百五十三两零，打牲乌拉银四万二十一两零，黑龙江银十五万九千六百两。着户部照数指拨，令各该省督抚等如数筹解，毋许迟延。并于报解之时，分晰奉天、吉林、打牲乌拉、黑龙江各款目，以免牵混。其各省欠解东三省本年的饷暨历年欠饷，着各该省督抚、监督按照单开数目，赶紧筹拨，务于年内埽数解清，以济要需。原单均着钞给阅看。将此谕知户部，并由五百里谕知直隶、两江、闽浙各总督，江苏、安徽、河南、山东各巡抚，暨传谕淮安关监督知之。现月。

光绪二十六年（1900年）

《清实录·德宗景皇帝实录》卷之四百六十二，光绪二十六年四月十八日：

打牲乌拉总管云生奏：乌拉向无防务，未建营垒。今奉旨挑练成军，拟择城北要隘处所修筑两营，其所需工料豫为购定，以备成军之日即行工作。得旨：即着与长顺妥筹办理。命辅国公载澜之第五子名溥信。折包。

光绪二十七年（1901年）

《清实录·德宗景皇帝实录》卷之四百八十二，光绪二十七年四月二十八日：

癸亥，又谕：长顺奏，吉林余孽未尽，地阔兵单，请酌添兵力，以靖盗风，并豫为俄国撤兵后保全地方及铁路地步等语。着奕劻、李鸿章与驻京俄使据理熟商，应如何自添兵力之处，知照该将军妥筹办理。原片着钞给阅看。将此由五百里谕令知之。电寄。

宁古塔副都统双龄、三姓副都统明顺因病解职，以协领全福为宁古塔副都统，协领依英阿为三姓副都统。现月。

以协领春升为珲春副都统。现月。

命伯都讷副都统嵩崑开缺，以打牲乌拉总管云生为伯都讷副都统。现月。

停吉林本年例贡物品。折包。

光绪二十九年（1903年）

《清实录·德宗景皇帝实录》卷之五百二十四，光绪二十九年十二月八日：

丁巳，盛京将军增祺等奏请敕拨奉天、吉林、打牲乌拉、黑龙江甲辰年的饷，并催各省协款。得旨：着户部分别筹拨，严催。折包。

光绪三十年（1904年）

《清实录·德宗景皇帝实录》卷之五百三十九，光绪三十年十二月四日：

戊申，盛京将军增祺等奏请拨奉天、吉林、打牲乌拉、黑龙江乙巳年的饷，并催历年欠饷。得旨：着户部迅速筹拨敕催。

光绪三十一年（1905年）

《清实录·德宗景皇帝实录》卷之五百五十三，光绪三十一年十二月二十二日：

又奏请拨奉天、吉林打牲乌拉的饷，并催解各省历年全饷。得旨：

着户部照数敕催，毋许延缓。

光绪三十二年（1906年）

《清实录·德宗景皇帝实录》卷之五百六十一，光绪三十二年六月四日：

己巳，谕军机大臣等：达桂奏打牲乌拉总管出缺循例请简一折，又片奏是缺每遇拣补，不无迁就，现拟妥筹裁并等语，出语两歧。究竟此项员缺应如何整顿之处，着该署将军妥拟具奏。现月。

署吉林将军达桂奏：吉省开办师范学堂，又于堂侧为贫不能学与年长失学者创立半日学堂、夜学堂一所。下学部知之。折包。

《清实录·德宗景皇帝实录》卷之五百六十二，光绪三十二年七月二十七日：

壬戌，署吉林将军达桂奏，遵旨查明打牲乌拉总管翼领各员缺，妥拟裁并，下所司议行。

光绪三十三年（1907年）

《清实录·德宗景皇帝实录》卷之五百八十，光绪三十三年九月二十九日：

丁巳，孝敬宪皇后忌辰，遣官祭泰陵。

东三省总督徐世昌等奏：吉林打牲乌拉，采捕东珠，明年应否举行？得旨：毋庸捕打，明年再行奏请。折包。

缓征吉林、延吉厅属被霜灾歉田亩上年租赋。折包。

第十章　清逊帝宣统时期

宣统元年（1909 年）

《清实录·宣统政纪》，宣统元年正月四日：

乙酉，谕内阁：徐世昌等奏考察属员分别奖惩一折。乌拉协领全吉，借端摊派，均着革职。另片奏署双城协领、本任拉林协领连春，署拉林协领、本任双城协领喜胜，赫尔苏边门防御倭西布、笔帖式倭恒额，吉林正蓝旗佐领富常阿，阿拉楚喀佐领凤和，或侵吞公款，或克扣兵饷，或贿差卖缺，或私刑滥法，着一并革职，归案讯办。其贪克苛派、得赃有据各员，并着分别监追，以示惩儆。现月。

《清实录·宣统政纪》卷之二十四，宣统元年十月二十八日：

甲辰，吉林巡抚陈昭常奏明年应否采捕东珠，得旨：仍着毋庸捕打，明岁再行请旨。

宣统二年（1910 年）

《清实录·宣统政纪》卷之二十九，宣统二年正月六日：

辛亥，乌里雅苏台将军堃岫等奏：乌城所属三札两盟，远处北边，质性朴陋，于汉语概不练习。至所属乌梁海，素以打牲为业，性同野蛮，更难遽施以普通之学，欲化除固陋，自以广设学塾为切要机关。现拟在乌城创建初级师范学堂一所，设满、蒙、汉教习三员，调取三札两盟聪颖子弟四十名，学习满、蒙文，兼习汉语、汉文，学有成效，即令回旗转为教授。并调取乌梁海学生五名，先教以满、蒙文字，兼学蒙语，以为渐授汉字、汉语之基，学成后亦令回旗转授。

《清实录·宣统政纪》卷之三十八，宣统二年七月十二日：

癸丑，缓征吉林乌拉官庄被灾仓谷。

《清实录·宣统政纪》卷之四十四，宣统二年十一月十二日：

壬子，农工商部奏：遵旨编辑棉花图说成书，请刊印分行各省。从之。

吉林巡抚陈昭常奏：明年应否采捕东珠？得旨：仍着停止采捕，明岁再行奏请。

附录：东北打牲乌拉地方资料杂编

《世宗宪皇帝上谕八旗》卷六：

初四日奉旨：依议。上谕：逃人狗儿、沈国良既自行投回，而该旗送部发遣，部内即议以发遣，均属错误。似此自行投回之逃人仍拟以发遣，则在逃人等孰肯自行投回？嗣后将逃人在外曾否为非，并伊在逃月日次数之多寡，应如何酌量分别治罪之处，着刑部会同旗下大臣定例议奏。特谕刑部会同八旗大臣等议覆：前将出逃自行投回之闲散满洲狗儿、闲散壮丁沈国良，该旗送部发遣，经部分别拟以发遣具奏，仰防皇上睿虑周详，立法务期明允，特颁谕旨，令臣等将逃人在外曾否为非，并伊逃走次数月日之多寡，分别治罪之处，详议定例具奏。查定例：逃人初次逃走者，左面刺字，鞭一百；二次逃走者，右面刺字，鞭一百；三次逃人发往宁古塔乌拉，给披甲人为奴。若另户，着当差内务府所管另户人发遣打牲乌拉为打牲人。又定例：凡逃人逃走，十日内拿获者，免刺字，鞭一百不算。逃走次数过十日者，鞭、刺。另户防军兵丁及闲散人逃走者，免刺字，鞭一百。又逃人自行投回者，免其鞭、刺等语。除拿获之逃人，其初次及三次逃走者，仍照定例遵行外，其二次逃走拿获者，除右面刺字，鞭一百外，再加枷号一个月。其自行投回之逃人，有犯强窃盗案，致死人命，诱骗人口等罪，及在外为匪者，虽自行投回，刑部究审明白，仍照本律科断外，自己酉年正月起，凡剐户及旗下家人，初次逃走，一年以内投回者，免罪；至一年以外投回者，鞭六十。二次逃走，若六个月内投回者，免罪；至六个月以外投回者，鞭八十。三次逃走，若三个月内投回者，免罪；

至三个月以外投回者,鞭一百。均免刺字。三次后逃走,是无改悔之念,若仍不究治，终无以止其逃走之心。嗣后三次后仍复逃走者，虽自行投回，即比照初次拿获逃人例治罪。若有窃骑马骡，持带器械逃走者，其投回时，刑部审明，虽无为匪之处，无论年月多寡，枷号两个月，鞭一百，免刺。其有经刑部发落之后，复在该旗吃酒行凶者，仍行送部发遣。

《世宗宪皇帝上谕内阁》卷九十六：

初五日。奉上谕：武艺者，乃满洲之根本要务。八旗管辖兵丁之大臣官员，理宜操练武艺，习劳苦，耐寒暑，以及疾趋、超距、扑跌等技。近观大臣官员侍卫等值班，俱不亲佩腰刀，令家人持携，及至紫禁城内,方行亲佩。似此一味偷安,总不操练,服习劳苦,成何道理?即如吴达纳，系由盛京兵丁选取侍卫之人，差往打牲乌拉地方，逸居一载，遂至跟轿一班，即喘息不能行走。来文原在执事人内行走，曾经服习劳苦之人，今年仅五旬，竟不能跟轿。哈岱在侍卫执事人内行走多年，出征随围，俱经身历，至跟轿一班，亦不能行走。此皆自图安逸之所致也。大臣官员若不于平素间服习劳苦,倘至要处,不能争先,将使兵丁竟舍伊等前进乎？抑停留等待乎？且至彼时力不能支，即怀奋勇之心，亦属无用，若此何能使兵丁精锐耶？从前皇考时常行围，众人得以学习技勇，未致废弃，俱能服习劳苦。及朕即位，仰思皇考付托之重，八年以来，励精治未。及巡幸郊外，近观武职大臣、侍卫官员，兵丁渐不及前，若不严令学习，势必流于不堪任用。嗣后八旗武职大臣官员及各省驻防之武职大臣官员，年未至五十五岁者，勒限半年,令各奋力学习一切技勇。若仍有自图安逸,不肯学习,稍有所劳,即至汗流不止。一遇寒冷，臂指拘挛，不能张弓，毫无技艺，不耐劳苦者，或经朕调来引见，或经朕行幸时查出，必重加惩治责革，照违防例治罪，防不宽宥，彼时莫怨朕不预先晓谕也。如有学而不能者，准其告退。将此通行八旗并各省驻防武职大臣、侍卫官员等知之。

《大清律例》名例律下之三：

凡下五旗包衣人，经该王门上送部发遣者，由部核准，即咨送兵部，转发打牲乌喇。其因公事犯罪应发遣者，仍酌发黑龙江等处。

《大清律例》刑律下贼盗中之三：

凡索伦达呼尔越界至松阿里乌喇地方打牲滋事者，令该将军查拿，分别治罪。其有私带米粮等物卖给刨参之人者，照无引私盐律，计米数多寡，分别定拟。吉林地方有越界私带米粮情事，敕令吉林将军一体查拿，照例定拟。

《大清律例》兵律下关律：

太监在宫门及禁门以内吸食鸦片烟者，拟斩监候，家属发往新疆，给官员为奴。失察之总管革职，该处首领不论知情与否，俱发往黑龙江，给官兵为奴。同屋太监堌，发往打牲乌喇，给官兵为奴。

《大清律例》卷四：

凡发遣当差人犯之妻子，原系随往遣所者，如本犯身故，妻子情愿携骸回籍，该管官查明确实，令其回籍。其力不能来者，俱入于本处档内，令其披甲。若系奉旨发遣，或部议佥遣，及发遣打牲乌喇人犯身故，其妻子有愿携骸回籍者，令该将军、督抚按情罪之轻重，分别具奏，请旨遵行。

《大清律例》卷二十四刑律：

凡索伦、达呼里越界至松阿里乌拉地方打牲滋事者，令该将军查拿，分别治罪。其有私带米粮等物卖给刨参之人者，照无引私盐律，计米数多寡，分别定拟。船厂地方有越界私带米粮情事，敕令船厂将军一体查拿，照例定拟。

《皇朝文献通考》卷二十：

谕：上三旗定设汉军四十佐领，下五旗定设汉军三十佐领。是年届编审之期，令八旗都统及直省驻防都统、将军等，交与各佐领、骁骑校、领催，将新旧壮丁逐户开明，并编审各官姓名，保结送部。其未成丁及非正身良家子弟，并应除人丁，验实开除。至乌喇打牲人丁，户部派笔帖式前往编审。

《皇朝文献通考》卷八十四：

乾隆四十一年，复以奉天地方旗人居处者多，旗员在彼不无沾涉亲故。嗣后奉天各州县缺出，仍以满洲、汉人通用。盛京将军衙门主事一人，笔帖式十一人。牛庄、开原、辽阳、锦州、盖州、金州、熊岳、宁远、广宁、义州等处仓官各一人。清河河庄口、白土厂、彰武台、新台、松岭法库、明水塘、宽邦、九关台等处边门并中后所笔帖式各一人。吉林将军衙门主事一人，助教一人，笔帖式一人。宁古塔、锦州驿站官各二人。宁古塔仓官二人。白都讷、拉林仓官各一人，笔帖式各一人。黑龙江将军衙门主事三人，笔帖式二人。黑龙江、齐齐哈尔、墨尔根城等处驿站官各一人。黑龙江、齐齐哈尔、墨尔根城、呼兰等处仓官各一人。打牲乌拉笔帖式二人。办仓廒事笔帖式二人，仓官一人。

《皇朝文献通考》卷一百八十二：

吉林八旗驻防，吉林将军一人，驻扎吉林乌剌城。副都统一人，统辖满洲协领八人，防古协领一人，满洲佐领三十八人，巴尔呼佐领七人，席伯佐领一人，汉军佐领二人，满洲防御二十四人，满洲骁骑校三十八人，巴尔呼骁骑校七人，席伯骁骑校一人，汉军骁骑校二人。鸟枪营参领一人，佐领八人，骁骑校八人。水师营四品官二人，五品官二人，六品官二人。将军衙门主事一人，理刑笔帖式一人，满洲笔帖式六人，翻译笔帖式四人，防古翻译笔帖式一人，管仓官一人，仓笔帖式二人，助教官二人，狱官一人，管乌剌等十八台站官一人，随台站关防笔帖式一人，管金朱鄂佛洛等二十台站官一人，随台站关防笔帖式一人，台站笔帖式共十六人。八旗满洲兵二千六百三十名，巴尔呼兵三百五十名，席伯兵六十名，汉军兵一百二十名。内领催二百八十八名，前锋八十名，骁骑二千七百三十二名。又汉军鸟枪领催四十八名，鸟枪骁骑六百二十六名。又弓匠、铁匠四十五名。又水师营水手二百五十八名。又台站领催三十六名。兼辖分驻副都统五，总管一，佐领二，防御四。

打牲乌喇总管一人，驻札吉林北之打牲乌喇城，属吉林。将军、协领一人，佐领八人，防御四人，骁骑校八人。满洲领催六十名，骁骑六百四十名。

雍正五年，以打牲乌喇处壮丁一千名移充吉林兵，增设三姓副协领一人，兵八百名。又以八姓壮丁选充三姓额兵一千名。

乾隆三年，设额墨豁索洛佐领、防御、骁骑校各一人。自吉林移驻满洲兵一百二十名。

五年，以吉林兵内打牲壮兵一千名，仍撤还原处。

九年，设拉林副都统一人，改阿尔楚哈协领为拉林右翼协领，合原设佐领、防御、骁骑校各员，及兵五百十二名，俱属拉林副都统。增设拉林左翼协领一人，又增虚衔骁骑校六人。

十年，增设拉林虚衔骁骑校二人。

十三年，令打牲乌喇处官兵归吉林将军兼辖。

臣等谨按：打牲乌喇官兵本隶内府三旗，自顺治初年设打牲乌喇协领二人，以打牲壮丁编设佐领、骁骑校。十八年设总管一人，统辖珠轩头目、副头目及参户、密户、渔户、猎户，专司采捕诸役。嗣后递增至佐领十人，防御八人，骁骑校十人，于各项采捕壮丁内选充，额兵一千名。至是以在吉林境内，兼统于吉林将军。

十七年，拨三姓兵六十名往驻浑春。

二十一年，设阿尔楚哈副都统一人，以三姓佐领、骁骑校各五人，防御八人，兵三百名移驻阿尔楚哈，增设委署协领二人，委署佐领五人，委署骁骑校五人，虚衔骁骑校四人。合拉林所设，共协领、委署协领各二人，佐领、骁骑校各十三人，防御十人，委署佐领、骁骑校各五人，虚衔骁骑校十二人，兵八百十二名。

二十五年，裁吉林汉军鸟枪兵三百二十六名，又以打牲乌喇佐领、骁骑校各二人移驻宁古塔，裁打牲乌喇兵三百名，又增宁古塔兵四百名，浑春兵二百名，即于打牲壮丁内挑选充额。

二十七年，增设宁古塔委署骁骑校二十二人。定阿尔楚、哈拉林二处分驻兵各四百六名。

三十年，增设吉林防古协领一人。又以打牲乌喇防御四人移驻宁古塔。又裁打牲乌喇协领一人。

黑龙江，康熙十三年，自吉林移水师分驻黑龙江地方，设水师营总管各员，统辖水师。

二十二年，以宁古塔副都统萨布素领兵征俄罗斯，即授为镇守黑龙江等处将军。设副都统二人，协领四人，佐领、骁骑校各二十四人，防御八人，满洲兵一千名，索伦、达呼里兵五百名，驻札黑龙江城东北十二里之爱浑城。其原设之水师营总管及四品官、五品官、六品官，并属黑龙江将军。

二十三年，设打牲处总管一人，副总管二人，随索伦、达呼里壮丁编设佐领、骁骑校。

《皇朝文献通考》卷一百八十二：

康熙二十三年，设打牲处总管一人，副总管二人，随索伦、达呼里壮丁编设佐领、骁骑校。

《皇朝文献通考》卷一百八十二：

吉林八旗驻防，打牲乌喇总管一人，驻札吉林北之打牲乌喇城，属吉林。将军、协领一人，佐领八人，防御四人，骁骑校八人。满洲领催六十名，骁骑六百四十名。

《皇朝文献通考》卷一百八十二：

吉林八旗驻防。雍正四年，裁吉林巴尔呼佐领、骁骑校各一人，巴尔呼兵五十名，增设汉军佐领、骁骑校各一人，汉军兵五十名。五年，以打牲乌喇处壮丁一千名移充吉林兵，增设三姓副协领一人，兵八百名，又以八姓壮丁选充三姓额兵一千名。六年，以吉林佐领、骁骑校各二人，兵一百名，及开原防御、骁骑校各二人，兵一百名，移驻益屯河。十三年，令打牲乌喇处官兵归吉林将军兼辖。臣等谨按：打牲乌喇官兵本隶内府三旗，自顺治初年设打牲乌喇协领二人，以打牲壮丁编设佐领、骁骑校。二十五年，裁吉林汉军鸟枪兵三百二十六名，又以打牲乌喇佐领、骁骑校各二人移驻宁古塔，裁打牲乌喇兵三百名，又增宁古塔兵四百名，浑春兵二百名，即于打牲壮丁内挑选充额。二十七年，增设宁古塔委署骁骑校二十二人，定阿尔楚哈、拉林二处分驻兵各四百六名。三十年，增设吉林蒙古协领一人，又以打牲乌喇防御四人移驻宁古塔，又裁打牲乌喇协领一人。

《皇朝文献通考》卷一百八十二：

黑龙江八旗驻防打牲处：掌关防满洲总管一人，驻札齐齐哈尔城北之打牲处，属黑龙江将军。索伦总管一人。达呼里总管一人。满洲副总管八人。索伦副总管五人。达呼里副总管三人。索伦佐领四十七人。达呼里佐领三十九人。使马鄂伦春佐领六人。使鹿鄂伦春佐领五人。

索伦骁骑校四十七人。达呼里骁骑校三十九人。使马鄂伦春骁骑校六人。使鹿鄂伦春骁骑校四人。使鹿鄂伦春五佐领内，因丁数未足，止设骁骑校四员。随关防笔帖式四人。索伦、达呼里、鄂伦春兵共二千名，内领催二百名，骁骑一千八百名。

《皇朝文献通考》卷一百八十二：

黑龙江八旗驻防：乾隆七年，裁呼伦布俞尔、索伦巴尔呼副总管四人，佐领、骁骑校各二十六人，移索伦巴尔呼兵一千四百三十四名还驻打牲处，又裁兵一百二十六名，增设打牲处佐领、骁骑校各十二人。八年，改呼伦布俞尔统领为副都统职衔总管，裁索伦巴尔呼兵四百八十名，又裁新巴尔呼副总管四人，佐领、骁骑校各十六人，新巴尔呼兵一千一百四十名，又裁厄鲁特副总管一人，厄鲁特兵二十名。十三年，增设打牲处佐领、骁骑校各十二人，并递增鄂伦春佐领至十一人，骁骑校至十人。二十五年，给打牲处各员半俸，又于打牲丁内挑选二千名，设为额兵，给与半饷。

《皇朝文献通考》卷一百八十二：

雍正二年，增设齐齐哈尔城佐领、骁骑校各六人，满洲兵三百八十名；黑龙江城佐领、骁骑校各六人，满洲兵三百八十名。

五年，增设墨尔根城，佐领、骁骑校各二人，汉军兵一百名。裁齐齐哈尔城，达呼里兵四十名，汉军兵二十名。黑龙江城，索伦达呼里兵二十名，汉军兵二十名。

六年，增设打牲处总管以下各员，令新旧共设总管三人，满洲、索伦、达呼里副总管共十六人，索伦、达呼里佐领、骁骑校各六十二人。

乾隆七年，裁呼伦布俞尔、索伦巴尔呼副总管四人，佐领、骁骑校各二十六人。移索伦巴尔呼兵一千四百三十四名还驻打牲处，又裁兵一百二十六名，增设打牲处佐领、骁骑校各十二人。

八年，改呼伦布俞尔统领为副都统职衔总管。裁索伦巴尔呼兵四百八十名。又裁新巴尔呼副总管四人，佐领、骁骑校各十六人，新巴尔呼兵一千一百四十名。又裁厄鲁特副总管一人，厄鲁特兵二十名。

十三年，增设打牲处佐领、骁骑校各十二人，并递增鄂伦春佐领至十一人，骁骑校至十人。

二十五年，给打牲处各员半俸。又于打牲丁内挑选二千名，设为额兵，给与半饷。

《皇朝文献通考》卷二百三：

雍正元年，定窝盗之家知情存留三人以上者，充发三姓地方，详见刑制门。二年，定下五旗王等属下发配之例。奉谕：下五旗王等属下问罪发遣者，部拟俱发往各打牲处。数年之后，该王等每有私令回京者，嗣后因公事犯罪发遣者，不得发往该王门上打牲，各量其罪之轻重，发往三姓黑龙江地方。

《皇朝文献通考》卷二百三：

康熙二十年，定旗人诈害平民者流徙。凡上三旗及八旗中，有刁恶棍徒横行非法，诈害良民者，该旗严查送部，即行奏闻，发往宁古塔。二十一年，改定发乌拉之例。奉谕：乌拉地方风气严寒，由内地发遣安插人犯，水土不习，难以资生。念此辈虽干宪典，但既经免死，原欲令其全生，若仍投畀穷荒，终归踣毙，殊非法外宽宥之初心。以后免死人犯，俱发往尚阳堡安插。其应发尚阳堡人犯，改发辽阳安插。至反叛案内应流人犯，仍发乌拉地方当差，不必与新披甲人为奴。定民人假称逃人，具告行诈者，发宁古塔，给披甲人为奴。互见刑制门。

《皇朝文献通考》卷二百七十一：

康熙元年，改奉天按班章京为镇守辽东等处将军，宁古塔按班章京为镇守宁古塔等处将军。三年，设广宁府，领广宁县、锦县、宁远州。四年，改镇守辽东等处将军为镇守奉天等处将军。又罢广宁府，置锦州府，移治锦县，仍隶奉天府尹。是年，奉天府又增置承德、盖平、开原、铁岭四县，改辽阳县为州。十年，于吉林乌拉设副都统。十五年，移宁古塔将军驻吉林乌拉，留副都统镇守宁古塔。二十二年，于黑龙江设将军、副都统。二十九年，移黑龙江将军驻墨尔根。三十年，于伯都讷设副都统。三十二年，移黑龙江副都统亦驻墨尔根。三十八年，黑龙江将军、副都统皆自墨尔根城移驻齐齐哈尔。四十九年，于墨尔根设副都统。雍正三年，于阿尔楚喀设副都统。四年，于吉林乌拉置永吉州，宁古塔置泰宁县，伯都讷置长宁县，俱隶奉天府。五年，设熊岳、锦州二副都统。七年，罢泰宁县，又于三姓设副都统。八年，于黑龙江城设副都统。

《皇朝文献通考》卷二百七十一：

吉林将军驻吉林乌拉城，在盛京东北八百二十余里。东西距四千余里，南北距一千九百余里，东至海三千五百余里，西至威远堡边门接奉天将军地界五百九十五里，南至长白山外接朝鲜界一千三百余里，北至松花江接黑龙江将军地及内扎萨克蒙古界六百余里，东南至希喀塔山滨海界二千三百余，西南至英额边门接奉天将军地界七百余里，东北至赫哲费雅哈滨海界三千余里，西北至赫尔苏边门接内扎萨克蒙古界四百五十余里。自本城至京师二千三百里。明初置毛怜兀者等外卫，共八十有四，置努儿干都司领之，后俱废。

《皇朝文献通考》卷二百七十一：

本朝初，自长白山迤东滨海诸部，地近兴京，最先归附。我太祖高皇帝、太宗文皇帝恩威并用，顺者以德服，逆者以兵临，于是鸭绿江、混同江左右全境，以次抚定。至世祖章皇帝定鼎京师之后，于顺治十年设按班章京及副都统，镇守宁古塔。康熙元年，改按班章京为将军。十二年，始建吉林乌拉城。十五年，将军自宁古塔城移镇于此。雍正五年，于吉林城之西境增设永吉州，隶奉天府尹。乾隆十二年，罢州，改设理事同知厅，亦驻吉林城，属将军管辖。自将军以下，分设副都统、协领、佐领、防领、骁骑校等官，管理满洲、蒙古、汉军、锡伯巴尔虎等户并属将军统辖，凡副都统分驻之地五，协领、佐领分驻之地四，防御分驻之地四，亦统于吉林将军。

《皇朝文献通考》卷二百七十一：

宁古塔城，在吉林乌拉城东南六百三十五里，其旧城在今城西北五十里。本朝顺治十年设按班章京及副都统驻此。康熙元年改为镇守宁古塔等处将军。康熙五年始于呼尔哈河北岸移建今城。五十年以将军移驻吉林乌拉城，留副都统镇守于此。

伯都讷城，在吉林乌拉城西北四百八十里。副：本朝康熙三十二年，以旧城改建，设都统镇守。雍正五年，于境内增设长宁县，隶奉天府尹。乾隆元年，罢县，改州同。十二年，裁州同，以旧县地属吉林理事同知厅管辖。二十六年，俱改属伯都讷副都统。自副都统以下为协领、佐领、防御、骁骑校等员，管理各旗户。

三姓城，在吉林乌拉城东北一千九十里。防本朝康熙五十四年建三姓城，始置驻兵，以协领等官领之。雍正十年增设副都统镇守，自副都统以下为协领、佐领、防御、骁骑校等员，管理各旗户。阿尔楚喀城，在吉林乌拉城东北六百里。领本朝雍正四年始置驻防兵，以协兼副都统衔领之。七年改建阿尔楚喀城。乾隆九年增设副都统镇守，自副都统以下为协领、佐领、防御、骁骑校等员，管理各旗户。

拉林，在吉林乌拉城东北三百六十里，本阿尔楚喀副都统所辖地。乾隆二十一年，以移驻旗户日众，增设副都统一员，分为左右两翼。嗣后以移驻之户陆续编为二十四屯。二十七年，以拉林副都统与阿尔楚喀副都统分设二处，自副都统以下为协领、佐领、防御、骁骑校等员，管理各旗户。

打牲乌拉城，在吉林乌拉城北七十里。于本朝初编设佐领。康熙四十二年，旧城东改建新城。雍正五年，设总管驻此。自总管以下为协领、佐领、防御、骁骑校、管员，管理各户属。

伊通河，在吉林乌拉城西北九十里等。本朝雍正六年设佐领及防御、骁骑校员于此，管理各旗户。

额木赫索啰，在吉林乌拉城东南三百四十五里。本朝乾隆三年设佐领及防御、骁骑校等员于此，管理各旗户。

巴延鄂佛啰边门，在吉林乌拉城北二百十里。军：本朝设防御驻此，属吉林将。伊通边门，在吉林乌拉城西北一百九十里。本朝设防御驻此，属吉林将军。赫尔苏边门，在吉林乌拉城西北四百六十里。本朝设防御驻此，属吉林将军。布尔图库苏巴尔罕边门，在吉林乌拉城西北五百六十八里。本朝设防御驻此，属吉林将军。

打牲总管地方，在齐齐哈尔城北三百四十里。各本朝自康熙、雍正年间先后设总管，初驻齐齐哈尔西北一百六十里之布特哈地方，后移驻于此。自满洲掌关防正副总管之外，又有索伦达呼尔正副总管、佐领、骁骑校及使马鄂伦春、使鹿鄂伦春、佐领、骁骑校等员，管理打牲户属。

《皇朝文献通考》卷二百七十一：

打牲总管地方，在齐齐哈尔城北三百四十里。本朝自康熙、雍正年间先后设各总管，初驻齐齐哈尔西北一百六十里之布特哈地方，后移驻于此。自满洲掌关防正副总管之外，又有索伦达呼尔正副总管、佐领、骁骑校及使马鄂伦春、使鹿鄂伦春、佐领、骁骑校等员，管理打牲户属。

《皇朝通典》卷三十六：

吉林将军一人，驻吉林城，掌镇守吉林乌拉等处地方，缮固镇戍，绥和军民，秩祀山川，辑宁边境。副都统五人，一驻吉林，一驻宁古塔，一驻伯都讷，一驻三姓地方，一驻阿勒楚喀，各守分地，以赞其治。初，顺治十年，始设按班章京于宁古塔，以镇其地。康熙元年，改按班章京为镇守宁古塔等处将军。十五年，以宁古塔将军移驻吉林。乾隆二十二年，改为吉林将军。吉林副都统，康熙十五年置。三十一年，移驻伯都讷。雍正三年，复置。宁古塔副都统，顺治十年置。伯都讷副都统，康熙三十一年，自吉林移驻。三姓副都统，雍正十年置。阿勒楚喀副都统，乾隆二十一年置。又初置有拉林副都统一员，乾隆三十四年省。吉林等处驻防总管一人，协领二十有五人，防领一人，佐领一百十九人，防御八十有一人，骁骑校一百十六人，管水手四品官二人，五品官二人，六品官二人。凡吉林驻防之地，自将军所治外，其所属各处，曰宁古塔，曰伯都讷，曰三姓，曰阿勒楚喀，曰拉林，曰打牲乌拉，曰伊屯，曰额木赫索啰。边门四，曰巴延鄂佛啰，曰伊屯，曰克尔素，曰布尔图库苏巴尔汉，皆设兵驻守。置总管、协领、防领、佐领、防御等员，各视兵数多寡，定额有差。职掌与盛京各驻防同。

《皇朝通典》卷七十：

吉林将军一人，驻札吉林乌拉城，辖分驻副都统四、总管一、协领一、佐领二、防御四。打牲乌拉总管一人，驻札吉林北打牲乌拉城。协领一人，佐领八人，防御四人，骁骑校八人。满洲领催六十名，骁骑六百四十名。

《皇朝通典》卷七十：

打牲乌拉总管一人，驻札吉林北打牲乌拉城。协领一人，佐领八人，防御四人，骁骑校八人。满洲领催六十名，骁骑六百四十名。

《皇朝通典》卷七十：

打牲处，掌关防满洲总管一人，驻札齐齐哈尔城北打牲处。索伦总管一人。达呼尔总管一人。满洲副总管八人。索伦副总管五人。达呼尔副总管三人。索伦佐领四十七人。达呼尔佐领三十九人。使马鄂伦春佐领六人。使鹿鄂伦春佐领五人。索伦骁骑校四十七人。达呼尔骁骑校三十九人。使马鄂伦春骁骑六人。使鹿鄂伦春骁骑校四人。使鹿鄂伦春五佐领内囚丁数未足，止设骁骑校四员。随关防笔帖式四人。索伦、达呼尔、鄂伦春兵共二千名，内领催二百名，骁骑一千八百名。

《大清一统志》卷十八：

吉林阿勒楚喀笔帖式六员，旧设二员。乾隆九年，移设拉林。二十七年，由拉林移还二员。三十四年，复由拉林移设二员。嘉庆二十五年，增设翻译二员、仓官一员，仓笔帖式二员、教习官一员，打牲乌拉笔帖式二员、教习官一员，珲春笔帖式二员、教习官一员，拉林仓官一员。

吉林将军一员。旧设大章京，驻宁古塔。康熙元年，改为将军。十五年，由宁古塔移驻吉林。副都统一员。康熙十年，以宁古塔副都统驻吉林。十五年,复移驻宁古塔。是年,增设吉林副都统。三十一年，移驻白都讷。雍正三年,复设吉林副都统。协领九员。旧设满洲八员。雍正十年，增设二员。乾隆五年，移驻打牲乌拉一员。三十年，裁打牲乌拉一员,改设蒙古一员。鸟枪营领一员。佐领五十六员。康熙十年，由宁古塔移驻十一员，复增设满州十二员。十六年，增设满洲二十六员。二十九年，移驻黑龙江二十一员，增设满洲五员、锡伯汉军二员。三十一年，增设满洲六员、锡伯十六员、巴勒瑚八员。三十八年，增设满州一员，裁锡伯十六员。雍正四年，裁巴勒瑚一员，增设陈汉军一员。六年，移驻伊屯二员。十年，增设满洲十员。乾隆元年，增设乌抢营八员。五年，移驻打牲乌拉满洲十员。防御二十二员。旧设满洲八员。康熙十三年，增设十五员。二十年，分驻伊屯等四边门四员。二十九年，移驻黑龙江十三员，增设满洲锡伯十四员。雍正十年，增设满洲八员。乾隆五年，移驻打牲乌拉八员。嘉庆二十三年，裁二员，改为佐领，移驻双城堡。骁骑校五十六员。康熙十六年，增设管战船、运粮船二员。二十三年，移驻黑龙江。其余各员增裁移驻，与佐领同。水师营四品官二员。五品官二员。六品官二员。以上水师营，旧设管战船、运粮船四品官、五品官各二员。康熙二十三年，移驻黑龙江。二十五年，增设四品官、五品官、六品官各二员。委官六十八员。旧设六十二员。嘉庆二十四年，增设六员。宁古塔副都统一员。康熙十年，移驻吉林。十五年，复移驻宁古塔。协领二员。佐领十二员。旧设八员。顺治十八年，增设十员。康熙三年，增设一员。十年，移驻吉林十一员。十七年，增设三员。二十九年，移驻黑龙江四员。五十二年，增设三员。乾隆二十五年，由打牲乌拉移驻二员。防御十二员。旧设四员。顺治十八年，增设二员。康熙二十九年，移驻黑龙江一员。五十二年，增设三员。乾隆三十年，由打牲乌拉移驻四员。骁骑校十二员。各员增设移驻，与佐领同。委官三十员。白都讷副都统一员。康熙三十一年，由吉林移驻。协领二员。旧设二员。康熙三十四年，增设六员。四十年，裁六员。佐领十二员。旧设四十员。康熙三十八年裁。四十年，增设蒙古二员。五十二年，增设满洲卦勒察十员。防御八员。骁骑校十二员。各员增裁，与佐领同。委官十二员。三姓副都统一员。协领二员。旧设一员。雍正十年，增设一员。旧有副协领一员。是年裁。佐领十五员。旧设四员。雍正十年，增设十六员。乾隆二十一年，移驻拉林五员。防御八员。旧设四员。雍正十年，增设四员。十一年，增设八员。乾隆二十一年，移驻拉林八员。骁骑校十四员。乾隆二十一年以前各员，增设移驻与佐领同。嘉庆二十三年，移驻双城堡一员。委官十五员。阿勒楚喀副都统一员。协领一员。旧有副协领一员。乾隆元年裁。

佐领七员。防御八员。旧设五员。乾隆三十四年，由拉林移驻四员。三十九年，移驻拉林一员。骁骑校六员。委官六员。旧设四员。嘉庆二十五年，增设二员。打牲乌拉协领一员。旧由吉林移驻二员。乾隆三十年，裁一员。佐领八员。旧由吉林移驻十员。乾隆二十五年，移驻宁古塔二员。防御四员。旧由吉林移驻八员。乾隆三十年，移驻宁古塔四员。骁骑校七员。旧由吉林移驻十员。乾隆二十五年，移驻宁古塔二员。嘉庆二十三年，移驻双城堡一员。委官四员。伊屯佐领二员。雍正六年，由吉林移驻防御二员。骁骑校四员。雍正六年，由吉林移驻二员。复增设二员。委官六员。鄂摩和索罗佐领一员。防御一员。骁骑校一员。委官四员。

以上打牲、乌拉等三驻防，均隶吉林副都统管辖、将军统辖。

拉林协领一员，旧有副都统一员，与阿勒楚喀分为二城。乾隆三十四年，裁拉林驻防，隶阿勒楚喀副都统管辖。佐领六员，防御二员，旧设五员。乾隆三十四年，移驻阿勒楚喀四员。三十九年，由阿勒楚喀移驻一员。骁骑校七员，委官四员。双城堡协领一员，旧设委协领。嘉庆二十三年，改为实缺。佐领六员，旧设委佐领二员。嘉庆二十三年，改为实缺。是年，由盛京所属义州佐领移驻二员，由吉林防御裁二员，改为佐领，移驻二员。骁骑校六员，旧设委骁骑校二员。嘉庆二十三年，改为实缺。是年，由盛京所属熊岳、复州骁骑校各移驻一员，由打牲、乌拉、三姓各移驻一员，委官八员。以上拉林等二驻防，均隶阿勒楚喀副都统管辖，吉林将军统辖。

《钦定八旗满洲氏族通谱》卷一：

随逊，正红旗包衣人，世居苏完地方。其子礼敦拜瑚克锡库于国初率族众来归，太祖高皇帝嘉悦，免其徭役，将克锡库之子阿鼐授为佐领，令其世袭，并赐银牌。后年老告退，其孙都席承袭，卒，其弟苏纳海承袭，任参领，卒，其子存柱承袭，卒，其亲伯之孙萨尔泰承袭，卒，其子萨图现袭佐领。又随逊之曾孙瑚什塔原任三等护卫，朱齐霸原任四品典仪，元孙伊勒穆舒俱原任骁骑校，善图原任二等护卫，赫硕色原任六品典仪，四世孙萨尔善现任参领，五世孙王三柱现任打牲乌喇翼长，七十一现任笔帖式。又随逊亲弟舒赛之曾孙董山原任头等护卫，赛碧图原任护军校，元孙彦明原任司库，倭楞额现任骁骑校。

《钦定八旗满洲氏族通谱》卷二十六：

阿希达国，镶黄旗包衣人，世居讷殷地方，俱原任打牲乌初来归。其孙西图库满达尔汉喇总管。曾孙穆克登，原任散秩大臣；玛赉、玛喜，俱原任三等侍卫；阿福塔，原任二等侍卫、护军统领兼佐领；雅奇那，原任二等侍卫。元孙穆珠瑚，现任打牲乌喇总管；绥哈那，现任御前头等侍卫；拜色，现任护军校；雅尔泰，现任蓝翎侍卫；福绶，现系副骁骑校；福德，现任笔帖式。

《钦定八旗满洲氏族通谱》卷二十七：

充顺巴，本国镶黄旗人，世居岳克通鄂城地方。乌喇总管倭初来归，其元孙绥合纳，原任打牲。

《钦定八旗满洲氏族通谱》卷一百三十九：

充顺巴本，镶黄旗人，世居岳克通鄂城地方，国初来归。其元孙绥合纳，原任打牲乌喇总管。

《平定准噶尔方略》前编卷一：

丁亥，命调黑龙江打牲索伦、达呼里、喀喇沁兵。上谕议政大臣等曰：着派黑龙江兵五百名，并打牲索伦、达呼里兵五百名，三处喀喇沁兵一千名，每人各带长枪、乌枪，其黑龙江及打牲索伦、达呼里兵着从口外往归化城去，喀喇沁兵着乘自有马匹从本处起程，其口粮到瑚坦和硕再支领仓米，倘粮不足，着支领唐三营仓米，于八旗出厂马匹内给喀喇沁兵每人马二匹，如同归化城、察哈尔并右卫预备之兵发往推河地方驻札，则不拘何处俱可去得，着议奏。议曰：右卫、察哈尔、归化城兵已经预备，应令将军费扬古于文到日率领启行，所调黑龙江、索伦、达呼里、喀喇沁兵令其陆续即往推河，其厄鲁特额驸阿宝及鄂尔多斯兵亦令至推河，听将军费扬古调遣。奏入，得旨：喀喇沁兵着格勒尔带往，侍卫色楞授为副都统前去，黑龙江兵着副都统白济带往，索伦、达呼里兵着总管布珠并哈特虎之子伊礼布带往。上又谕曰：喀喇沁兵行期甚速，路复遥远，着侍郎觉和托、一等侍卫色楞携内帑一万两速往赏赐。

《平定准噶尔方略》卷一：

丁亥，命调黑龙江打牲索伦、达呼里、喀喇沁兵。

上谕议政大臣等曰：着派黑龙江兵五百名，并打牲索伦、达呼里兵五百名，三处喀喇沁兵一千名，每人各带长枪、鸟枪，其黑龙江及打牲索伦、达呼里兵着从口外往归化城去，喀喇沁兵着乘自有马匹从本处起程，其口粮到瑚坦和硕再支领仓米，倘粮不足，着支领唐三营仓米，于八旗出厂马匹内给喀喇沁兵每人马二匹，如同归化城、察哈尔并右卫预备之兵发往推河地方驻札，则不拘何处俱可去得，着议奏。

《平定准噶尔方略》正编卷三十：

戊申，上谕军机大臣曰：亲王成衮扎布领兵擒拿青滚杂卜，谅不日即可就擒，但恐尚有需用内地兵丁之处，应豫为派定。着传谕绥远城将军富昌，于所辖兵丁内拣选二千名豫备，候朕防到日即带领起程。并谕吉林将军额尔登，拣选马数千匹解往黑龙江，以应打牲索伦等处兵丁调遣之用。

《平定准噶尔方略》卷三十七：

戊戌，命常赉总统留驻巴里坤兵丁，颜清如、马防伯协同办事。办理军机大臣等遵防议，奏言：西路军营兵丁，臣等议以打牲乌拉兵一千赴北路驻札，选绿旗兵一万于巴里坤驻防，留兵一千增防哈密，其总统、协办大臣及领兵提督、总兵等应请钦命，余兵俟准噶尔使臣还后悉撤之。

《平定准噶尔方略》前编卷三十九：

丁亥，命酌减军营委署官员。先是，额驸策凌奏言：京城八旗、奉天等三处兵丁及家选兵每营二千，现今所编每营或三四队不一，请悉编为五队，增委官员章京管辖。家选营中别无间职，其管队章京请以京城所调余员摘委，骁骑校等即于本营选委。再前锋营兵丁八百，亦酌增委章京、护军校等，凡应增委二百二员，悉于现任参领、骁骑校、护军校中递升一等委署，护军校、骁骑校一百六十八人即选兵委署。如是则官员兵丁之多寡相当，于管辖、巡查、征战、调遣一切无误，而粮饷亦不致多费。王大臣等议应如所请。寻平郡王福彭等奏言：现今自洪郭尔鄂隆撤还京城满洲兵二千，巴里坤撤还打牲乌拉兵一千，其管辖官员亦宜均酌委署。臣等议以京城满洲兵二千，请每旗设营总一员、参领五员、防御五员、护军校十员管辖；打牲乌拉兵一千，两旗合设营总一员、参领五员、防御五员、骁骑校十员管辖。至是，王大臣等议覆曰：前以大兵进剿，故策凌等有增委各官之请。今大兵已撤过半，所有留驻兵丁无庸增委。平郡王所奏似觉过多，请令大将军酌量减损，其已委者于缺出时扣除。奏入，上从之。

《平定准噶尔方略》正编卷五十五：

乙巳，议驻札索伦官兵事宜。黑龙江将军绰尔多等奏言：臣等钦奉谕旨，拣选索伦兵一千名，携眷前往伊犁、乌鲁木齐等处驻防，续奉有伊等若不愿携眷前往，即令其更番戍守之旨。臣等遵将打牲索伦等集询问，据称情愿本身前往效力。臣等拣选年力精壮者一千名，派副总管二员、佐领十二员、骁骑校十二员，于六月间由克尔伦一路起行，三年一次更换。查驻防官兵俱按俸饷赏给，官员赏俸二年，兵丁赏银四十两，请将此次派出官兵减半赏给，所有跟役马匹及盐菜口粮俱赏给银两，其军器等件酌于四城官兵内取给，火药、铅子、麻绳亦于存贮数内动用，仍由理藩院派出笔帖式、领催等带领前往，其总统官员请候命下遵行。

《平定准噶尔方略》正编卷六十九：

戊寅，命议叙副将军富德所领有功官兵。上谕军机大臣曰：据富德奏称，呼尔等处剿贼立功官兵等，有三四品官三等侍卫戴孔雀翎者，有披甲署骁骑校戴奖赏翎者，将索伦总管巴雅尔等十一人列单进呈等语。着加恩赏给呼伦贝尔总管巴雅尔二品顶带。打牲处协领署营总金济噶尔、副总管署营总哈坦巴图鲁萨垒、参领署营总博尼俱授为总管。三等侍卫侍卫什长多隆武、三等侍卫索托隆科、打牲索伦三等侍卫固勇巴图鲁伊萨穆俱授为二等侍卫。呼伦贝尔佐领署参领奇里勒图着实授参领。察哈尔防御署营总斌图着授为佐领。察哈尔总管敏珠尔之弟车凌多尔济授为护军。喀尔喀图谢图汗部落台吉副都统职衔额林沁着补授副都统。打牲处披甲署骁骑校额勒颇尔肯着授为三等侍卫。又谕曰：富德奏叙剿贼立功之健锐营副参领以下、前锋以上富虎等四十人，又效力及得伤阵亡官兵，分别造册送部等语。着加恩将富虎等四十人副参领升为参领，署参领升为副参领，前锋校升为署参领，副前锋校升为前锋校，蓝翎前锋长升为副前锋校，前锋升为蓝翎前锋长，暂行换戴翎顶，俱着遇缺即补。其效力官兵着交部议叙，行文将军大臣等以应升之缺请补。其阵亡得伤官兵俱着该部分别议叙议恤。

《平定准噶尔方略》卷八十：

丙子，上谕军机大臣曰：据富德奏称，呼尔瑞等处贼立功官兵等有三四品官、三等侍卫戴孔雀翎者，有披甲署骁骑校戴奖赏翎者，将索伦总管巴雅尔等十一人列单进呈等语。着加恩赏给呼伦贝尔总管巴雅尔二品顶带；打牲处协领署营总金济噶尔、副总管署营总哈坦巴图鲁萨垒、参领署营总博尼俱授为总管；三等侍卫侍卫什长多隆武、三等侍卫索托隆科、打牲索伦三等侍卫固勇巴图鲁伊萨穆俱授为二等侍卫；呼伦贝尔佐领署防领奇里勒图着实授防领；察哈尔防御署营总斌图着授为佐领；察哈尔总管敏珠尔之弟车凌多尔济授为防军；喀尔喀图谢图汗部落台吉副都统职衔额林沁着补授副都统；打牲处披甲署骁骑校额勒颇尔肯着授为三等侍卫。

《平定准噶尔方略》卷八十：

丙子，上谕军机大臣曰：据富德奏称，呼尔瑞等处贼立功官兵等有三四品官、三等侍卫戴孔雀翎者，有披甲署骁骑校戴奖赏翎者，将索伦总管巴雅尔等十一人列单进呈等语。着加恩赏给呼伦贝尔总管巴雅尔二品顶带；打牲处协领署营总金济噶尔、副总管署营总哈坦巴图鲁萨垒、参领署营总博尼俱授为总管；三等侍卫侍卫什长多隆武、三等侍卫索托隆科、打牲索伦三等侍卫固勇巴图鲁伊萨穆俱授为二等侍卫；呼伦贝尔佐领署防领奇里勒图着实授防领；察哈尔防御署营总斌图着授为佐领；察哈尔总管敏珠尔之弟车凌多尔济授为防军；喀尔喀图谢图汗部落台吉副都统职衔额林沁着补授副都统；打牲处披甲署骁骑校额勒颇尔肯着授为三等侍卫。

《平定准噶尔方略》续编卷一：

甲戌，谕巴里坤办事道衔同德停办商驼及稽察牧群事宜。上谕军机大臣曰：同德奏准舒赫德等行文，将巴里坤之马于六月间挑选九百匹送往阿克苏，将驼骡驴头内择其膘壮者送往乌鲁木齐，其现有驼七十五只，又购买商驼四百余只，俱于三月间缓行送往等语。近因杨应琚以筹办伊犁屯田驻兵各事宜具奏，朕谕以次第办理，不宜急遽，亦毋庸购买商驼。今同德等业经据文办理，嗣后不必再行，仍晓示商人以停止缘由，则价值自然平减。至巴里坤牧放马驼一事，据奏交齐大勇办理，齐大勇才具平常，若经管未能妥协，虽参处亦属无益，仍当留心稽察，再于巴里坤满员内派一人协办。赐打牲总管阿尔哈尔沁察达克齐巴图鲁号，赏银一百两。

《卜魁纪略》：

地池未定以前，皆系打牲人居住，俄罗斯时或越境抢劫。康熙十五年，俄罗斯察罕汗遣使尼果来等贡方物，圣祖仁皇帝谕令归我逋逃，严禁罗刹毋扰边境。其后竟未奏复，而罗刹自特辽远，反侵入精奇哩乌拉诸处，筑室盘踞。

《卜魁纪略》：

康熙三十年，于嫩江东卜魁村地方筑城，邻近齐齐哈尔村，即以为名，以总管玛布岱，授副都统衔，暂守此城。打牲之索伦、达呼尔，皆属将军统辖。

《钦定盛京通志》卷二十七：

打牲乌拉，团山城东二十三里小西浪河之北高五十四丈。

《钦定盛京通志》卷三十一：

打牲乌拉城，在吉林北七十里，周围八里，门四。本朝康熙四十二年，因乌拉旧城有水患，于城东改建新城，设总管、协领等官驻防。

《钦定盛京通志》卷三十八：

打牲乌拉官地，庄头五名，壮丁一百四十名。乾隆元年，原额地五千四百零四日，未征谷。以上共原额地一万五千六百零四日，共征谷二万五千五百石。

打牲乌拉旗地，自乾隆元年至四十五年，原额新增共地四万零三百三十八日。以上原额新增旗地共三十六万五千零九十二日，并无赋额。

《钦定盛京通志》卷四十六：

打牲乌拉，御史公署二所，在城东门内。

总管公署大堂五间，二堂五间，档子房三间，八旗办事房十间

仓，新城南门外。共八十三间。康熙四十六年建。现今存五十间。

银库一间。

贮鱼房三间。

贮蜂蜜房三间。

《钦定盛京通志》卷五十二：

打牲乌拉驻防，初国设总管一员、协领二员、佐领八员、防御四员、骁骑校十一员。原设七员，乾隆二十四年，增设四员、仓官一员。乾隆二十七年，增设笔帖式六员、世袭云骑尉四员，属下领满洲兵七百名、八旗壮丁三千一百二名。伊屯驻防，雍正五年，设佐领二员、防御二员、骁骑校四员，属下领满洲兵二百名。

《钦定盛京通志》卷五十二：

打牲乌拉驻防，国初设。

总管一员，协领二员，佐领八员，防御四员，骁骑校十一员。原

设七员，乾隆二十四年，增设四员。仓官一员，乾隆二十七年，增设笔帖式六员。世袭云骑尉四员，属下领满洲兵七百名，八旗壮丁三千一百二名。

《钦定八旗通志》卷三十五：

吉林将军一人，驻札吉林乌拉城，辖分驻副都统四、总管一、协领一、佐领二、防御四。副都统一人，协领八人，蒙古协领一人，满洲佐领三十八人，巴尔呼佐领七人，锡伯佐领一人，汉军佐领二人，满洲防御二十四人，满洲骁骑校三十八人，巴尔呼骁骑校七人，锡伯骁骑校一人，汉军骁骑校二人。鸟枪营参将一人，佐领八人，骁骑校八人。水师营四品官、五品官、六品官各二人。将军衙门主事一人，理刑笔帖式一人，满洲笔帖式六人，翻译笔帖式四人，蒙古翻译笔帖式一人，管仓官一人，仓笔帖式二人，狱官一人，管乌拉等十八台站官一人，随台站关防笔帖式一人，管金珠鄂佛啰等二十台站官一人，随台站关防笔帖式一人，台站笔帖式共十六人。八旗满洲兵二千六百三十名，巴尔呼兵共三百五十名，汉军兵一百二十名。内领催二百八十八名，前锋八十名，骁骑二千七百三十二名，锡伯兵六十名，汉军鸟枪领催四十八名，鸟枪骁骑六百二十六名，弓匠、铁匠四十五名，水师营水手二百五十八名，台站领催三十六名。宁古塔副都统一人，驻札宁古塔城，兼辖珲春驻防一。协领二人，佐领十二人，防御十二人，骁骑校十二人，笔帖式四人，委署什长四人，管仓官一人，仓笔帖式二人，台站笔帖式三人。八旗满洲领催一百四名，前锋四十名，骁骑一千二百五十六名，弓匠、铁匠二十四名。官屯领催一名。珲春协领一人，驻札珲春河地方，佐领三人，防御一人，骁骑校三人，笔帖式二人。八旗满洲领催三十八人，骁骑四百十二名。伯都讷副都统一人，驻札伯都讷城，协领二人，满洲卦勒察佐领十人，蒙古佐领二人，满洲防御八人，满洲卦勒察骁骑校十人，蒙古骁骑校二人，委署主事一人，笔帖式四人，管仓官一人，仓笔帖式二人。八旗满洲卦勒察兵九百名，蒙古兵一百名，内领催七十二名，前锋四十名，骁骑八百八十八名，弓匠、铁匠三十五名。运粮船领催二名，水手五十八名。三姓副都统一人，驻札三姓城，协领二人，佐领十五人，防御八人，骁骑校十五人，笔帖式四人，管仓官一人，仓笔帖式二人。八旗满洲领催一百二十名，前锋四十名，骁骑一千三百六十名，弓匠、铁匠三十名。阿勒楚喀副都统一人，驻札阿勒楚喀城，协领一人，佐领七人，防御五人，骁骑校七人，笔帖式二人，管仓官一人，仓笔帖式二人。八旗满洲兵四百六名，弓匠、铁匠五名，水手十名。拉林协领一人，驻札拉林地方。佐领六人，防御二人，骁骑校七人，笔帖式二人，管仓官一人，仓笔帖式二人。八旗满洲兵四百六名，弓匠、铁匠五名，水手十四名。伊通佐领二人，驻札吉林西北伊通河地方。防御二人，骁骑校四人。满洲领催十二名，骁骑一百八十八名。额木赫索啰佐领一人，驻札吉林东西木赫索啰地方。防御一人，骁骑校一人。满洲领催六名，骁骑一百十四名。伊通边门防御一人，驻札吉林西北伊通边门。镶黄、正白二旗满洲领催一名，骁骑十九名。巴延鄂佛啰边门防御一人，驻札吉林北巴延鄂佛啰边门。镶白、正蓝二旗满洲领催一名，骁骑十九名。赫尔苏边门防御一人，驻札吉林西北赫尔苏边门。正黄、正红二旗满洲领催一名，骁骑十九名。布尔图库苏巴尔罕边门防御一人，驻札吉林西北布尔图库苏巴尔罕边门。镶红、镶蓝二旗满洲领催一名，骁骑十九名。打牲乌拉总管一人，驻札吉林北打牲乌拉城。协领一人，佐领八人，防御四人，骁骑校八人。满洲领催六十名，骁骑六百四十人。

《钦定八旗通志》卷一百十六：

吉林乌喇驻防，康熙十三年设城，周围一千四百五十一丈，计八里半。十五年，盖造官员衙署。二十八年，盖造仓廒二十间。三十二年，盖造左右两翼学舍各一所。三十九年，添盖仓廒二十间，设立教场一处，离城北二里，周围六里。雍正五年，设立副都统衙署三十间，又每年派往办事官员衙署十七间。雍正五年，镶黄旗建造义仓三间。九年，添修四间。十二年，添修三间。雍正七年，正黄旗建造义仓三间。九年,添修三间。十一年,添修三间。雍正五年,正白旗建造义仓三间。八年,添修三间。十二年,添修六间。雍正六年,正红旗建造义仓三间。七年，添修三间。十二年，添修三间。雍正五年，镶白旗建造义仓三间。七年，添修三间。十二年，添修二间。雍正六年，镶红旗建造义仓三间。九年，添修三间。十二年，添修三间。雍正五年，正蓝旗建造义仓三间。七年，添修三间。十二年，添修三间。雍正五年，镶蓝旗建造义仓三间。八年，添修三间。十二年，添修三间。俱建造在城东北角六十间官仓地址内。雍正十年,添设军器库二间,在衙署内右边。雍正十三年，添设火药局三间，在城北三里。乾隆五十九年，现存将军衙署一百零二间，将军住宅六十四间，副都统衙署住宅共四十二间，兵丁住房二百零八间，永宁仓七所六十四间，太平仓六所六十间，左右翼义仓各十六所每所三间，水手营义仓二所七间，教场房二十一间，火药厂正房六间，东西板棚各三间，官学房十四间，又蒙古学房三间。以上各房，俱原系兵力先后修建。乾隆七年以后，遇有坍塌，皆动用官项修理。理事同知衙署坐落北门内，巡检衙署坐落同知署东，儒学坐落文庙西，三署共房六十九间。吉林城北七十里打牲乌拉驻防，设协领衙署十五间，义仓十五间，教场演武厅三间，原系兵力修建。乾隆七年以后，动用官项修理。吉林城西二百八十里益通河驻防，设佐领营房四间，义仓六间，原系兵丁修建。乾隆七年以后，用官项修理。吉林城东三百五十里俄木和索诺驻防，设佐领营房九间，演武厅三间，原系兵力修建。乾隆七年以后，用官项修理。吉林边门四处：巴拉山边门在城西北四百六十里，赫苏边门在城西北三百八十里，益通边门在城北二百八十里，巴延俄佛洛边门在城东北一百八十里，各有边门一间。办事档房三间，每边门设边台七处，每处立义仓三间，皆原系兵力修建。乾隆七年以后，用官项修理。

《钦定八旗通志》卷一百十六：

吉林城北七十里打牲乌拉驻防，设协领衙署十五间，义仓十五间，教场演武防三间。原系兵力修建，乾隆七年以后动用官项修理。

管理索伦达呼尔打牲总管衙门二十间，教场房三间，满洲总管衙署十二间，索伦总管衙署十二间，达呼尔衙署十二间，俱康熙年间设立。

《钦定历代职官表》卷四十八：

吉林将军一人，驻吉林城。副都统五人，一驻吉林，一驻宁古塔，一驻白都讷，一驻三姓地方，一驻阿勒楚喀。

将军掌镇守吉林乌喇等处地方，缮固镇戍，绥和军民，秩祀山川，辑宁边境。副都统各守分地，以赞其治。初，顺治十年，始设昂邦章京于宁古塔，以镇其地。康熙元年，改昂邦章京为镇守宁古塔等处将军。十五年，以宁古塔将军移驻吉林。乾隆二十二年，改为吉林将军。吉林副都统，康熙十五年置。三十一年，移驻白都讷。雍正三年复置。宁古塔副都统，顺治十年置。白都讷副都统，康熙三十一年，自吉林移驻。三姓副都统，雍正十年置。阿勒楚喀副都统，乾隆二十一年置。又初置有拉林副都统一员，乾隆三十四年省。

吉林等处驻防，总管一人，协领二十有五人，参领一人，佐领一百十九人，防御八十有一人，骁骑校一百十六人，管水手四品官二人，五品官二人，六品官二人。凡吉林驻防之地，自将军所治外，其所属各处，曰宁古塔，曰白都讷，曰三姓，曰阿勒楚喀，曰拉林，曰打牲乌喇，曰伊屯，曰鄂谟和索啰。边门四，曰巴延鄂佛啰，曰伊屯，曰克尔素，曰布尔图库苏巴尔汉，皆设兵驻守。置总管、协领、参领、佐领、防御等员，各视兵数多寡，定额有差。职掌与盛京各驻防同。

《钦定满洲源流考》卷四：

我朝于吉林乌拉设将军以统诸城，而宁古塔、白都讷、三姓、阿勒楚喀、拉林各设副都统分镇焉。时代虽遥，山川犹昔，按其方域，尚可参稽焉尔。

乌拉卫，旧讹兀兰，今改正。明实录：永乐四年八月，乌拉等处部人奇尔鼐、纽尔等来朝，置乌拉、伊尔库鲁、来朝、托漠、斐森四卫。按：国初，乌拉国城在吉林城北七十里混同江东，太祖癸丑年平其国。

《钦定满洲源流考》卷十九：

东珠，出混同江及乌拉、宁古塔诸河中，匀圆莹白，大可半寸，小者亦如菽颗。王公等冠顶饰之，以多少分等秩。凡采珠者，乃打牲乌拉包衣下食粮人户，合数人为一起，谓之珠轩。以四月乘舟往，至八月回，各以所得珠纳之于官，如供赋然。

《国朝宫史》，乾隆二十六年九月初八日：

总管王常贵等奉上谕：九月初四日三更后，寿安宫内遮阳席片失火，外面防军巡更看见，急唤开门，始将首领太监等惊醒。讵伊等竟不开门，自行扑救。幸是席片烧毁，易于扑灭。倘火势稍大，不能救时始行开门，岂不迟误？伊等不但失火有罪，其不开门之罪更大。在伊等或以宫禁严密，不得擅行开门为辞，殊不思寿安宫系朕新葺，为皇太后七旬万寿庆祝之所，此内并无关防，亦无多贮物件。既有失火之事，即应开门，放外边人等进内救灭方是。此时进内救火人等断无敢行偷盗、愍不畏死之理。嗣后凡宫内园庭倘遇此等意外之事，该总管等即行开门，放外边人等进内扑救。如不即行开门，必将该总管等从重治罪。将此防传谕内务府总管一并记载。随经总管内务府大臣议，将首领九十三太监李世福锁拿交都虞司发遣，打牲乌拉首领郝本德、太监张明德、曹国用、张国安交上驷院发吴甸防草一年等因具奏。奉防依议。

《皇朝经世文编》卷一百十九：

吉林水道图说会典，吉林，在盛京东八百四十五里，至京师二千三百有五里。吉林将军治吉林城，领城八、厅三。吉林城之北，打牲乌拉城，又北伯都讷城、拉林城、阿勒楚喀城，其东三姓城、宁古塔城，又东南珲春城，其西为长春厅。

《皇朝经世文统编》卷七十三：

若夫打牲游牧之隶八旗者，除吉林三姓城打牲壮丁不编佐领外，黑龙江打牲九十七佐领，及察哈尔、呼伦贝尔游牧诸旗百七十佐领，共兵万五千有奇。

《读例存疑》疑卷三：

盗马牛畜产

一，民人、蒙古番子偷窃四项牲畜，以蒙古内地界址为断。如在内地犯窃，即照刑律计赃，分别首从办理。若民人及打牲索伦、呼伦贝尔旗分另户，在蒙古地方并青海鄂尔多斯阿拉善毗连之番地，以及青海等处蒙古番子互相偷窃者，俱照蒙古例分别定拟，仍各按窃盗本例刺字。

盗田野谷麦

一，凡索伦达呼尔越界，至松阿里乌拉地方打牲滋事者，令该将军查拿，分别治罪。其有私带米粮等物，卖给刨参之人者，照无引私盐律计米数多寡，分别定拟。吉林地方有越界私带米粮情事，敕令吉林将军一体查拿，照例定拟。

再，旧例偷采人参，财主及率领头目拟绞监候。为从者发往打牲乌喇。乾隆五年修例按语声明，打牲之例久已停止，将从犯分别改发。二十一年例文，为从系旗人。仍发往打牲乌喇，三十二年，按语又声明，无庸发往，已觉纷歧。而名例徒流迁徙地方门下，五旗包衣人，送部发遣者，仍有发打牲乌喇之文，殊嫌参差。

《读例存疑》疑卷六：

徒流迁徙地方

一，凡下五旗包衣人，经该王门上送部发遣者，由部核准，即咨送兵部，转发打牲乌喇。其因公事犯罪应发遣者，仍酌发黑龙江等处。

此条系雍正二年遵旨议定条例，嘉庆十四年改定。

谨按。上谕内有下五旗字样，是以专言下五旗也。且祇云送部发遣，并未声明犯罪事由，应与下条参看。

乌喇地方，康熙年间已经停止发遣。包衣人一经送部，并不分别情节轻重，即发打牲乌喇，似嫌过重。然系尔时办法尔。再查刨参旧例，为从系包衣佐领下另户，发乌喇交该管官，令其打牲，系家人，给与打牲人为奴。后于乾隆五年修例时，声明发遣打牲乌喇之例，久经停止，因将此层删去。而此处仍发打牲乌喇，未免参差。

《皖政辑要》卷三十九：

东三省俸饷：东三省旧章，每年请拨饷银数逾百万。光绪元年，署将军崇实按照折扣章程通盘核计，除本省应征之款抵放外，每年请实拨银七十万两。奏奉上谕：着户部于各省盐关地丁项下指拨，令各省督抚如期筹解盛京户部交纳。钦此。按七十万两之数，系奉省二十六万两，吉林省二十四万六千五百八十七两有奇，打牲乌拉三万三千六百七十六两有奇，黑龙江省十六万七千两，皖省岁拨黑龙江俸饷银二万数千两不等。三十三年，实解银二万三千两，据司卷。

《道咸同光四朝奏议选辑》中：

敬陈时务疏（光绪七年）黎培敬：

头品顶戴漕运总督臣黎培敬跪奏，为敬陈时务，仰祈圣鉴施行，以培国本事。

盛京宜练兵也。我朝龙兴辽左，东三省实为根本。其地北接俄罗斯，康熙中曾经定界。今俄人越界，已抵珲春，则吉林、黑龙江、宁古塔、三姓、打牲、伯都讷、墨尔根、齐齐哈尔、阿勒楚喀等处，皆当严密堤防。查东三省夙称劲旅，国初武功超越千古，承平已久，恐不如前然。军兴以来，如将军都兴阿、多隆阿等，均以索伦马步队建立奇功，为时名将，可见兵随将转，得人以统帅之则壁垒一新，旌旗立为变色，应请旨责成盛京总督、吉林、黑龙江将军各副都统，挑选精锐，简拔将才，实力训练，以成节制之师。其旧有边墙，宜分地修筑，毗连俄界之地，尤宜相择险要，多筑堡寨，务令固若金汤。

《东北边防辑要》：明季三卫分建诸国考

一曰辉发，有三城：一在吉林城西南一百里吉林峰上，一在吉林峰西北，一在辉发河边冈上。舆图：辉发河南辉发城是也。一曰乌拉，即今吉林北打牲乌拉城，旧有宜罕山城，伊罕河出焉。按：乌拉、辉发二河入松花江，哈达、叶赫二河入辽河，即明之海西卫与建州卫、野人卫而三。

《西伯利东偏纪要》六十四页至六十八页：

等跪奏，为遵议东三省边防事宜，恭折密陈，仰祈圣鉴事。光绪十一年六月十八日，钦奉慈禧端佑康颐昭豫庄诚皇太后懿旨：东三省边防事宜，着军机大臣、总理各国事务衙门会同神机营王大臣妥议具奏。钦此。仰见圣心仅念边陲，防微虑远，钦佩莫名。臣等窃惟防边之要，首在审地势，察敌情，先事图维，择要布置，而选将练兵，尤其亟务也。东三省统辖至广盛京十四城，为边门者二十余；吉林八城，为边门者四；黑龙江六城，旧设卡伦七十一。从前中俄立界于尼布楚，开市于恰克图，斥堠之设，多在中路北侥，而东方则晏然无事也。自咸丰年间分界以后，黑龙江以北，乌苏里江、兴凯湖以东，数千里之地，悉归俄属。于是吉林、黑龙江二省，遂无师船出海之口，而边事因之日亟矣。且图们江一带界址，至今犹多，边情反覆，势难久持。查黑龙江省与俄之阿穆尔省一江之隔，其省城在海兰泡，与我黑龙江副都统所驻之城相望，沿江上下皆敌垒也。吉林省与彼之东海滨省毗连，其新设酋长驻海参崴、双城子，又别屯兵于岩杵河、摩阔崴诸处，而此驻扎伯利之重酋联络其间。其两省额兵度已不少，常招练屯垦客户，编为民兵，以辅其不足。近且逼珲春为垒，开通图们江东岸，以窥朝鲜北境，行船松花江，以窥三姓上游，情殊叵测。吉林所最要者，珲春一城与俄逼壤，其西南接连朝鲜之庆源、庆兴两府，一苇可杭，毫无隔障。三姓一城水路上距伯都讷之三岔口一千余里，自三岔口西南陆路由蒙古郭尔罗斯界径从草地直抵奉天之总库边门，不及千里，最为便捷。然则该两处最为注意，一以保护朝鲜北境，一以屏蔽我松花江上游伯都讷腹地。此吉林大略情形也。黑龙江为吉林唇辅，上游有内兴、安岭一带为之阻隔，设防宜在下游。旧设卡伦今存四十七处，多在呼伦贝尔以西，今既画江为界，则卡伦宜改设东北。又将军远驻齐齐哈尔，北距黑龙江八百里，控制非便，则副都统之任较重。此黑龙江大略情形也。奉天、吉林，皆界朝鲜。吉林以图们江为界，奉天以鸭绿江为界。旧设凤凰、瑷阳、硷厂、旺清、英额、威远六边门，为扼要之地。今水路则趋重旅顺口、大连湾一带，陆路则自同治六年奏明勘荒开垦以后，边门以外，耕廛栉比，设官置戍，直抵鸭绿西岸。非厚集兵力，水路犄角，不足以顾根本而护藩邦。而腹地防营，似可酌量并省，以节饷力。此奉天大略情形也。臣等查光绪六年，经户部、总理衙门奏定，请敕下各省，每年协拨东北边防经费二百万两。虽解不足额，然部垫拨之款，数实相当。今试以东三省兵数计之，历据该将军等先后奏报，奉天经制额兵二万二千八百余名，练军马步队及巡捕勇丁又一万三千一百余名，而雷正绾、宋庆等军之食江、浙、河南饷者，独不与焉。吉林额兵，现据册报一万一千余名，乌拉打牲勇丁四千余名，练军四千余名外，马步练军四千五百余名。

《清史稿》圣祖本纪三：

甲辰，次洮尔毕拉，赐迎驾索伦总管塞音察克、杜拉图及打牲人银币。贵州三江苗人作乱，讨平之。

《清史稿》圣祖本纪三：

庚午，赐徐陶璋等一百九十人进士及第出身有差。己卯，师懿德奏策旺阿拉布坦兵掠哈密，游击潘至善击败之。命尚书富宁安、将军席柱率师援剿，祁里德赴推河，谕喀尔喀等备兵。庚辰，征外籓兵集归化城，调打牲索伦兵赴推河。己丑，谕议政大臣：朕曾出塞亲征，周知要害。今讨策旺阿拉布坦进兵之路有三：一由噶斯直抵伊里河源，趋其巢穴；一越哈密、吐鲁番，深略敌境；一取道喀尔喀，至博克达额伦哈必尔汉，度岭扼险。三路并进，大功必成。壬午，漕运总督郎廷极卒，上称其抚恤运丁，历运无阻，予祭葬，谥温勤。辛卯，上奉皇太后避暑热河。乙未，命富宁安分兵戍噶斯口，总兵路振声驻防哈密。

《清史稿》本纪十五：

癸丑，察哈尔都统乌尔图纳逊罢，以保泰代之。命伍尔伍逊为科布多参赞大臣。乙卯，以佛住为乌里雅苏台参赞大臣。赈吉林打牲、乌拉等处水灾。己未，睢宁决口合龙。辛酉，赈湖南华容等县水灾。

《清史稿》本纪十八：

乙丑，英吉利兵船入广东内河，褫卢坤职留任。庚午，上阅健锐营兵。癸酉，英吉利兵船出口，复卢坤太子少保，仍革职留任。是月，赈直隶宛平等七州县水灾，奉天新民等四州县水灾。贷广东广州、肇庆二府水灾籽种，打牲乌拉被水旗民仓谷。蠲缓直隶大城等五十一州县、山西太原县水灾新旧额赋。

《清史稿》本纪二十一：

丙午，奉天匪窜吉林，玉明等会剿。皖军复怀远及蚌埠。丁未，僧格林沁督诸军攻剿苗沛霖，诛之。李鸿章督军复苏州，粤酋郜云官等降。加鸿章太子少保衔，程学启世职，并赏黄马褂。戊申，逆酋杨友清等以高淳、宁国、建平、溧水降。李云麟等复山阳。粤军复信宜。己酉，刘典等军复昌化。庚戌，蓝逆窜商南。癸丑，张总愚窜淅川。甲寅，僧格林沁军复下蔡、寿州。丙辰，李鸿章诛郜云官等，遣散降众。丁巳，李鹤章军克无锡、金匮。庚申，李续宜卒。丘县匪张本功等纠众抗粮，捕诛之。实授阎敬铭山东巡抚。汧阳回众降。壬戌，官军复颍上、正阳。癸亥，马化龙陷宁夏、灵州。论平苗逆功，复李世忠职。曾国荃军克淳化等隘，进驻孝陵。丙寅，官军克嘉善张泾汇。丁卯，逆回围宁夏满城。庚午，苏军复平湖。贼目以乍浦、嘉善降。是月，免山东泗水等州县灾扰钱粮，直隶武清等州县被灾额赋。赈吉林打牲乌拉灾。

《清史稿》卷五十六志三十一：

吉林府：繁，疲，难。总督驻奉天。巡抚兼副都统，民政、交涉、提学、提法、度支司，劝业道驻。明，乌拉等卫。后属扈伦族之乌拉部。本吉林乌拉，一曰乌拉鸡林，又名船厂。清初，隶宁古塔将军。康熙十五年徙驻。雍正五年置永吉州，隶奉天。乾隆十二年改吉林厅，仍隶将军。光绪八年升为吉林省治，领伊通、敦化，后削。西南至京师二千三百里。距盛京八百二十余里。隶西南路道。广四百九十里，袤五百余里。北极高四十五度四十九分。京师偏东十度二十七分。东：团山，尼什哈龙潭。西南：温德亨，亦望祭山，有殿祀长白，雍正十一年建；寿山。东南：松花江自额穆入，右合海青沟，左温德亨河。东北迳城东，又北，右合莽牛、四家子，左鳌龙、兴隆河，缘舒兰界入德惠。西南驿马河，即伊勒们，自磐石缘界合岔路河，又北缘双阳界，西北木石河，并从之。打牲乌拉，城北七十里，本乌拉国，旧曰布特哈乌拉。太祖先后克其宜罕山、临河、金州、逊扎塔诸城，遂平之。柳边四围长六百二十二里，栅高四尺五寸，壕宽深各一丈，插柳结绳以定内外，曰柳条边，亦新边。东北接舒兰，西南至双阳。农事试验场，桑蚕山蚕林业土山分局，松花江官轮局，欢喜岭稽查所。商埠，光绪三十一年中日约开。旧设站五：东尼什哈、额赫，北金珠鄂佛罗，西搜登、伊勒们。官商路四：南并温德河达桦甸官街；东南历大小风门达敦化；西南双河镇、磐石；北渡鳌龙达德惠。吉长铁路站九：吉林、孤店子、桦皮厂、赵家店、土门岭、马鞍山、营城子、下九台、驿马河。

《清史稿》卷一百三十志一百五：

盛京打牲乌拉，设总管、协领、佐领等员，辖打牲兵丁。吉林之参户，蜜户，渔户，猎户，鹰、狐、獭、鹳诸户，咸隶内府三旗。其巡捕营汛守外七城门，上设步兵汛二十五所，城外分中南北三营，马步兵汛额各有差，统以参将、游击等。畅春、圆明、静明等园守兵，统以守备。

《清史稿》卷一百三十志一百五：

康熙二十三年，设打牲处总管一，副总管二，以索伦、达呼尔壮丁编设佐领、骁骑校。寻于墨尔根城设驻防兵。

《清史稿》卷一百三十三志一百八：

两广总督张之洞募沙民千人助守虎门，杨玉科增募千人及惠清营五百人，郑绍忠募安勇二千人，所募乡兵，以防勇规制编之。是年，命黑龙江将军于增练马队外，秋冬之季，招集打牲人等，加以训练。

《清史稿》卷一百三十九志一百十四：

以丁宝桢所拟训练马队章程十四条，敕特普钦于黑龙江所属、富明阿于吉林所属打牲人内，招募壮丁三千人，遵章速练马队，以剿捻匪。曾经出师回旗之员，分起训练，入关候调。

《清史稿》卷三百四十四列传一百三十一：

额勒登保，字珠轩，瓜尔佳氏，满洲正黄旗人。世为吉林珠户，隶打牲总管。乾隆中，以马甲从征缅甸大小金川，累擢三等侍卫，赐号和隆阿巴图鲁，干清门行走。四十九年，剿甘肃石峰堡回匪。五十二年，平台湾。叠迁御前侍卫。五十六年，从福康安征廓尔喀，摄驻藏大臣。攻克擦木贼寨，七战七胜，抵帕朗古河，班师殿后，加副都统衔。论台湾、廓尔喀功，两次图形紫光阁。寻授副都统兼护军统领，擢都统。

《布特哈图说》沿革：

布特哈，周、战国、秦、汉秽貊之地，西南属东胡，寻属匈奴左地，西北属乌桓。后汉夫余国地，西南、西北并属乌桓三国。魏仍属扶余国，其西南入鲜卑东部。晋属寇漫汗国。后魏、北齐属豆莫娄国，西属失韦国。隋南室韦地。唐东室韦、骆驼室韦及室韦和解部地。五代辽室韦国，其西属东京道长春州北边，及上京道泰州东北边境，突吕不室韦部戍地。金属蒲与路及乌古迪烈统军司，西南属泰州长春县边地。元初为乃颜大王分地，至元中属蒲峪路屯田万户府。明置别儿真站及朵颜卫，又于境内错置阮里牙鲁阿伦和屯吉阿真、同真罕、麻兀、塔里、赛克诸卫，及卓儿河、那门河等地面，并羁属奴儿干都司。国初索伦、达呼尔、锡伯、卦勒察诸打牲部落杂居之，总名布特哈。康熙二十三年，设索伦、达呼尔总管各一员。三十年，设布特哈满洲总管一员，驻嫩江西依倭齐之地。同治十二年，加满洲总管、副都统衔。光绪八年，分所属之瑚玛尔河、毕喇尔河、多布库尔河、阿里河、托河五路鄂伦春、牲丁，增设兴安城副都统衔满洲总管一员管辖，于是布特哈总管不辖鄂伦春。二十年，裁兴安城总管，升布特哈总管为副都统，自依倭齐移驻博尔多站。

《曹家档案史料》二百七十七条，雍正五年闰三月十七日：

内务府奏审拟桑额等设计逮捕曹（頫）家人吴老汉一案请旨折

臣等议得：审理桑额与索住合谋，央烦番役蔡二格设计逮捕吴老汉一案。据吴老汉供称（文同前，略）等语。查律载：凡人若合谋设计，故意哄骗，使捕旁人，陷致获罪者，应与犯罪者同罪，处以杖流。桑额欠吴老汉银两，而因吴老汉常往其家催索，竟尔向索住关说，央烦番役蔡二格，计捉吴老汉者，甚是可恶。因此，议将桑额枷号两月，鞭责一百，发往打牲乌拉，充打牲夫；（中略）桑额所欠之银一千三百十五两，应向桑额于枷号期内催取，俟偿完吴老汉时，再行发配。为此，谨奏请旨。等因缮折。

参考文献

[1] 清太宗实录 [M]. 北京：中华书局，1985.

[2] 清世祖实录 [M]. 北京：中华书局，1985.

[3] 清圣祖实录 [M]. 北京：中华书局，1985.

[4] 清世宗实录 [M]. 北京：中华书局，1985.

[5] 清高宗实录 [M]. 北京：中华书局，1985.

[6] 清仁宗实录 [M]. 北京：中华书局，1986.

[7] 清宣宗实录 [M]. 北京：中华书局，1986.

[8] 清文宗实录 [M]. 北京：中华书局，1986.

[9] 清穆宗实录 [M]. 北京：中华书局，1986.

[10] 允禄 . 世宗宪皇帝上谕八旗 [M]. 台北：商务印书馆，1983/1986.

[11] 允禄，等 . 世宗宪皇帝上谕内阁 [M]. 台北：商务印书馆，1986.

[12] 阿桂，等 . 大清律例 [M]. 北京：中华书局，2015.

[13] 张廷玉，等 . 皇朝文献通考 [M]. 上海：鸿宝书局，1902.

[14] 稽璜，等 . 皇朝通典 [M]//文渊阁四库全书. 台北：商务印书馆，1986.

[15] 穆彰阿，潘锡恩，等 . 大清一统志 [M]. 上海：上海古籍出版社，2008.

[16] 钦定八旗满洲氏族通谱 [M]. 沈阳：辽沈书社，1989.

[17] 傅恒 . 平定准噶尔方略 [M]. 北京：商务印书馆，2005.

[18] 英和．卜魁纪略 [M]. 哈尔滨：黑龙江出版社，1985.

[19] 阿桂，等．钦定盛京通志 [M]. 辽海出版社，1997.

[20] 福隆安．钦定八旗通志 [M]. 国家图书馆出版社，2013.

[21] 永瑢，纪昀．钦定历代职官表，[M] // 文渊阁四库全书．台北：商务印书馆，1986.

[22] 阿桂，等．钦定满洲源流考 [M]. 中西书局，1894.

[23] 鄂尔泰，张廷玉，等．国朝宫史 [M]. 北京：北京古籍出版社，1994.

[24] 贺长龄、魏源．皇朝经世文编 [M]. 长沙：岳麓出版社，2019.

[25] 邵之棠．皇朝经世文统编 [M]. 近代中国史料丛刊正编，台北：文海出版社影印本．

[26] 薛允升．读例存疑 [M]. 中国人民公安大学出版社，1994.

[27] 冯煦．皖政辑要 [M]. 合肥：黄山书社，2005.

[28] 赵慎畛，等．道咸同光四朝奏议选辑 [M] // 台湾文献史料丛刊，台北：大通书局，1984.

[29] 云生修，英喜纂：《打牲乌拉志典全书打牲乌拉地方乡土志》李澍田主编，金恩辉、梁志忠校释，吉林文史出版社，1988 年 5 月。

[30] 曹廷杰．西伯利东偏纪要 [M]. 丛佩远，赵鸣歧．曹廷杰集．北京：中华书局，1985.

[31] 曹廷杰．东北边防辑要 [M]. 丛佩远，赵鸣歧．曹廷杰集．北京：中华书局，1985.

[32] 赵尔巽．清史稿 [M]. 北京：中华书局，1977.

[33] 金毓黻．布特哈图说 [M] // 辽海丛书．沈阳：辽沈书社，1985.

[34] 古籍影印室辑．明清内阁大库史料合编 [M]. 国家图书馆出版社，2009.

[35] 故宫博物字明清档案部编．关于江宁织造曹家档案史料 [M]. 北京：中华书局，1975.